찬양에 수를 놓다 1

| 이새나 지음 |

쿰란출판사

찬양에 수를 놓다 1

머리말

공원을 산책하러 길을 나설 때면 젊은 한 청년이 저편에서 익숙한 어쿠스틱기타 소리와 함께 찬송을 부르고 있다. 기타 줄에 코드를 얹어 목소리를 높여 찬송하는 그의 모습은, 비록 낡은 음향 장비조차 없어도 내 안에 잔잔한 감동과 평안을 안겨준다. 또 지역의 작은 교회의 목사님이 계시다. 저녁 운동을 하기 위해 공원에 나올 때마다 뵙게 되어 인사도 나누게 되었는데 매일 저녁 조깅을 하시면서, 교회에 대해서는 들어봤어도 마음 문은 닫고 사는 사람들에게 용기를 내어 예수님을 전하면서 복음에 대해 나누신다고 하셨다. 물론 전도에 대한 사람들의 반응은 예상대로 퉁명스럽다. 그리고 전도자는 혼자서라도 찬송하고 복음을 전하고 있다.

이처럼 어렵고 낯선 사람들의 반응을 알면서도 비록 혼자일지라도 하나님을 찬송하고 복음을 나누겠다는 지속적인 의지는 무엇 때문에 샘솟는 것일까? 나는 그것이 하나님을 더욱 사랑하게 하는 깊은 '갈망' 때문인 것을 느꼈다.

나 또한 하나님을 찬송하면서 나의 찬송이, 나아가 우리가 부르는 찬송이 더욱 진실한 단계로 들어설 수 있는 영적 깊이는 어디에서 오는지 알고 싶었다. 그리고 이러한 갈망은 나를 성경 속에 비밀히 자리하고 있었던 찬송 이야기들에 주목하게 했다. 성경 속에 등장하는 수많은 찬

송 이야기들은 찬송에 대한 이해, 나아가 음악에 대한 성경적 이해까지 넓혔다고 해도 과언이 아니었다. 그리고 이런 묵상은 성령의 비추심 아래 주님과 영적인 교제를 나누며 간구할 수 있는 기도의 여백을 마련해 주었다.

이 책은 총 두 권으로 예정되어 있으며 365개의 찬송에 관련한 주제를 담고 있다. 그 중 첫 번째 책에서는 성경 속에 등장하는 찬송 이야기, 성경 속에 등장하는 경건과 거룩에 관련한 노래들, 마지막으로 말씀에 비춰 본 현대 예배음악(C.W.M)에 대한 비평적 에세이를 담고 있다.

이 책이 하나님을 찬송하기를 즐겨하는 동역자분들에게, 또한 찬송에 대한 이해와 확장을 통해 더욱 깊고 넓게 하나님을 찬송하기를 소원하는 형제자매분들에게 들려져 찬송을 통한 영적 나눔과 교제가 풍성해지길 소망한다.

2015년 10월 10일

이 새 나

목차

2 PART
거룩과 경건으로 찬양

3 PART
찬양과 경배

1

PART

성경 속의 찬양

노래가 가진 기능, 증거!

> 그러므로 이제 너희는 이 노래를 써서 이스라엘 자손들에게 가르쳐 그들의 입으로 부르게 하여 이 노래로 나를 위하여 이스라엘 자손들에게 증거가 되게 하라 내가 그들의 조상들에게 맹세한 바 젖과 꿀이 흐르는 땅으로 그들을 인도하여 들인 후에 그들이 먹어 배부르고 살찌면 돌이켜 다른 신들을 섬기며 나를 멸시하여 내 언약을 어기리니 그들이 수많은 재앙과 환난을 당할 때에 그들의 자손이 부르기를 잊지 아니한 이 노래가 그들 앞에 증인처럼 되리라(신 31:19-21).

모세가 죽을 기한이 찼을 때쯤 여호와께서는 여호수아와 함께 회막으로 나오라고 말씀하셨다. 구름 기둥 가운데서 나타나신 하나님은 그에게 노래를 가르치셨다. 이 노래는 이스라엘 백성들이 가나안 땅에 들어간 후 살찌고 배부를 때, 여호와를 잊고 멸시하고 다른 신들을 섬기게 될 것인데 이를 증거로 삼을 노래다. 여호와께서는 이전에도 이방 신을 섬기면 반드시 멸망하게 될 것이라고 경고하셨지만 이스라엘 자손들은 역시 하나님을 잊고 만홀히 여김으로 환난과 재앙을 당하게 된다. 놀라운 것은 이스라엘 자손이 환난과 재앙을 당할 때 자신들이 하나님을 섬기지 않았기 때문에 멸망한다는 것을 스스로 기억하고 알게 된다는 점이다(17절). 그들은 하나님이 살아계심을 예전부터 알고 있었고 하나님을 떠나면 멸망당할 것도 알고 있었지만 의도적으로 섬기기를 원하지 않고 멸시하기를 원했다는 것이 정확한 표현이다. 그제야 하나님을 찾는 이스라엘 자손들은 또다시 하나님의 구원의 손길을 기다리며 모세가 가르쳐준 노래를 불렀음이 틀림없다.

이 노래가 과연 어떤 노래였을까 생각해 보면 단순히 '시'가 아닌 '노래'인 것을 볼 때 어디서든 이스라엘 자손 모두가 부를 수 있는 가락과 리듬을 갖추었을 것이다. 이 노래의 목적은 이스라엘 자손이 회개하고

돌아오길 촉구하는 메시지였고, 여호와 하나님이 그들로 인해 지니시게 된 슬픔도 드러낸다. 19절에서 오직 “나를 위하여”라고 명명함을 볼 때 여호와 하나님을 위로하는 노래, 또 그들에게 얼굴을 숨기기로 작정하셨을 때 주께서 증거로 삼아 들고자 하셨던 노래로 좁혀질 수 있을 것이다.

이 노래는 이스라엘 자손들에게는 자신들 가운데 하나님이 계시지 않음을 각성하는 노래요, 하나님께는 위로와 증거로 삼으신 노래로 이중적 기능을 했다고 보인다. 또한 모세는 하나님께로부터 이 노래를 받은 그날 즉시 이스라엘 백성들에게 가르쳤는데 신명기 32장이 곧 이 노래에 대한 말씀이다. 이 노래가 모세의 노래임을 알게 되는데, 모세가 죽기 전 이스라엘 자손들에게 마지막 사역으로 하나님의 말씀을 대언하는 총체적인 정리, 노래이기도 하다. 그리고 여호수아는 모세의 뒤를 이을 사역자로서 이 노래를 백성들에게 함께 말하는 장면을 볼 수 있다(신 32:44). 패역하고 진실이 없는 자손인 이스라엘을 이끌어야 할 여호수아의 마음은 리더로서 기대되기보다는 두려움과 염려가 더 컸을 것이다. 왜 하나님께서 여호수아에게 담대하라고 격려하셨는지도 알 수 있는 대목이다. 하나님의 증거로 삼은 모세의 노래를 살펴보면, 증거이기에 하나님께서 어떻게 그들을 품으시고 사랑하셨는지, 하지만 이스라엘 자손들은 어떻게 보답했는지가 상세히 기록되어 있다.

하나님의 바람은 무엇이었을까? 이 증거를 통해 이스라엘 자손들을 사랑하셨던 하나님을 알고 또 그를 잊지 않고 명령과 율법을 지켜 행하기를 원하셨을 것이다. 우리도 예배음악에서 또 현대 크리스천 음악이 가진 다양성을 통해 하나님께서 인생들에게 행하신 증거들을 노래할 수 있다.

내가 지은 노래로

> 주님은 나의 힘, 나의 방패이시다. 내 마음이 주님을 굳게 의지하였기에, 주께서 나를 건져 주셨다. 내 마음 다하여 주님을 기뻐하며 내가 지은 노래로 주께 감사하련다(시 28:7, 표준새번역).

"내가 지은 노래로"라는 표현이 개역개정에서는 "내 노래로"라고 번역되었는데 찬양사적 입장에서 더 이해하기 쉬운 표준새번역을 따라 이 구절을 묵상하고자 한다. 먼저 시편 28편은 다윗이 쓴 시로 개인 탄원 시에 속한다고 볼 수 있는데 2절의 "나의 애원하는 소리"라는 표현에서 다윗의 개인적 감정의 고통과 울부짖음이라는 것을 알 수 있다. 하지만 8절에서는 왕으로서 주님의 소유인 이스라엘 백성들을 구원해 주시기를 간구하는 내용이 또다시 언급된 것을 볼 때 그의 개인적 기도일지라도 이 노래가 한 나라의 왕인 자신의 직분과 완전히 구별될 수는 없을 것이라는 생각이 든다. 곧 그의 개인적 탄원도 나라의 흥망성쇠를 위한 노고의 연결고리로 항상 묶여 있을 것이라는 입장이다.

3절에서는 다윗과 원수 관계에 있는 자들이 나오는데, 그들과 함께 자신을 심판하지 말 것을 부탁드리는 기도를 한다. 이때에 심판은 종말론적 심판보다는 때에 따른 일시적인 심판, 또는 하나님의 징계 차원이라고 볼 수 있다. 왜냐하면 6절에서 '하나님께서 나의 간구를 들어주셨다'고 말하고 있기 때문이다. 다윗이 응답은 받았지만 아직 이루어지지 않은, 성취될 응답에 대해 미리 확신하고 감사했다고 볼 수 있는데 지금 당장이 아닐지라도 그가 살아있는 생전에 응답이 성취되었으리라고 볼 수 있다.

그가 말하는 '원수의 특징'이 3절에 언급되는데 첫째, 이웃에게 입

으로는 평화를 말하지만 마음으로는 악을 품은 자다. 하지만 여기서도 주목할 것이 '이웃'이라는 지칭인데 '이웃나라'가 아니라 '이웃'이라는 점에서 그의 원수는 개인적인 관계에 있는 사람이라고 볼 수 있다. 만약 '이웃'에 대한 정의가 자신과는 상관없는 객관적이고 일반적인 '이웃'에 대한 정의라고 본다면, 3절에서 자신과 그들을 함께 선고하여 못된 일을 저지른 자들같이 끌어가지 말아달라는 구체적인 기술을 볼 때 적어도 다윗이 아는 사람, 그들의 악행을 옆에서 지켜봐 왔던 인물들로 추측할 수 있다. 즉 '이웃'은 그와 관계를 맺고 있는 사람들이라고 보는 입장이 지배적일 것이다.

이어서 4절을 보면 악인의 두 번째 특징이 나온다. 그들은 악한 행동을 저지르는 자인데 구체적으로는 주께서 하신 일을 대수롭지 않게 여기거나 손수 지으신 것들을 하찮게 여기는 자들이라고 한다. 즉 하나님을 만홀히, 또는 경시하는 사람들을 악인이라고 정의한다.

다윗은 위의 내용들을 통해 자신의 탄원을 주께 낱낱이 솔직하게 기도하고 있는 모습을 볼 수 있다. 그는 주를 의지함으로 이런 기도를 드렸으며 그러므로 주께서 자신을 건지셨고 간구를 들어주셨다고 고백하고 있다.

그는 하나님께 감사의 마음을 어떻게 표현했을까? "내 노래로" 또는 "내가 지은 노래로"라는 구절을 통해서 보듯 노래로, 음악으로 표현했다. 8절은 그 노래 가사에 해당한다고 볼 수 있다. 그는 주께서 백성들과 왕에게 구원의 요새이시므로 지금부터 영원히 주의 백성들의 목자가 되시어 보살펴 달라고 간구하는 기도 형식을 띤 노래로 마무리한다.

너로 말미암아 즐거이 부르며

너의 하나님 여호와가 너의 가운데에 계시니 그는 구원을 베푸실 전능자이시라 그가 너로 말미암아 기쁨을 이기지 못하시며 너를 잠잠히 사랑하시며 너로 말미암아 즐거이 부르며 기뻐하시리라 하리라(습 3:17).

요즘에는 교회 일에 열심히 헌신하는 한 자매의 피아노 반주를 봐주고 있다. 자매는 피아노 코드를 정리하고 새로운 주법들을 접하면서 자신의 역량을 더욱 늘리고, 나는 자매와 나누는 대화와 수업을 통해 찬양에 대한 새로운 관점을 얻게 된다는 점에서 유익하다. 그날은 E장조를 연습했고, 매트 레드먼(Matt Redman)이 쓴 '아버지의 노래'(Father's song)를 연습했다. 자매가 노래가 시작될 때 코드의 '7'음들이 반음으로 진행될 때의 사운드를 익히는 동안 나는 가사를 묵상했다. 평소에 우리는 찬양을 마땅히 '높임을 받으실 하나님을 향해 불러드리는 나의 행위'로 생각하지만 곡에서는 '나를 향해 부르는 아버지의 노래'라는 가사를 통해 그 관점을 새롭게 한다. 내가 하나님을 향해 찬양을 부르기 이전에 이미 나를 향해 부르고 계신 아버지의 노래를 우린 얼마나 인지했을까? 쉽게 우리는 헌신과 봉사를 통해 또 자신의 예배 행위를 통해 하나님을 섬긴다지만 섬겨드린다고 볼 만큼 덕을 자신에게 돌리는 착각에 빠진다.

하지만 하나님께서 그분의 만찬에 우리를 초대하지 않으셨다면 올 수가 없었고 알 수도 없었다. 구원이 나의 선한 판단으로 성취될 수 없듯이 하나님을 찬송하는 신령한 일도 우리를 돕는 성령님이 없이는 불가능하다. 우리의 자유 행위로 예배의 자리에 나오고 하나님을 찬송한다고 하지만 그 길을 걷게 하는 것은 하나님의 말씀이 날 다스리기 때

문이다.

과연 하나님께서 나를 향해 노래를 부르신다는 말이 믿어지는가? 하늘보좌에 좌정하신 주께서 나같이 보잘것없는 존재로 인해 기쁨을 이기지 못해 부르고 계시는 사랑 노래! 만약 당신이 엄격하고 감정도 잘 드러내지 않으며 율법적인 성향이 강하다면 위와 같은 하나님의 모습을 연상하는 것이 무척이나 어렵고 생소할 것이다. 또 과연 성경적인지 그 여부를 따질 것이다. 그러나 우리를 살리시려 십자가에 매달리기까지 사랑하신 하나님의 사랑은 날 향해 부르시는 아버지의 노래이며 깊고도 넓은 것이 분명하다.

스바냐 3장 17절에서 "즐거이 부르며"는 'with call'(부르심)이 아닌 'with singing'으로 '노래 부르다'의 의미를 가지고 있다(NIV). 현대인의 성경에서는 "너를 보고서 노래하며 기뻐하실 것이다"라고 더 구체적으로 말하고 있다. 때로 우리는 너무 많은 죄를 짓고 자신의 모습에 실망하여 하나님조차도 이런 나 자신을 받아들이기에 지치셨다고 생각하기 쉽다. 그래서 그분 앞으로 더 나아가길 망설이고 있다. 하지만 주님은 아이가 엄마 품에 안겨 참 쉼과 평안을 누리듯이 당신과 나를 향해 부르고 계신 아버지의 노래를 받아들이고 그분의 사랑 안에서 안정을 누리길 원하신다. 여전히 우리를 향해 사랑의 노래를 부르시며 우리가 그분께 가까이 옴으로 이 노래를 듣기를 원하신다. 그리하여 우리를 하나님의 사랑으로 충만하게 하고 다시 새롭게 하기를 원하신다.

찬양은 낮은 자가 높은 자를 향해 경배하는 것으로 우리는 주께 찬양을 드린다고 말하지만 하나님은 '찬양'이 아닌, 우리를 향해 사랑의 '노래'를 부르신다. 이 말은 억압 속에서 두려움으로 찬양하길 원하시는 것이 아니라 우리를 친밀함으로 이끄시는 것임을 말하는 것이다.

기도가 노래가 되어

> 이것은 시기오놋에 맞춘 예언자 하박국의 기도다. 주님, 내가 주님의 명성을 들습니다. 주님, 주님께서 하신 일을 보고 놀랍니다. 주님의 일을 우리시대에도 새롭게 하여 주십시오. 우리시대에도 알려 주십시오. 진노하시더라도 잊지 마시고 자비를 베풀어 주십시오. (중략) 주 하나님은 나의 힘이시다. 나의 발을 사슴의 발과 같게 하셔서, 산등성이를 마구 치닫게 하신다. 이 노래는 음악 지휘자를 따라서, 수금에 맞추어 부른다(합 3:1-2, 19, 새번역).

시기오놋은 식가욘의 복수형으로(시 7편) 슬픔의 노래 또는 만가(輓歌)를 뜻하는 용어다. 시기오놋은 '연주 방법'을 뜻하는 용어로 알려져 있으며 일상적인 리듬에서 파격적으로 연주되는 노래를 뜻한다고 짐작하고 있다.[1] 하박국 3장은 이 시기오놋 연주 방법으로 기도하는 내용을 담고 있기 때문에 우리가 이 기도문을 읽을 때는 하박국이 슬픈 마음이 때로는 침묵으로, 때로는 파격적으로 소리를 지르며 울부짖는 기도를 드리고 있다고 상상하며 읽을 필요가 있다. '셀라'라는 용어는 한 템포를 쉬어가는 의미이거나 가장 높은 음으로 부르는 것으로 해석되는데 이 구간을 울부짖고 난 후의 침묵, 또는 울부짖음의 가장 최고조를 이루는 구간이라는 두 가지 경우로 해석할 수 있다.

하박국은 "진노 중에라도 주의 긍휼을 잊지 마옵소서"라고 주께 간구하고 있다(2절). 하박국은 주께서 행하신 일들을 귀로 듣고 눈으로 읽으며 주의 소문을 들어왔는데 그때처럼 이 세대에도 변함없는 주님의 신실하심을 보여주시길, 그래서 수 년 내에 부흥하기를 주 앞에 간구하고 있다. 주님이 우리를 위해 과거에 행하신 일을 잊지 않고 기억하는 것은 앞으로의 삶을 여전히 이끄실 것이라는 믿음, 즉 또 다른 우

1) 가스펠서브, 《라이프 성경사전》, 생명의 말씀사. 2006, 시기오놋

리의 영적인 무기가 됨을 알 수 있다.

하박국이 주 앞에 온 힘을 다해 기도하다가도 더 깊은 기도의 단계로 들어서는 것을 보게 된다. 하박국의 믿음의 눈이 열려서 예언적 내용을 담은 아주 강렬한 선포의 기도를 하는 것을 볼 수 있다. 하나님이 끝내 이스라엘의 죄악을 고치시고 회복시키셔서 흠이 없는 하나님의 백성으로, 자녀로 승리하게 하실 것, 즉 주께서 어떻게 응답하실 것이 보이고 믿어짐에 그의 입술이 열리는 놀랍고도 강력한 선포의 기도를 보라. 하박국은 그것이 보이는 것에 그치지 않고 들리기까지 하니(16절) 하나님의 강력하고 비교할 수 없는 압도하심에 그는 다음과 같이 고백한다. "그 소리를 듣고 나의 창자가 뒤틀린다. 그 소리에 나의 입술이 떨린다. 나의 뼈가 속에서부터 썩어 들어간다. 나의 다리가 후들거린다"(16절)라고 말이다.

하박국은 앞으로 다가올 예언적 성취, 하나님의 기도의 응답이 오기까지 믿고 기다리며 인내할 것을 고백한다(16-18절). 기다림의 시간 동안 아무것도 없을지라도 그의 가슴을 여호와를 기뻐하는 힘으로 가득히 채우겠다고 고백하는 하박국이다(18절). 주님 한 분만으로 충분하다고 고백하는 하박국의 고백은 가장 기본된 신앙이며 신앙의 전부이기도 하다.

그의 기도는 시기오놋, 즉 슬픔의 노래로 시작하는 울부짖는 기도였다. 하지만 그의 기도가 끝났을 때는 주님이 보여주시고 들려주신 응답으로 인하여 수금에 맞춘 아름다운 노래로 끝맺고 있는 것을 볼 수 있다. 그의 기도를 노래로, 그의 슬픔을 기쁨으로 바꿔주시는 자비로우시고 사랑 많으신 하나님의 얼굴이 보인다. 슬픈 중에 기도하더라도 주로 인하여 반드시 기쁨의 노래로 부르게 하실 우리 주님은 참 좋으신 하나님이시다.

간절한 소원이 있어

이스라엘 온 땅 어떤 성읍에든지 거주하는 레위인이 간절한 소원이 있어 그가 사는 곳을 떠날지라도 여호와께서 택하신 곳에 이르면 여호와 앞에 선 그의 모든 형제 레위인과 같이 그의 하나님 여호와의 이름으로 섬길 수 있나니(신 18:6-7).

누구에게나 삶을 살면서 간절한 소원이 있다. 그 소원을 이미 이룬 사람이 있고 이뤄가는 사람도 있으며, 아직 간절하게 무언가를 갖기를 원한 적이 없는 사람도 있을 것이다. 하지만 우리에게 꿈이 없다면 어떤 모양이든 그 삶은 공허할 것이다. 그래서 소망이 육적이든지 영적이든지 우리의 일상은 소원에 둘러싸여 살게 된다.

찬양사역자로서 간절한 소원이 무엇인가? 아니, 우리가 하나님 앞에서 먼저 소원을 갖는다는 것이 정당한가? 빌립보서 2장 13절에는 하나님께서 자신의 기쁘신 뜻을 위해 우리 안에 소원을 주시고 행하게 하신다고 말하고 있다. "자신의 기쁘신 뜻을 위하여"라는 말에서 모든 소원이 하나님이 주신 꿈이라고 말하기에는 무리가 있다고 말하는 듯하다. 우리에게 소원이 있다면 그것이 하나님께로부터 온 것인지 분별하는 방법은 하나님의 기쁘신 뜻에 합한 것인지 살피는 것이다. 먼저는 우리에게 소망이 생기게 될 것인데 이 소원이 '하나님의 영광을 위한 것인가?' '하나님의 나라를 위한 것인가?'라는 최종적 목적을 향하는지, 그래서 이에 합당하다면 하나님으로부터 온 소원이라고 볼 수 있을 것이다.

그 소원을 따라서 그가 사는 곳을 떠나는 레위인들의 이야기가 있다. 물론 떠남에 대한 아쉬움과 슬픔에 대한 인간적 감정이 존재하지만 이를 제외하고 떠난다는 것의 다른 의미를 생각해 보자. 이는 아브

라함에게 구체적인 꿈과 비전을 보이기보다 먼저 떠나라고 이야기하셨던 방법과는 사뭇 다른 느낌이다. 간절한 소원이라면 이 꿈은 레위인의 가슴 안에 청사진으로 그려져 있고 구체적인 계획을 세우는 데 부족함이 없는 명확한 비전이었을 것으로 보인다. 그런데 당시의 하나님은 이스라엘이 이방인과 짝하고 우상을 섬기는 것과 다른 문화에 섞이는 것을 금하셨던 분이신데 떠남을 허락하고 계시는 장면은 무얼 말하는 것일까? 물론 금기사항은 여전히 적용될 것이다. 하지만 하나님은 레위인의 가슴에 뜨거운 열정과 소망, 즉 간절한 소원을 먼저 주시고 움직이게 하시는 경우가 있음을 우리는 발견할 수 있다.

하나님은 그가 간절한 소원을 따라 인생의 여정을 걷는 내내 함께 하시고 여호와께서 택하신 곳에 이르게 하실 것을 약속하신다. 레위인이 그곳에 이르러서 정착생활을 시작하면서 어떤 일을 해야 할지 고민할 필요가 없는 이유는 그의 정체성은 변함이 없기 때문이다. 여전히 그는 다른 레위인들과 연합하고 동거하며 하나님을 위해 예배 직무를 행할 수 있다.

여기서 나는 우주적인 교회 연합이 얼마나 크고 하나님의 다스림 아래 묶여 있는 것인지를 확인하게 된다. 우리는 하나님을 섬기는 사람으로서 주님의 이름으로 모이는 교회와 공동체에서 찬양하는 직무를 담당할 수 있다. 또한 간절한 소원을 주셔서 이러한 모임을 향해 나가게 하시는 하나님의 뜻도 있다. 쉽게 우리는 자신이 살던 곳을 떠나면서 믿음을 잃거나 공동체를 떠남으로 불안감을 경험하지만 그곳이 이단 모임이 아니고 또한 자신이 믿음에서 떨어져 나가려 작정함도 아니라면 모든 교회는 하나님의 꿈이라는 것을 잊지 말기를 바란다.

그 어떤 상황에서도 하나님을 찬양하기를 선택하겠습니다

내가 주께 대하여 귀로 듣기만 하였사오나 이제는 눈으로 주를 뵈옵나이다(욥 42:5).

하나님의 자녀는 주의 백성을 부르시고 주를 찬송하게 하시려는 하나님의 뜻 앞에 자신의 삶이 찬송이 되어야 한다. 그리고 그 찬양은 환경에 따라 제한적이거나 조건적이지 않고 찬양하기를 선택하는 믿음의 지경을 넓혀야 한다. 이를 머리로만 아는 것이 아니라 가슴으로 누리면서 환경과 상관없이 하나님 찬양하기를 선택하는 예배자는 얼마나 될까? 실제로 오늘 날짜의 신문을 보고 뉴스를 보면 사건, 사고 앞에 불행을 만난 사람들이 얼마나 많은지 모른다. 만약 이와 무관하게 내 삶에는 문제가 없고 안정적이기 때문에 하나님께 감사한다면 나를 제외한 타인과 피조 된 모든 것들에 대해 너무나 이기적인 신앙을 갖고 있는 것은 아닌가 생각한다. 세상은 죄의 영향을 받아 서로에게 상처를 주고 입혀 불행하다. 어느 누구도 상처 없이 이 세상을 사는 사람은 없다. 물론 하나님이 우리 삶이 불행한 것을 원하셔서 이렇게까지 놔두시는 것은 절대 아니다. 하나님을 떠나서 제멋대로 된 세상이 죄의 대가와 열매를 따 먹는 것이다. 그러나 하나님은 그 상처와 슬픔을 껴안으시고 다시 소생하게 하시는 분이시다.

우리가 잘 아는 욥의 고난을 보면 그가 당하는 고난에 이유가 없었다. 우리는 천상에서 하나님과 사탄의 대화가 있었다는 것을 알지만 욥은 모른다. 그는 고난의 끝에서 갑절의 축복을 받지만 왜 자신이 고

난을 당했는지 하나님은 설명해 주지 않으셨고 끝내 욥은 여전히 모르는 상태로 책은 마친다. 하지만 마지막 장면에서 다른 이야기가 진행됨을 볼 수 있다. 욥이 귀로만 듣던 하나님을 눈(영안이 열리고)으로 뵙게 된다는 말을 하며 하나님을 인정하고 도리어 자신을 회개하는 장면이다(욥 42:5-6). 나는 이 구절을 읽으며 다음과 같은 묵상을 해보았다. 여전히 그의 문제는 해결되지 않았지만 하나님과의 만남이, 또 주께서 하신 말들이 자신의 고난을 더 이상 큰 문제로 여기지 않게 했다는 것이다. 오히려 불평과 원망이 하나님을 뵌 후에는 자신을 회개하는 모습으로 달라진 것이다. 이에 더하여 마지막에 욥이 과연 하나님을 찬양했을까? 하나님이 이 세상을 초월하신 신이심을 마지못해 인정하는 것과 인류를 향해, 또 자신을 향해 행하신 모든 일들에 대해 하나님을 높이고 찬양하는 마음은 다를 것이다. 욥기에는 찬양이라는 단어가 두 번 나오는데 엘리후의 변증에서 나오고, 다른 하나는 욥기 1장 21절에 욥의 처음 고난이 시작되면서 아내에게 고백했던 말이다. 그가 이 고백을 하고 난 후에 세 친구와 엘리후와의 변론에서도 들쑥날쑥한 감정으로 처음 고백을 지켜가기가 쉽지 않았을 것이다. 하지만 그가 마지막에도 하나님을 찬송했는지에 대해 그렇다고 대답할 수 있는 이유는 하나님께서 그를 곤경에서 구해 주시고 갑절의 재산과 자녀를 주신 것을 보아 욥기 1장 8절에 주께서 욥에 대해 이야기하신 것과 같이 그가 여호와를 경외하는 자였음이 증명되었다고 보아야 한다.

욥과 같이 다 이해할 수 없는 고난 중에 있을 때 우리가 할 수 있는 것은 하나님을 찬송하는 것이다. 그분을 여전히 경외하는 것이다. 그 때에 중심을 아신 주께서 욥과 동일하게 우리 삶에 주의 얼굴을 비추시고 만나주실 것이다. 우리가 가진 것의 갑절의 복을 줄지라도 하나님을 경외하는 것과 바꾸지 않을 신앙으로 설 때 진정 하나님을 찬양하는 삶이리라.

내 손을 가르쳐

나의 반석이신 여호와를 찬송하리로다 그가 내 손을 가르쳐 싸우게 하시며 손가락을 가르쳐 전쟁하게 하시는도다(시 144:1).

시편 144편은 다윗의 시다. 다윗은 하나님의 특별한 은총을 입은 사람으로서 이새의 아들 중에서도 작은 아이였지만 하나님이 그와 함께 계셔서 기름 부은 이스라엘의 왕으로 세움 받았다. 그는 아름다운 노래와 시를 짓는 뛰어난 음악가였고 전쟁에서도 결코 뒤로 물러나지 않는 용사였다. 하나님께서는 그가 모든 일을 주와 함께 긴밀하게 동행하며 지시함을 따라 살기 원하셨기에 날마다 그에게 승리 주시기를 기뻐하셨다. 하나님은 그를 큰 용사가 되게 하시려고 육체적으로 정신적으로 훈련을 시키셨다. 다윗이 어린 시절 양을 치는 목자로 살면서 힘없고 연약한 양들을 사나운 짐승들로부터 보호하기 위해 무기를 들었던 것부터 하나님의 훈련은 시작된 것이다. 그는 왕으로 직위하게 되었을 때도 칼과 창을 들고 군사 훈련을 쉬지 않았을 것인데 항상 하나님의 함께하심이 그의 삶에서 얼마나 세밀하게 간섭하셨는지 그의 고백은 다음과 같다. "주께서 내 손을 가르쳐 싸우게 하신다. 또 내 손가락을 가르쳐 전쟁하게 하신다."

그의 고백은 굉장히 구체적이고 현실적인데 하나님의 깊은 사랑이 그의 손과 손가락까지도 훈련시키신다고 한다. 이는 마치 사랑하는 그의 자녀의 머리털까지 세신다는 하나님의 사랑을 연상시키고 다윗은 당연히 이 말씀을 아는 것처럼, 아니 경험하고 살고 있음을 볼 수 있다(마 10:30). 또한 다윗은 하나님이 도우시지 않으면 파수꾼의 기다림이

헛되다고 말하는 성경구절처럼 친히 하나님께서 도우시는 사람은 삶의 작은 일부분에서부터 하나님의 간섭을 경험하고 나아가 자신을 통해 일하시고 영광 받으시는 하나님을 인지했다. 하나님께서 그를 도우시는데 어느 누가 그 길을 막을 수 있겠는가?

다윗의 손과 손가락을 훈련시키셨던 하나님이 연주가들의 손과 손가락도 훈련시키심은 당연하다. 다윗이 하나님의 법과 율례가 이 땅에서 실현되도록 하기 위해 하나님을 반대하는 원수들과의 싸움에서도 두려워하지 않았던 것과 같이, 하나님이 온 땅 가득 충만하도록 자신들의 손과 손가락을 움직이는 이들 위에도 여전히 함께하실 것이다. 다윗은 그것을 믿었고 또 내면으로도 하나님의 도우심을 느꼈음이 확실하다. 그가 움직일 때, 그가 칼과 창을 들고 전쟁터로 나갈 때 지시하시고 가르쳐주시는 하나님의 세밀한 음성이 들렸을 것이다. 훈련은 힘들고 고되지만 하나님이 지혜를 주시고 이끄시고 계심을 경험한다면 충분히 달콤하지 않겠는가?

한 여성 CCM 아티스트가 자신이 무대에 서서 노래할 때 하나님이 그 소리의 느낌과 방향을 움직이시고 또 말하게 하시는 것을 경험한다고 고백한 인터뷰를 들은 적이 있다. 단 한 무대도 하나님 없이는 서고 싶지 않은 아티스트의 간절한 마음에 응답하시는 하나님의 섬세하심을 공감할 수 있었다. 어떻게 우리가 그것을 알 수 있겠는가? 연주자로서 나의 손과 손가락을 훈련하시고 지도하시는 하나님의 간섭하심을 말이다. 또 가수가 노래하면서 그 순간에 하나님이 함께하시고 자신의 소리를 도우시는 하나님의 도우심을 말이다. 그것은 일상을 주님과 동행하려는 태도에서, 연습부터 무대에 서기까지 하나님께 조목조목 아뢰며 나누는 친밀함 속에서 시작될 것이다. 우리의 손과 손가락을 훈련시키시는 하나님을 찬양한다.

너는 이렇게 불러라

너는 이스라엘의 지도자들에게 불러 줄 애가를 지어라. 너는 이렇게 불러라 '너의 어머니는 누구였느냐? 사자들 가운데 엎드려 있으면서, 젊은 사자들 틈에서 제 새끼들을 기르던 암사자였다(겔 19: 1-2, 새번역).

에스겔서는 바벨론에 의해 유다가 포로가 되면서 그들의 땅을 다시 찾고 회복할 것과 하나님 나라에서의 영원한 삶, 새 예루살렘을 소망할 것을 권고하는 내용이 기록되어 있다. 우리는 하나님이 이스라엘을 택하셨고 이 민족을 통해 장차 구원자 메시아를 보내실 것을 결정하셨다는 사실을 알기에, 예수님의 이름으로 인을 받은 이방 백성으로서 바벨론에 의해 이스라엘이 흔적도 없이 사라질 수 있었던 과거의 위기 앞에서 그들이 바벨론에서 귀환하였다는 것이, 또 하나님께서 그들을 포기하지 않으셨다는 사실에 오늘날에도 감격할 수 있다.

에스겔 19장은 전문이 애가로 지어진 시다. 하나님께서는 자신의 뜻과 계획을 보이시고 실행하실 때마다 그의 사자들을 부르셨고, 알려주셨으며 그들이 때와 시기를 따라서 어떻게 행해야 할지를 가르치셨다. 그런 면에서 이 시는 하나님께서 이스라엘의 처지와 환경을 고발하여 지도자들에게 지금은 너희가 이스라엘로 인해 기뻐할 때가 아니며 내 앞에서 즐거운 가락으로 노래할 때가 아니라고 말씀하신다. 지도자들에게 지금은 슬퍼할 때라고 친히 가르치셨고 노래까지 일러주셨다.

하나님께서는 애가를 통해 이스라엘 공동체가 무엇을 알기 원하셨고 기대하셨던 것일까? 우리가 깊으신 하나님의 경륜을 알고 싶다면 어떻게 해야 하는가? 그저 한낱 인간이기에 하나님을 결코 알 수 없다고 말할 것인가? 성경에서는, 하나님의 속은 오직 그만 아신다고 하셨

다(고전 2:11). 그런데 또 하나, 당신의 형상을 따라 지음 받고 구원받은 주의 자녀들이 불가지론자가 되길 바라지 않으신다. 그분은 친히 그의 뜻을 우리에게 보이셨고 깊은 뜻을 알기 원하셔서 '성령을 통하여' 계시하여 주셨다(고전 2:10).

우리가 이 애가를 묵상하고 깨닫는 것이 무엇이겠는가? 노래에서 이스라엘은 사자와 포도나무의 열매와 가지로 비유되고 그의 어머니는 새끼를 기르는 암사자요 포도나무다. 암사자가 새끼를 키웠으나 그가 잡혀갔고 포도나무가 던져지니 열매는 마르고 가지는 꺾이고 말라 불에 타버리고 말았다. 이것은 곧 당시의 이스라엘이 하나님과 그의 법을 떠나서 우상을 섬기고 죄를 따른 추악한 대가를 표현한 것이다(에스겔 20장을 참고하라). 그리고 끊임없이 하나님은 이스라엘을 그의 가슴으로 품으시려 하지만 그 손을 뿌리치고 그에게서 얼굴을 돌려버린 이스라엘의 영적인 상태는 목자 없는 양과 같이, 어미 새를 잃은 새끼 새와 같이 고아이며 불에 탄 마른 나뭇가지라고 노래한다.

나는 이 애가가 요즘 교회 안의 기독교 창작물에서 발견되는, 항상 우리에게 사랑과 인자함을 베푸시고 행복하시기만 한 하나님을 떠오르게 하는 상황과는 반대로 오랫동안 참고 계시며 들끓다가 잿더미처럼 타버린 마음, 곧 이스라엘을 향한 여호와의 슬픔을 보게 하신다는 것에 주목하고 싶다. 우리는 이 노래를 통해 하나님의 슬픔에 주목하게 된다. 또한 우리는 창조주 하나님을 떠나서 잘살겠다는 독립적 자아가 가져올 결과를 본다. 사람이 자신을 지은 창조주를 떠나서 사는 것이 불안과 두려움, 공허함의 반복인 것을 깨닫는다. 사람들이 주를 떠나가는 것, 떠나 있는 상태, 이것은 가장 오래된 주님의 슬픔이다. 주님의 슬픔을 전해 줄 이가 어디에 있는가? 그것을 노래할 이가 어디에 있는가?

노래의 기능, 예언적 성취!

> 기드온이 그에게 대답하되 오 나의 주여 여호와께서 우리와 함께 계시면 어찌 하여 이 모든 일이 우리에게 일어났나이까(삿 6:13).

우리는 신명기 32장의 모세의 노래를 묵상한 바 있다. 이스라엘 자손들이 하나님을 멸시하고 대적함으로 우상을 섬기고 법도와 율례를 따르지 아니함으로 여호와께서 증거를 삼으신 노래, 곧 모세의 노래는 신명기 8장부터 거슬러 올라갈 때 하나님께서 이미 예언하신 바를 따라 진행되어 가는 과정에 있는 노래임을 알 수 있다.

여호와는 신명기 8장 17절에서 이스라엘이 옥토를 주심으로 말미암아 여호와를 찬양한 것이 마음이 교만하여져서 '내 힘과 능력으로 재물과 소산을 얻게 되리라'고 자신을 찬양하는 노래로 전환될 것을 예언하셨다. 20절에서도 미래형으로 말씀하신 것을 보아 여호와께서 이스라엘을 멸망시키실 것을 미리 엿볼 수 있는데 이유 또한 여호와의 소리에 청종하지 아니함이었다.

신명기 32장의 모세의 노래에서는 이스라엘 자손들이 하나님이 베푸신 은혜에 대해 배신으로 응답하고 있음을 언급하며 그들의 멸망이 불가피할 수밖에 없음을 보게 된다. 물론 여기서 이스라엘의 구원의 여지는 항상 있어 왔다고 보여진다. 왜냐하면 모세의 노래가 율법과 모든 말씀을 자신들과 후손들이 지켜 행하도록 촉구하고 있기 때문이다(신 32:46). 하지만 여호수아가 죽고 사사 시대에 이르러 이스라엘 자손들은 여전히 하나님 목전에서 악을 행하였다.

주는 그들을 이방 민족의 손에 넘기시고 구원하시기를 반복하시며

주를 떠나는 삶이 어떤 것을 의미하는지 깨우치신다. 드보라에 이어 사사 기드온을 세우셨으니 이스라엘이 구원받고 또 하나님을 잊어버림으로 악을 행하기 때문이었다. 나는 이스라엘이 미디안 족속에게 넘겨져 학대를 당할 때에 "미디안으로 말미암아 여호와께 부르짖었으므로"(삿 6:7)라는 구절을 보아 '언제쯤 이스라엘이 다른 이유가 없이 순전하게 주를 찾고 여호와로 말미암아 기뻐하고 찬송할 것인가'라는 물음을 던지게 된다.

우리는 여기서 '하나님이 과연 보복하기를 즐거워하시는가?'로 오해할 수 있지만 이스라엘이 하나님께 돌아오고 그를 섬기는 동안에는 이스라엘에 평안이 임했던 사실을 확인할 수 있다(삿 5:31). 하나님은 본래 아무도 멸망에 이르기를 원치 않으시는 자비와 긍휼의 하나님이시지만 이스라엘이 스스로 하나님을 떠나는 결과는 멸망에 이르는 불가피한 결과였다고 볼 수 있다.

사사기 6장 13절에서 기드온이 여호와가 보낸 사자와 나누는 대화 장면은 자신들이 왜 학대와 고통을 당해야 하는지 묻고 있다. 나는 기드온이 과거의 선조들이 경험한 이적과 하나님에 대해서는 알지만 반대로 하나님을 떠나는 죄의 반복과 멸시함에 대한 하나님의 '예언적 성취'는 볼 수 없었다고 짐작한다. 모세의 노래를 후손들에게 대대로 전하고 곧은길을 가게 하라던 노랫말은 기드온 시절에는 잊힌, 효력 없는 시에 불과했던 것일까?(신 32:46-47) 기드온은 마치 이에 대해서는 모르고 푸념 섞인 말로 자신의 발언을 하고 있을 뿐이다. 하지만 하나님이 자신의 주권적 선택에 따라 기드온을 세우셨음을 보게 된다. 결과론적 역사에 대해 잘 알지 못했고 의심도 많고 자신감도 적었던 기드온을 선택하신 것은 구원이 위대한 인간 영웅으로 결정되는 것이 아니라 하나님의 주권에 속한 것임을 고백하게 한다.

드보라의 노래

이날에 드보라와 아비노암의 아들 바락이 노래하여 이르되(삿 5:1).

이스라엘의 왕정 시대가 끝이 나고 사사 시대에 들어서면서 사사 드보라가 등장한다. 그녀는 고대 이스라엘의 풍조가 여성이 경시되고 발언권과 권위가 전무했을 당시 하나님께 세움을 받은 사사다. 그녀가 했던 역할은 가나안 땅의 왕 야빈이 시스라와 힘을 합해 이스라엘을 몇 번이고 위험에 처하게 하고 학대하는 등 힘을 행사할 때 용사 바락과 함께 가나안 군대를 물리친 일이다. 드보라가 하나님의 음성을 듣고 전투를 준비할 때에 바락을 보내려 하지만 드보라가 함께 가지 아니하면 자신도 가지 않겠다고 말하는 장면에서, 드보라가 여성이지만 연약한 모습이 아닌 믿음 안에서 강인하게 서 있는 자라는 것을 발견할 수 있다. 이는 마치 어리고 외소하지만 블레셋의 거인 장수 골리앗을 두려워하지 않았던 다윗의 모습과 닮았다. 드보라와 다윗은 사람과 환경을 두려워하는 사람이 아니고 하나님을 두려워하고 경외하는 믿음의 사람이었다.

드보라는 승리 후에 바락과 함께 하나님을 찬송한다. 드보라의 노래는 2-3절까지 세상의 군왕들을 향해 드보라의 하나님 그리고 이스라엘의 하나님을 찬송할 것이니 들으라고 담대히 전하고 있다. 4절부터는 여호와 하나님께서 일을 진행하시니 자연 만물도 복종하는 모습을 보이며, 9절은 한 번 더 하나님을 찬양한다고 언급하고 있다. 10-11절은 의로우신 하나님을 활 쏘는 자부터 물을 긷는 작은 자에 이르기까지 찬송할 것을 언급한다. 12절은 마치 노래의 후렴구처럼 반복과 강

조를 사용하여 노래의 의도에 힘을 주고 있다. 13절 이후로는 하나님께서 승리하게 하신 방법을 구체적으로 기술하고 있고, 24절에서는 드보라처럼 강인한 믿음으로 임무를 수행한 자가 등장한다. 그녀는 담대히 야빈 왕을 진멸한 겐 사람 헤벨의 아내 야엘이다. 드보라는 그녀를 축복하기를 장막에 있는 여인들보다 더욱 복을 받을 것이라고 말한다. 25절 이후로는 야엘이 어떻게 시스라를 처치했는지 구체적으로 설명하고 있으며, 31절은 여호와를 돕지 아니하는 원수들이 이같이 망하고 주를 사랑하는 자들은 더욱 힘을 얻게 해달라는 간구의 기도로 노래를 마친다.

드보라의 노래는 산문시의 형태이고 가락과 리듬은 알 수 없다. 하지만 분명히 노래였고, 이스라엘 백성들을 위해 행하신 이적에 대한 감사와 승리의 찬양이다. 드보라의 노래에 대한 새로운 접근을 기술하자면, 이 노래는 이스라엘 민족의 승리의 개가이지만 드보라 개인으로 봤을 때는 자신이 경험한 하나님 곧 간증을 담은 찬양이 될 수도 있다.

현대 교회음악이 드보라의 노래에서 배울 수 있는 것은 무엇일까? 계시적 찬양에 반하여 자기 고백적 찬양을 도외시(度外視)하지는 않는지 물을 수 있다. 반대로 드보라의 노래가 이스라엘 대중에게 공통 된 분모를 갖고 하나님을 찬양해 공감을 얻을 수 있었던 것, 공통된 민족적 구원에 대한 경험이 인정될 수 있었음을 발견할 때 자기 고백적 찬양이 가져야 할 의의도 발견할 수 있을 것이다. 또한 드보라의 노래가 굉장히 서술적이고 구체적인 기술을 한 것에 비해 현대 교회음악은 뭉뚱그린 가사 또는 형이상학적 가사로 신자들의 마음에 직접적으로 와 닿을 수 없는 형태로 존재하는 것은 아닌지 질문할 수 있다.

느부갓네살 왕의 하나님 찬양

"정해진 기간이 다 되어, 나 느부갓네살은 하늘을 우러러보고서 정신을 되찾았고, 그리고 가장 높으신 분을 찬송하고, 영원하신 분을 찬양하며, 그에게 영광을 돌렸다. 그의 통치 영원하고 그의 나라 대대로 이어진다. 그는 땅의 모든 거민을 없는 것같이 여기시며 하늘의 군대와 이 땅의 모든 거민에게 뜻대로 하시지만, 아무도 그가 하시는 일을 막지 못하고, 무슨 일을 이렇게 하셨느냐고 그에게 물을 사람이 없다. 내가 정신을 되찾았을 때에, 나의 명예와 위엄과 나라의 영화가 회복되었고, 나의 고문관들과 대신들이 나를 찾아왔으며, 나는 이전보다 더 큰 영예를 받으면서 왕위를 회복하였다. 이제 나 느부갓네살은 하늘의 왕을 찬양하고 높이며, 그분에게 영광을 돌리는 바이다. 과연 그가 하시는 일은 모두 참되며, 그의 모든 길은 공의로우니, 그는 교만한 이를 낮추신다"(단 4:34-37, 새번역).

느부갓네살 왕은 자신이 깨달은 하나님을 찬송하기를 자신만 알고 인정하는 것에 그치지 않고 천하에 거주하는 모든 나라의 백성들과 나라들과 각 언어를 말하는 자들에게 조서(詔書)를 보냄으로 하나님을 증거하고 찬양하였다(단 4:1). 하나님을 경외하지 않는 왕들과 나라에까지 하나님을 증거하고 찬송한 그의 행동은 참으로 귀하다. 왕으로서 그가 얼마나 계산적으로 움직여야 하고 그의 말과 작은 행동 하나하나가 나라의 정세와 성장에 얼마나 큰 영향을 미치는지 우리는 짐작할 수 있다. 그래도 그가 깨달은 하나님, 하나님을 찬송하고자 하는 마음은 그가 따져야 할 갖가지 유익과 영광보다도 위대했던 것이 분명하다.

우리는 하나님을 부인하다가 또는 하나님 없이도 잘살다가 인생에서 하나님의 살아계심을 경험하고 그로부터 이전의 삶에서 완전히 변화되어 주님을 증거하며 살아가는 사람들의 이야기를 듣는다. 마치 이전에 자신이 알던 것들은 주님을 깨달아 안 것에 비하면 배설물과도 같다고 고백했던 바울의 고백이 느부갓네살 왕에게도 적용되는 것은

아닌지 생각해 본다. 그리스도를 아는 지식이 가장 고상함을 깨달은 자들은 그것을 반드시 전하며 살게 된다는 것을 느부갓네살 왕의 조서에서도 찾을 수 있다.

느부갓네살 왕이 깨달은 것은 이것이다. 그는 왕이었고, 위대한 사람이었지만 그가 가진 모든 영광이 영원할 것 같아도 그 위에는 하나님이 계심을 안 것이다. 느부갓네살 왕은 이것을 깨닫기 전에는 교만한 사람이었다. 다니엘은 그가 일곱 해를 성에서 쫓겨나 밖에서 부끄럽게 지낼 때에 "지극히 높으신 이가 사람의 나라를 다스리시며 자기의 뜻대로 그것을 누구에게든지 주시는 줄을 아시리이다"라고 예언했다. 주께서는 왕이 나라를 다스리는 것이 아니라 하나님이 다스리시는 것임을 깨닫기를 원하셨다(단 4:25-26).

그래서 다니엘은 왕에게 두렵고 떨림으로 공의를 행하며, 가난한 자를 긍휼히 여기며, 죄를 사함 받으라고 다니엘은 주의 말을 전하였다. 다니엘은 그가 일곱 해를 성에서 쫓겨나 밖에서 부끄럽게 지낼 때에 "지극히 높으신 이가 사람의 나라를 다스 리시며 자기의 뜻대로 그것을 누구에게든지 주시는 줄을 아시리이다" 라고 예언했다. 주께서는 왕이 나라를 다스리는 것이 아니라 하나님이 다스리시는 것임을 깨닫기를 원하셨다(단 4:25-26).

약속된 해가 지나고 느부갓네살은 깨달았다. 그리고 자신만 아는 것에서 그치지 않고 모든 왕들에게, 모든 나라에게 전하기를 곧 왕들이 세상을 다스리는 것이 아니라 하나님께서 다스리시며 주의 살아계심을 전하는 것이었다. 왕은 그가 겪은 시련을 통해서 가장 값지고 귀한 하나님을 깨닫게 되었다. 이것이 세상 왕들에게 전하는 메시지는 무엇인가? 우리는 그들을 위해 기도해야 한다.

두로 왕에 대한 얘기

> 인자야 두로 왕을 위하여 슬픈 노래를 지어 그에게 이르기를 주 여호와의 말씀에 너는 완전한 도장이었고 지혜가 충족하며 온전히 아름다웠도다 네가 옛적에 하나님의 동산 에덴에 있어서 각종 보석 곧 홍보석과 황보석과 금강석과 황옥과 홍마노와 창옥과 청보석과 남보석과 홍옥과 황금으로 단장하였음이여 네가 지음을 받던 날에 너를 위하여 소고와 비파가 준비되었도다 너는 기름 부음을 받고 지키는 그룹임이여 내가 너를 세우매 네가 하나님의 성산에 있어서 불타는 돌들 사이에 왕래하였도다 네가 지음을 받던 날로부터 네 모든 길에 완전하더니 마침내 네게서 불의가 드러났도다 네 무역이 많으므로 네 가운데에 강포가 가득하여 네가 범죄하였도다 너 지키는 그룹아 그러므로 내가 너를 더럽게 여겨 하나님의 산에서 쫓아냈고 불타는 돌들 사이에서 멸하였도다 네가 아름다우므로 마음이 교만하였으며 네가 영화로우므로 네 지혜를 더럽혔음이여 내가 너를 땅에 던져 왕들 앞에 두어 그들의 구경거리가 되게 하였도다 네가 죄악이 많고 무역이 불의하므로 네 모든 성소를 더럽혔음이여 내가 네 가운데에서 불을 내어 너를 사르게 하고 너를 보고 있는 모든 자 앞에서 너를 땅 위에 재가 되게 하였도다 만민 중에 너를 아는 자가 너로 말미암아 다 놀랄 것임이여 네가 공포의 대상이 되고 네가 영원히 다시 있지 못하리로다 하셨다 하라(겔 28:12-19).

두로의 통치자는 부강함으로 마음이 교만해졌다. 당시 세계 경제의 자유무역을 일으키고 표본과 상징이 된 왕은 지혜와 총명을 가진 자신을 신뢰하였다. 그의 교만은 하나님이 아니라 자신이 신이라고 하는 데까지 이르렀다. 하나님은 두로가 스스로 흠 없고 아름답다고 말하는 것에 대해서 어떤 영적인 진단을 내리셨는가? "네 마음이 교만하여 말하기를 나는 신이라 내가 하나님의 자리 곧 바다 가운데에 앉아 있다 하도다 네 마음이 하나님의 마음 같은 체할지라도 너는 사람이요 신이 아니거늘"(겔 28:2). 아무리 그럴지라도 신이 아니라는 것을, 신이 될 수 없다는 것을 주께서 알려주신다.

28장을 읽다 보면 두로 왕에 대한 묘사가 좀 더 자세히 나오므로 그 실체에 대한 접근이 용이하다. 하지만 두로 왕에 대한 지칭과 해석은

차이가 있다. 두로 왕을 땅 위의 통치자로 해석하는 것과 또 하나는 묘사를 통해 볼 때 하나님을 찬양했지만 스스로 높아지려고 하나님을 대적하여 타락한 천사장 루시퍼의 존재를 드러내시고자 하는, 또는 그로 인한 악한 열매를 연상하게도 한다. 폭력과 사기라는 악함, 부정직한 무역을 하던 두로 성읍은 하나님을 대적하는 악한 영적 세력의 영향이 낳은 작품인 것이다.

두로 왕에 대한 해석을 적용해 보고자 하는데 악함과 거짓의 배후에 존재하는 정체는 사탄이다. 하나님은 두로 왕에 대한 애가를 부르라고 명하셨는데, 그렇다면 하나님께서는 자신을 대적하여 타락한 악한 사탄에게 미련이 남아 이스라엘 백성이 죄를 깨닫고 주께로 돌아오길 원하셔서 애가를 지어 부르시듯 사탄을 돌이키게 하려고 하신 걸까? 성경에서는 분명하게 말하고 있다. 베드로후서 2장 4절에서는 범죄한 천사들을 용서하지 않으시고 불과 유황에 던져 영원한 어둠에 가두신다는 종지부를 찍은 선언과 또 지옥(Hell)은 이미 심판 받은 악한 영과 그를 따르는 무리를 벌하기 위해 예비된 곳이라고 기록한다(계 20:10).

그러므로 이 애가는 먼저는 성경을 읽는 자들과 지키는 자들, 곧 하나님의 유업을 이어받을 자(계 1:3)를 위해 쓰였고 애가를 통해 악한 죄와 그 영향에서 겸비하게 하기 위함이다(대하 12:7). 또한 시편에서는 세상의 통치자들에게 경고하는 말을 들을 것과 두려운 마음으로 주를 섬기고 떨리는 마음으로 주를 찬양하라고 말한다. 그의 아들이신 예수를 예배하라고 한다(시 2:10-12).

두로에 대한, 도시를 향한 애가

주께서 나에게 말씀하셨다. "너 사람아, 두로를 두고 애가를 불러라"(겔 27:1-2, 표준새번역).

하나님께서 두로를 두고 에스겔에게 부르라고 명하신 애가에는 어떠한 내용이 담겨 있을까? 첫째, 겉으로 드러나 보이는 도시의 크고 화려한 외관(外觀)은 아름다움까지 갖춰 자만하였다. 이는 배로 묘사되는데 선체(船體)는 최고급 목재로 만들고 갑판(甲板)은 상아로 제작되었다. 이집트에서 가져온 최고급 모시로 돛을 만들고 엘리사에서 가져온 푸른색과 자주색 옷감은 차일(遮日)이 되었다. 둘째, 당대 최고의 지위와 기술을 가진 능력자와 유명인의 인정을 받았다. 그 묘사에 따르면 지혜 있는 자들이 배를 지킴으로써 최고의 선원과 선장이 지휘하여 아름다움을 온전하게 하였다. 셋째, 두로가 가진 부요함에 교만하였다. 기록에 따르면, 재원(財源)이 넘치고 풍족하여 상인에서 민족과 국가에 이르기까지 두로의 물품과 무역을 하였다(겔27:1-25).

두로가 추구하고 누렸던 경제사상과 목표는 현존하는 각 나라의 도시 모습과 흡사하다. 활발한 정보교류, 교통수단의 발달, 편리한 생활방식과 넘치는 인구, 거저 주는 것이 없고 돈이 가진 막강한 힘과 권세가 그러하다. 그러나 많은 것을 가진 부요함으로 부족과 결핍이 없는 두로는 하나님의 현존(現存)에는 관심이 없고, 가진 것이 적고 그조차 없는 가난한 소수자에 대해서 '헤세드'(חֶסֶד:긍휼, 인자)를 나타낼 최소한의 자비와 긍휼조차 언급되어 있지 않다.

두로가 가진 이미지처럼 도시는 두 얼굴을 지녔다. 화려하지만 감춰진 그늘과 같은 도시의 이미지는 차갑다. 도시의 빈민촌과 가난은 우

리의 시야에서 사라져 가지만 지하로 숨어 들어갔고, 성공과 물질적인 삶의 질 향상을 위한 도시를 향한 필요와 애착은 여전히 지속된다. 깨끗하고 청렴한 도시 이미지를 위해 재개발이란 명분으로 달동네와 판자촌 사람들은 정착할 곳도 없이 주거불안을 안고 떠나야 하는 사례들을 볼 때, 내 문제가 아니고서야 나서지 않는 개인 이기주의, 지역 이기주의, 님비현상(Not in my backyard)을 보는 것이다. 우리는 전혀 종교적이지 않은 이런 사회현상들이 왜 하나님의 세계관으로 바라볼 것을 요구하고 재해석되어야 하는지 필요성을 느끼는가? 이원화된 구조로 세상에 대해 선을 긋는 행위는 기독교 신앙이 아니다. 그것은 오히려 종교적이다. 그저 교회에 가면 마음이 편해진다는 내 안위와 위로를 얻기 위해서 신앙생활을 하는 것은 오히려 종교인이 구하는 것들과 다를 바가 없고 나를 따르라고 명하셨던 예수님의 뜻에서도 거리가 멀다.

우리는 스스로 '나는 흠이 없고 아름답다'고 자부하는 생각이 결국 세상과 사람들을 이롭게 할 것이라고 여기지만 반대로 우리 스스로는 설 수 없는 유한한 존재들이라는 것을 잊고 있지는 않은지 되묻는다. 하나님께서는 두로를 향해 말씀하신다. "저 바다 어귀에 자리 잡고 해안 민족들과 무역하는 자야, 나 주 하나님이 하는 말을 들어 보아라. 두로야, 너는 스스로 말하기를 너는 흠 없이 아름답다고 하였다"(겔 27:3, 표준새번역). 두로가 지닌 특성이 무엇인가? 스스로 잘 해낼 수 있고 자신도 완전하다는 생각이다. 즉 두로가 가진 사상은 오늘날 우리에게 새롭지 않은 것으로 너무나도 익숙하고 친숙하다.

하나님 섬기는 것을 따분하게 여기는 도시가 가진 이미지, 도시가 추구하는 목표가 자신이 흠이 없고 아름다움을 갖기 위한 노력에 불과하다면 우리가 도시를 향해서 부를 노래들은 무엇이 있겠는가? 두로를 향해 노래를 불렀던 에스겔 선지자의 마음이 도시 한복판에서 하나님의 사람으로 서 있으므로 우리에게도 느껴지길 소망한다.

브라가 골짜기

넷째 날에 무리가 브라가 골짜기에 모여서 거기서 여호와를 송축한지라 그러므로 오늘날까지 그곳을 브라가 골짜기라 일컫더라(대하 20:26).

이스라엘을 지도했던 왕들의 역사를 살펴보면 그들이 하나님의 종인 다윗 왕을 따라서, 또 하나님을 경외함으로 이스라엘을 통치했는지 그러지 않았는지에 따라서 선한 왕으로 또는 악한 왕으로 기억되는 것을 본다. 그리고 하나님 경외하기를 선택했던 왕들마다 말씀과 예배의 회복, 또는 개혁이 일어나게 되었는데 찬송의 회복과 권능도 함께 임하였던 것을 보게 된다. 진정 예배가 회복된 곳에서는 하나님을 찬송하는 일이 끊이지 않았고 찬송 중에 거하시는 하나님의 임재가 그들을 감싸 안고 영광으로 임재하셨던 기록을 찾게 된다.

오늘은 여호사밧 왕 때에 이스라엘이 경험한 찬송의 능력에 대해서 알아보고자 한다. 여호사밧은 모압 자손, 암몬 자손 그리고 마온 사람들에게 한꺼번에 에워싸임을 당한다. 이스라엘은 야곱이 12지파에 내려준 축복된 땅을 기업으로 받고 그곳에서 정착하고 번성해 갔지만 세 나라는 과거 그들이 살고 있었던 땅이라며 쫓아내려고 했다(7-11절). 아무리 용감한 왕이라도 세 나라가 한꺼번에 달려드는 것에 두려워할 수밖에 없었을 것이다. 이때 여호사밧은 여호와께 엎드려 도우심을 구한다. 여호사밧 왕만이 아니고 유대 모든 성읍에서 한마음으로 하나님께 구해 주시기를 기도한 것이다. 그리고 이때 회중 가운데 한 사람인 아삽 자손인 야하시엘에게 하나님의 영이 임하여 대언하기를 이 전쟁에서 승리를 주시고 단 한 명도 다치지 않게 지켜주실 것이라는 약속

을 받는다. 주께서는 야하시엘을 통해 불안해하는 여호사밧과 이스라엘 민족에게 어떻게 하나님의 도우심이 임하는지 설명해 주셨고, 이것을 신뢰한 여호사밧은 여호와께 몸을 굽혀 경배하였으며, 레위 자손들은 하나님의 계시 앞에 찬송으로 화답함으로 주를 경배하였다.

당일이 되어서 그들은 여전히 하나님을 신뢰하겠다고 다짐하며 노래하는 자들을 택하여 거룩한 예복을 입히고 군대보다 앞서서 행진하며 오직 하나님을 찬송하는 노래를 부르도록 한다. 여기서 우리는 적군을 앞에 두고 하나님을 찬송하는 이들을 앞세우는 것이 과연 일반적이지 않다는 것을 잘 알게 된다. 하지만 이것이 무엇을 말하는가? 한 사람도 다치지 않고 승리를 안겨주실 것이라는 하나님의 약속 앞에, 승리하신 주님 앞에 우리가 드릴 것은 오직 찬송하는 것이라는 고백이다. 내가 싸우지 않고 오직 하나님을 찬송하고 주께 맡기기로 선택했을 때 주께서 모든 것을 주장하시고 이끌어 가신다는 믿음의 고백이 신자들의 고백이어야 하는 것이다.

그 노래와 찬송이 시작될 때에 여호와께서 예비해 두신 복병들로 세 나라와 싸우게 하고 나중에는 서로 싸우게 하여서 여호사밧 군대에 승리를 주셨다는 것이다. 승리와 함께 전리품으로 챙긴 것만 해도 사흘이 걸린 여호사밧 군대는 넷째 날에도 하나님께 감사하고 송축하기를 잊지 아니하였다.

브살렐과 오홀리압

> 내가 유다 지파 훌의 손자요 우리의 아들인 브살렐을 지명하여 부르고 하나님의 영을 그에게 충만하게 하여 지혜와 총명과 지식과 여러 가지 재주로 정교한 일을 연구하여 금과 은과 놋으로 만들게 하며 보석을 깎아 물리며 여러 가지 기술로 나무를 새겨 만들게 하리라 내가 또 단 지파 아히사막의 아들 오홀리압을 세워 그와 함께하게 하며 지혜로운 마음이 있는 모든 자에게 내가 지혜를 주어 그들이 내가 네게 명령한 것을 다 만들게 할지니(출 31:2-6).

하나님께서는 그의 일을 이루는 사람들을 사용하실 때 홀로 세우지 않으시며 그를 돕는 조력자를 보내주시고 믿음 안에서 의지하며 서로 성숙할 수 있게 하신다. 바울을 도왔던 바나바, 예수님의 옆을 지켰던 12제자, 사울 옆의 사무엘 선지자, 다윗 옆의 나단 선지자, 그리고 본문과 같이 하나님께서는 모세를 통해 브살렐과 그의 동역자들을 부르셨다.

브살렐은 성막을 짓는 모든 일을 총괄한 이였다(출 38:22). 하나님은 모세 옆에 아론이 있는 것처럼 오홀리압을 그의 옆에 두셨다. 오홀리압은 출애굽기 38장 32절을 보면 재능이 있어서 조각하고 정교한 일을 하며 베실로 수를 놓는 일까지 할 수 있는 자라고 기록한다. 성막을 짓는 일이 전문적인 기술이 없이는 불가능할 텐데 그를 돕는 오홀리압이 같은 분야의 일을 하는 사람이었기에 브살렐의 지시와 의견을 충분히 이해하고 돕기에 부족함이 없었으리라 짐작된다. 브살렐과 오홀리압의 다른 점을 하나님께서 구별하셨다면 하나님의 영으로 충만케 하신 것은 브살렐이라는 점이다. 더 정확한 해석을 알아보자. 하나님의 영을 개역한글은 '하나님의 신'이라고 하고 공동번역은 '신통한 생각'이라고 번역했다. 현대인의 성경은 가장 적절한 이해를 준다고 생각하는데 '나의 성령을 충만하게 하고'로 기록하고 있다. 성령의 역사는 내

주하시는 성령과 임하시는 성령이 있는데, 이는 후자로 그를 하나님의 성령으로 충만하고 뜨겁게 하셔서 성막을 짓는 일을 온전히 감당하도록 능력을 부어주셨다고 볼 수 있다. 한 번 상상해보자. 하나님의 영으로 충만하여 주님이 계획하시고 이루고자 하시는 것이 무엇인지 그려지고 분명히 알게 될 때마다 선한 동무로 붙여주신 오홀리압을 불러 얘길 나누고 함께 작업을 진행해 가는 브살렐의 모습을 말이다.

우리도 브살렐과 오홀리압처럼 함께 주님의 일을 감당할 수 있는 선한 사람들을 붙여주시도록 기도할 수 있다. 만약 하나님이 사용하셨던 많은 인물 중에 동역자가 없이 쓸쓸하게 홀로 서서 시대의 모든 고통을 감내해야 했던 이들이 있다면 그들은 바로 예언자이고 선지자일 것이다. 그래서 그들은 정말 특별한 사람들이었다. 하지만 그분의 선택으로 쓰임에 맞게 부르시고 원대한 계획을 완성하는 것은 엄연한 하나님의 주권에 속해 있는 것이다. 우리는 하나님께서 각자의 직분에 맞게 부르신 것을 알고 있다. 우리가 하나님께 구할 것은 브살렐과 같이 하나님의 영으로 충만하게 하시고 지혜와 총명을 주시며 하나님을 찬송할 넉넉한 재주를 주시기를 아뢰는 것이다. 또 서로 오홀리압과 같은 조력자가 되어준다면 좋겠다.

마리아가 부은 향유처럼

마리아는 지극히 비싼 향유 곧 순전한 나드 한 근을 가져다가 예수의 발에 붓고 자기 머리털로 그의 발을 닦으니 향유 냄새가 집에 가득하더라 제자 중 하나로서 예수를 잡아 줄 가룟 유다가 말하되 이 향유를 어찌하여 삼백 데나리온에 팔아 가난한 자들에게 주지 아니하였느냐 하니(요 12:3-5).

내가 아는 한 19살 소녀가 있다. 그 소녀는 어려서부터 일찍 하나님을 믿고 찬양하는 일에 열심과 헌신을 다하고 있다. 그녀는 일찍이 꿈을 안고 중국으로 건너가 현재는 대학입시를 앞두고 공부에 전념하고 있다. 자기 나이 또래의 아이들과 경쟁을 해서 목표한 대학에 가야만 하는 이 소녀는 현재 자신의 시간을 쪼개서 섬기는 교회의 각 예배마다 찬양인도를 맡고 있다. 수험생이 되면서 자신을 이어 경배와 찬양을 맡아줄 후임을 찾았지만 구해지지 않았고 그렇다 하여 예배에서 하나님을 찬양하는 순서가 없어져서는 안 되므로 올해도 예배인도를 하겠다고 결심을 했다. 그 소녀가 이러한 결정을 하면서 자신의 유익을 위해 포기해야만 하는 것들도 많다. 잠을 더 줄여서 공부시간을 확보해야 하고 예배인도를 위한 선곡과 팀의 연습과 예배에 따른 시간이 그렇다. 그러나 이 소녀가 이보다 더 아름다운 이유는 어떤 대가를 치를지라도 하나님을 예배하는 삶이 가장 우선됨을 알고 있는 것이고, 그 무엇보다 자신의 삶에서 가장 사랑하는 분이 하나님임을 증명한다는 것이다.

모든 교회가 그렇지 않지만, 나는 한국의 많은 교회가 수험생들에게 삶에서 가장 중요한 것이 성공이 아니라, 하나님을 예배하는 삶임을 말하고 그들이 환경을 뛰어넘어 하나님을 예배하는 삶을 지속하도

록 신앙을 교육하거나 양성해 내지 못하는 것을 잘 알고 있다. 올해는 수험생이니 교회에서 맡았던 일도 내려놓고 수능을 잘 치르고 난 이후부터 예배하고 섬기면 된다는 생각이 주를 이루고 수능일이 다가오면 교회가 먼저 복 받는 비결을 성도들에게 전수하고 복 받는 기도만이 그 어느 때보다 강하게 울려 퍼지는 광경을 볼 때 안타까울 뿐이다.

나는 지금 더 크게 헌신하면 더 큰 은혜를 받는다는 기복신앙을 이야기하는 것이 아니다. 또 이러한 믿음의 결정을 하지 않았다면 하나님은 그 소녀에게 실망하셨을 것이고 하나님이 두려워서 마지못해 예배인도를 한다는, 하나님을 우리 수준으로 생각해서 내가 잘할 때 사랑하고 못 할 때는 미워하는 변덕쟁이 하나님으로 전락시키는 것도 아니다. 또 어떤 이들은 이 소녀가 결정한 헌신이 자신의 중대한 환경을 고려하지 않았고 하나님도 부담스러운 분은 아니시라며 고개를 젓는 이도 있겠다. 그럴 수 있다. 하지만 우리가 기억해야 할 것은 더 많은 계획보다 오늘, 이 순간이 중요하다는 것이다. 내일 일을 알 수 없는 우리가 오늘 할 수 있는 것은 하나님을 먼저 사랑하고 그에 따라 삶의 선택이 이뤄져야 한다는 것이다.

마리아는 자신의 전부를 드려 예수님의 장사(葬事)를 예비했다. 마리아에게는 자신이 가진 것보다 더 소중한 예수님이 계셨고 그분께 드리는 삶의 어떤 모양도 아깝지 않았다. 마르바 던은 가장 고귀한 시간 낭비가 예배라고 역설적으로 말하며, 현대의 성공주의와 물질주의에 믿음도 신앙의 능력도 빼앗긴 크리스천들에게 질문하였다. 오늘 우리에게 가장 중요한 것은 무엇인가?

미갈의 마음

> 다윗이 자기의 가족에게 축복하러 돌아오매 사울의 딸 미갈이 나와서 다윗을 맞으며 이르되 이스라엘 왕이 오늘 어떻게 영화로우신지 방탕한 자가 염치 없이 자기의 몸을 드러내는 것처럼 오늘 그의 신복의 계집종의 눈앞에서 몸을 드러내셨도다 하니(삼하 6:20).

미갈은 베냐민 지파의 사울 왕의 작은딸로 유다 지파 다윗 왕의 첫 번째 아내다. 사울은 일찍이 블레셋의 골리앗과의 전쟁에서 그를 이긴 자에게 자신의 딸을 주겠다고 한 바가 있으며 장녀인 메랍을 먼저 보내야 했지만 므홀랏 사람 아드리엘과 결혼함으로 그의 작은딸 미갈과 혼담을 주선한다. 마침 미갈은 다윗을 사랑했고 사울은 이를 좋게 여겼다(삼상 18:20). 하지만 사울은 미갈이 다윗의 올무가 되게 해서 블레셋 사람들의 손으로 다윗이 일찍 죽기를 계획한다. 다윗은 사울의 말을 전해 듣고 왕의 사위가 되는 것을 부담스러워했는데 이는 왕족에 비해 그는 가난하고 천한 사람이었기 때문이다. 사울은 장가들기 전에 그에게 아무것도 바라지 않을테니 블레셋 사람들의 포피 백 개만 가져오라고 했다. 사울은 사실 미갈을 구실삼아 그가 전쟁에 나가서 죽기를 바란 것이다. 자신의 딸이 사랑하는 다윗임에도 그를 죽이고자 했던 사울의 마음이 얼마나 사악한지 볼 수 있다. 하지만 다윗은 전쟁에서 승리하여 포피 백 개를 바쳤고 결국 사울은 미갈을 그와 결혼시킨다. 사울은 이로 인해 하나님이 그와 함께 계심을 알았고 그래서 더욱 다윗을 질투하고 증오하게 된다.

다윗이 작은딸의 남편이고 자신의 사위임에도 사울은 그를 죽이고자 했던 마음이 사라지지 않았다. 다윗을 사랑한 미갈은 사울 곧 아버

지의 질투가 하늘을 찔러 그를 죽일 것을 알고 밤에 창으로 다윗을 달아 내림으로 성을 빠져나가도록 돕는다(삼상 19:12). 다윗이 도망자로서 광야에서 지내는 동안 미갈은 이미 정혼한 몸임에도 아버지에 의해 갈림에 사는 라이스의 아들 발디엘과 결혼을 하게 되는데 발디엘은 베냐민 지파의 대표자였다.

사울이 죽은 후, 다윗이 정식으로 왕으로 즉위한 뒤에 발디엘에게서 미갈을 다시 찾아온다. 그가 많이 울었으나 미갈을 어쩔 수 없이 보내게 된다(삼하 3:15-16). 미갈이 다윗을 사랑했던 마음도 존재하지만 사울의 딸이고 포피 백 개를 증거로 삼아 그와 정혼하였기에 다윗의 왕권을 세우고 유지하는 데 그녀의 존재 그리고 정부인으로서의 위치는 정치적으로도 중요한 의미가 있었을 것이다.

다윗은 하나님을 경외하는 사람이었다. 그의 아내 미갈도 다윗과 같은 마음으로 하나님을 경외하면 좋았겠지만 일찍이 우상을 가까이 하던 자였다(삼상 19:13). 그래서 법궤가 다윗 성으로 입성할 때 다윗은 온 힘을 다해 하나님을 찬송했지만 그녀는 그 즐거움에 참예하지 않았으며 창으로 내다보기만 했을 뿐이다. 그녀는 도리어 하나님을 찬양한 다윗의 춤과 그의 예배를 업신여겼다. 다윗을 사랑했던 미갈이 다윗을 업신여기게 된 이유는 하나님이 얼마나 위대한 분이신지를 몰랐기 때문이다. 그녀가 하나님을 경외하는 자였다면 다윗의 행위를 옳다고 여겼을 것이다. 다윗을 업신여긴 것은 곧 하나님을 업신여긴 것과 같은 것이었다. 그녀는 하나님을 섬기는 것보다 체면을 더 중시했다. 다윗은 이스라엘의 주인이 하나님이시고 자신을 그의 백성을 잘 다스리도록 대리자로 삼으셨음을 알았기에 여전히 하나님을 찬송했지만 그녀는 왕비라는 지위를 더 섬겼기에 하나님 앞에서 자신을 낮출 수 없었다. 하나님을 찬송하는 것은 그분을 그 무엇보다 가장 크게 여기는 마음이 표현되는 것이다.

무엇을 구할까

내가 여호와께 바라는 한 가지 일 그것을 구하리니 곧 내가 내 평생에 여호와의 집에 살면서 여호와의 아름다움을 바라보며 그의 성전에서 사모하는 그것이라(시 27:4).

지금의 예배음악에서 전해지는 메시지의 큰 흐름 중 하나는 '한 가지'를 구하는 것이다. '한 가지'는 무엇을 가리키고 있을까? 다른 모든 필요를 뒤로 하고 '하나님 한 분, 더욱 깊이 알기 원하는 소망'이라고 적어본다. 몇몇의 사역 단체가 '한 가지'를 모토로 자신들의 사역을 홍보하고 예배를 세워가지만 이것이 하나의 소비행태로 그치거나 팀을 알리기 위한 수단으로 삼거나 큰 이슈를 몰고 온 일시적인 예배운동으로만 그친다면 진실한 취지와 목적에서 벗어난 것이라고 생각한다. 사실 '한 가지'는 우리의 영이 깊은 열망으로 하나님을 사랑하는 현재형이고 실체하는 것이어서 우리의 영이 실제로 맛보아 알고 누리는 것이므로 사고 팔 수 있는 물건이 아니다. 또한 '한 가지'가 갖는 궁극적인 영적 성숙의 단계를 밟지 않고 또 모르는 상태에서 단순히 예배에서 유행하고 있는 단어이기 때문에, 다른 팀들도 내세우는 아이콘이기 때문에 남들 못지않게 한다는 석연치 않은 이유로, 앨범이나 예배 속에 남발하는 경우는 '한 가지'를 전심으로 구하는 진실된 예배자의 사상과 철학에 어긋나는 것이다.

순전한 하나님의 말씀은 그 어느 것도 다른 무엇을 위한 수단이 될 수 없다. 또 '한 가지'가 한철에만 유행하는 티셔츠처럼 또는 가요처럼 잠깐 입고 부르다가 사라지는 가벼움이 될 수 없는 이유는 이것이 신이라는 존재에게서 평생을 이 땅에서 살다가 버림받지 않을 영혼의 영

원한 생명이 되기 때문이다. 기독교 신앙이 사람에게 위안을 주는 종교로 속박되는 것이 옳은 것은 아니지만 종교적인 표현을 통해 이해를 돕자면, 고등 종교일수록 추구하는 높은 단계는 '존재'라는 살아있음, 곧 존재성에 의미를 부여한다는 점에서 이 세상의 부의 축적과 탐욕, 야망과 욕심 같은 것들은 낮은 수준의 복, 단순한 필요에 지나지 않는다. 하나님의 존재를 열망하고 깊이 사랑하는 것이 일시적인 현상으로 인간의 영혼에 또 삶에 영향을 미친다고 한다면 기독교 신앙이 추구하는 바가 이방인이 구하는 것과 무엇이 다른가를 자문할 때 '한 가지'는 평생 인간의 삶에 갱신되어야 할 예배운동이지 일시적인 예배운동 또는 현상으로 그칠 것이 아니다.

우리가 구하는 '한 가지'는 시편 27편 4절에서 취한 단어인데 다윗이 쓴 시다. 다윗은 후에 하나님께 많은 복을 얻지만 사울을 피해 광야에서 도망자로 살아야 했던 때는 그를 연단하시고 훈련하신 하나님의 과감하고 때론 모질다시피한 역경의 세월이었다. 그는 굴 속에서 숨어 지냈고 적들에게 미친 체하다가 바보 취급을 당해서 목숨을 건지는 등 수많은 목숨의 위험 앞에서 하나님을 찬양하고 또 찬양하며 그분을 기뻐하고 또 기뻐했으니 그가 말하는 '한 가지'의 수준이 어디까지인지를 조금이나마 알 것 같다.

그가 간구했던 기도에는 항상 하나님의 존재가 중심에 있었다. 하나님을 떠나지 않는 것, 하나님을 놓치지 않는 것, 평생 하나님을 바라보고 사는 것이 그가 바라는 '한 가지' 다. 우리가 하나님을 구하는 이유가 다른 곳에 있지는 않는지, '한 가지'를 노래하는 것조차 수단에 지나지는 않는지 돌아보자. 이 세대가 하나님을 구할 때 순전한 마음이 되길 함께 기도하자.

마리아의 찬가

그리하여 마리아가 노래하였다. 내 마음이 주님을 찬양하며 내 영혼이 내 구주 하나님을 높임은 주께서 이 여종의 비천함을 돌보셨기 때문입니다. 이제부터는 모든 세대가 나를 행복하다 할 것입니다. 힘센 분이 내게 큰일을 하셨기 때문입니다. 주의 이름은 거룩하고, 그의 자비하심은, 그를 두려워하는 사람들에게 대대로 있을 것입니다. 주께서는 그 팔로 권능을 행하시고, 마음이 교만한 사람들을 흩으셨으니, 제왕들을 왕좌에서 끌어 내리시고 비천한 사람들을 높이셨습니다. 주린 사람들을 좋은 것으로 배부르게 하시고 부한 사람들을 빈손으로 떠나보내셨습니다. 주께서 자비를 기억하셔서, 당신의 종 이스라엘을 도우셨습니다. 우리 조상에게 말씀하신 대로 그 자비는 아브라함과 그 자손에게 영원토록 있을 것입니다. 마리아는 엘리사벳과 함께 석 달쯤 있다가 자기 집으로 돌아갔다(눅 1:46-56, 표준새번역).

마리아는 여자로 난 이 중에서 복된 자다. 왜냐하면 그의 몸을 통해서 구주이신 예수님이 나셨기 때문이다. 하지만 그가 예수님의 육신의 어머니라고 해서 예수님과 같은 신성이 있다고 말할 수 없고 하나님처럼 섬김을 받아야 할 대상이 될 수는 없다는 정리가 필요하다. 우리는 마리아가 절대자이신 하나님 그분과 자신의 관계를 어떻게 정리하고 있는지 마리아의 찬가를 통해서 찾을 수 있다.

마리아는 자신에게 위대한 일을 행하신 주님을 어떻게 높이고 있는가? 그는 주님을 자신이 마땅히 찬송해야 할 대상으로 높이고 있다. "내 마음이 주를 찬양하며……." 또한 그는 하나님을 자신의 구주라고 고백하고 있다. "내 영혼이 내 구주 하나님을 높임은……." 또한 자신의 구주가 되시는 하나님은 자신을 돌보시는 분이며 그분 앞에 자신은 '비천한 자'라고 고백하였다.

마리아는 주님이 자신들, 곧 사람들과 본질이 다른 분이라고 고백한다(49-50절). 그리고 마음이 교만하고 힘이 있어서 왕이라고 불리는

자들 위에 왕이 되시는 분임을 고백한다. 마리아에게 하나님은 왕 중의 왕이시며 자신이 섬기는 하나님이시다. 마리아에게 하나님은 이스라엘의 하나님이요, 자비와 긍휼이 많으시며 약한 자들의 하나님, 작은 자들을 지키시고 보호하시는 하나님이시다. 또한 마리아가 "그의 자비가 아브라함과 그 자손에게"라는 표현을 통해서 메시아가 어떻게 나셔야 할지 이미 잘 알고 있었고 그런 메시아를 기다리고 있었던 신실한 여인이었음을 알게 된다. 그녀는 그 축복의 통로로 자신이 부름을 받은 자였다는 것에 감사하고 있다. 우리는 마리아가 가브리엘 천사에게 받은 소식을 들을 때도 '주의 여종'이라는 표현을 통하여 자신이 주님을 섬기는 믿음의 사람이라는 것을 나타내주었음을 알게 된다(눅 1:38).

그러므로 하나님을 자신의 구주로 고백하는 마리아를 그녀가 섬기는 하나님과 같은 자리에 놓을 수 없으며, 다윗의 자손으로 오신 이를 향해 다윗이 주로 높이며 기도하였다는 시편 기록을 통해서도 예수님이 하나님의 아들이시므로 마리아가 단지 인간으로서 그의 신성에 어떤 영향을 주었다고 말할 수도 없는 것이다. 그런 그녀가 언제까지 아기 예수를 품에 안은 어머니로서 숭배의 대상이 되어야 하는가? 마리아의 찬가가 바로 하나님을, 이스라엘을 구원하실 메시아 예수님을 나타내며 높이는 찬송인데 여기에서 그녀를 높일 무엇을 찾을 수 있다는 말인가? 그러므로 이제 그녀를 높이는 노래를 그치고 오직 한 분이신 삼위일체 되시는 하나님만을 높이고 찬양하자.

레위인도 자기 소견에 옳은 대로 (1)

그때에는 이스라엘에 왕이 없었으므로 사람마다 자기 소견에 옳은 대로 행하였더라(삿 17:6).

사사 시대의 특징은 당시에 그들을 이끌어줄 왕이 없었으므로 자기의 소견대로, 즉 자신이 생각하는 신앙의 기준에 따라서 옳다고 여겨지면 행하던 시절이었다. 나는 전에 하나님의 사자가 기드온을 불렀을 때도 푸념하는 그의 말에서 이방 민족들로 인해 당하는 학대에 대한 결과적이고 일시적인 멸망에 대한 역사를 기드온이 잊었거나 모르는 것은 아닌지 의구심을 가졌다. 본문에서도 이스라엘 후손들은 선조 때부터 하나님의 법과 율례를 가르치고 하나님을 기억하라는 말씀을 잊은 듯 하나님과 그의 말씀에 따라 행하는 것이 아닌 자신의 소견을 따라 삶을 살았다고 기록한다. 후손들은 여호와 하나님이란 이름은 익히 들어서 알았지만 어떻게 그분을 섬기고 따라야 할지 몰랐던 것이 분명하다. 선조들이 후손들에게 책임감 있게 하나님을 섬기는 방법과 그분이 어떤 존재인지 전해주지 않았기 때문이다. 그들 자신이 먼저 이방 신을 받아들이고 그 문화에 섞이기 시작했으니 무얼 기대할 수 있었을까? 하나님은 이방 민족과 섞이지 말고 그들의 신을 따르지 말라고 하셨지만 사사였던 입다도 자신의 딸을 불 위로 지나가게 하는 등 잘못된 방법으로 하나님을 섬겼고, 오늘 배울 레위 지파의 한 제사장도 자기의 소견대로 하나님을 섬기는 모습을 보인다.

사사기 17장에는 에브라임 땅에서 사는 미가라는 사람과 그의 어머니가 등장한다. 둘은 한 신상을 새기고 부어 만들어 미가의 집에 모셔

놓는데, 어떤 우상과 형상도 만들지 말라던 계명이 지켜지지 않는 시대였음을 보여준다. 그때에 유다 가족에 속하는 레위인이 자신의 직분을 따라서 일거리를 찾아 유리하다가 미가 가족을 만나게 된다. 미가는 자신의 집에 신당이 있으니 와서 제사장으로 있어주면 해마다 은 열 개와 먹고 입을 수 있는 것을 주겠다고 했고 레위인은 그곳에 정착하기로 결정한다. 온전히 여호와를 섬겨야 할 제사장과 여호와를 섬긴다는 미가 가족들에게 무슨 일이 생긴 것일까? 우선 하나님을 섬기는 방법이 이방 문화와 신에 혼합되어서 도통 하나님을 섬기는 것이 아닌 것을 본다. 우리는 레위인이 간절한 소원을 따라 자신이 거주하던 땅을 떠나서 여호와가 택하신 곳에 이르게 되면 여전히 직분대로 하나님의 일을 할 수 있음을 알고 있다. 그러나 간절한 소원을 따라 움직일 수 있는 것과 그에 따라 17장에 등장하는 한 레위인이 베들레헴에서 에브라임 땅으로 떠났다 하여도 그가 이른 곳을 놓고 기도했다거나 하나님의 응답을 기다리는 행동을 보이지 않은 것은 구분해야 한다. 레위인은 하나님이 택하신 곳이 아니라 순전히 자신의 생각과 계산을 따라서 움직였다고 볼 수 있다. 이를 통해서 우리는 하나님이 택하신 곳에 이르기를 원하는 기대와 소망이 있는지를 묻게 된다.

13절을 보면 미가는 레위인이 자신의 제사장이 되었으니 하나님이 복을 주실 거라고 믿는다고 고백하는데, 그들의 믿음이 하나님과는 전혀 상관없는 믿음인 것을 보게 된다. 자신이 믿고 싶은 대로 믿고 자신이 하고 싶은 대로 행하면서 여호와 하나님이 맞춰주길 기대하는 모습은 우리가 사는 시대처럼, 하나님을 잘 알지 못하고 무조건 믿고 보는 믿음과 참 닮았다. 여호와를 아는 지식이 없어서 자신의 소견대로 믿는 믿음, 그것은 결코 바른 믿음이 아니다.

레위인도 자기 소견에 옳은 대로 (2)

그때에 이스라엘에 왕이 없었고(삿 18:1).

한 레위인이 있으니 에브라임 땅의 미가 가족이 섬기는 신상을 위해 제사장 역할을 했던 사람이다. 그때는 이스라엘의 왕도 없었고 하나님을 믿는 신앙 역시 자기 소견대로 행하는 시대였다. 우리는 이 레위인과 단 지파가 행한 소행에서 하나님의 슬픔을 보게 될 텐데, 먼저는 단 지파의 배경을 살펴보자. 당시에 단 지파는 모세에게 분깃으로 받은 땅이 없었고 자신들이 거주할 기업을 얻고자 했다. 요한계시록 7장 5-8절을 보면 종말에 구원받을 지파에서 이름이 생략된 것을 볼 수 있으며, 야곱은 단 지파가 남을 해칠 것을 예언한 바 있는데 오늘 내용이 이와 같다(창 49:17).

단 지파는 소라와 에스다올부터 시작해 다섯 정탐꾼이 땅을 살펴보도록 지시했고 이들은 에브라임에 이르러 미가의 집에 유숙하게 된다. 단 지파는 미가의 집에 유숙하는 동안에 한 레위인의 익숙한 목소리를 듣고 즉시 그를 알아본다. 사실 수많은 레위인들이 있는데 목소리만 듣고 알아볼 정도였으니 그 레위인이 이스라엘 민족에게는 잘 알려지고 유명한 사람이었음이 분명하다. 이 레위인의 정체는 곧 모세의 손자요, 게르솜의 아들인 요나단이었다. 반갑기도 했고 너무 놀라기도 했을 다섯 정탐꾼은 요나단에게 왜 그가 여기에 있는지, 여기서 무슨 일을 하고 무엇을 얻으려고 하는지 안부를 묻는다. 하지만 여기서 이들의 대화가 하나님이 자신들에게 어떻게 개입하셨고 인도하셨는지에 대한 간증 및 기대는 언급되어 있지 않음을 주목하자. 요나단은 단순히 필요와 공급을 이

야기할 뿐이다(4절). 다섯 사람도 그에게 옳은 길로 가기 위한 권면을 하는 것이 아니라 자신들을 위하여 하나님께 복을 빌어주기만을 바라고 있다. 마치 점치는 사람들처럼 다섯 사람은 무조건 '평안하다. 잘될 것이다'라는 말만 듣고 싶고 요나단도 그저 평안히 가고 그들이 가는 길에 여호와가 함께 가신다는, 그들이 듣고 싶은 말만 하고 있다.

우리는 그들의 만남과 출발이 하나님께 속한 것이 아님을 볼 수 있어야 한다. 우리말 속담처럼 떡 줄 사람은 생각조차 안 하는 것과 같이 하나님이 복을 주시지 않으면 그 축복은 무의미한 것이다. 도리어 하나님의 뜻에 합하고 그 뜻을 따라 복을 빌어줘야 하는 것이다.

단 지파는 이제 복을 받아 라이스라는 땅을 갖기 위해 주민들을 치러 출발을 감행하는데 에브라임 땅을 지나다가 미가의 집에 있던 우상과 제사장이 떠올라 자신들을 위해 그 모두를 가지려고 한다. 요나단은 신상을 훔치는 그들을 정죄했지만 한 집의 제사장으로 있기보다는 이스라엘의 한 지파 한 족속의 제사장으로 있는 것이 어떻겠냐는 큰 제안에 도리어 기뻐하고 그 백성 가운데로 속하게 된다(20절). 자기의 잇속만 챙기는 요나단 제사장의 행함도 잘못되었지만 제사장만 있으면 하나님께 복을 얻게 될 것이라는 단 지파의 생각도 착각에 불과함을 볼 수 있어야 한다. 그를 데리고 전쟁에 오른 단 지파는 깊은 골짜기였고 거리도 멀고 상종하는 사람도 없었기에 희생당할 수밖에 없는 라이스 주민을 칼날로 죽이고 성읍을 불살라 승리를 얻게 된다. 단 지파는 그들이 원하는 땅을 기어코 얻었지만 하나님께서 주신 땅이 아니었고 무고한 피를 흐르게 했다.

하나님의 얼굴을 구하지 않고 하나님의 말씀도 알지 못했던 사사시대의 한 단면을 보았다. 이는 분명 하나님의 깊은 슬픔이다. 하나님이 중심이 되는 사역과 하나님이 중심이 되는 삶을 산다는 것이 무얼 말하는지 우리는 알 수 있어야 한다.

살아있는 모든 것들의 찬송을 받으시는 주님

새 노래로 주를 찬송하여라. 땅 끝에서부터 그를 찬송하여라. 항해하는 자들아, 바다 속에 사는 피조물들아, 섬들아, 거기에 있는 주민들아, 광야와 거기에 있는 성읍들아, 게달 사람들이 사는 부락들아, 소리를 높여라. 셀라의 주님들아, 기쁜 노래를 부르라. 산 꼭대기에서 크게 외쳐라. 주께 영광을 돌리라. 주를 찬양하는 소리가 섬에까지 울려 퍼지게 하여라(사 42:10-12, 표준새번역).

우리는 주님을 찬양하는 소리가 열방에까지 퍼져나간다는 찬송의 고백으로 열방 위에 뛰어나신 하나님을 찬송한다. 하지만 이 열방을 더 자세하게 풀어보면 어디에서 어디까지인가? 나는 중국에서 잠시 사역을 할 기회가 있었는데 그때 소수 민족 아이들을 만나면서 각 나라와 족속, 그리고 열방으로 복음이 퍼져나간다는 진리의 말씀의 희열을 맛보았다. 중국이 워낙 큰 대륙인지라 그 아이들은 자신들이 중국인인 것에도 자부심을 가졌지만 본디 자신이 어디 소수 민족인지를 참 중요하게 여겼다. 그 아이들은 대다수 산골짜기에서 살고 이 골짜기가 워낙 큰지라 평생을 거기서 나오지 않고 살기도 한다는 소식을 들었다. 그래서 자신이 복음의 기쁜 소식을 전하기 위해 다시 고향으로, 자신의 민족에게로 돌아가겠다고 소망을 품는 아이들도 볼 수 있었다.

산골짜기에서 산꼭대기까지, 항해를 떠나는 바닷가 사람들과 수만 개의 작은 섬에서 살고 있는 사람들에게까지 열방의 땅 끝은 우리가 알고 있는 지경보다 훨씬 오밀조밀하며 현란한 장관을 이룬다. 그래서 우리는 지극히 작은 자 한 사람을 섬기는 것이 모아지고 모아져서 하나님 나라가 유기체적으로 한 몸을 이루며 열방을 섬기게 되는 놀라운

신비를 깨달을 수 있게 된다.

이사야는 뭐라고 선포하는가? "하늘아, 기쁘게 노래하여라. 땅의 깊은 곳들아, 함성을 올려라. 산들아, 숲아, 그리고 그 속에 있는 모든 나무들아, 소리를 높여 노래하여라. 주께서 야곱을 구원하심으로써, 주께서 위대하신 영광을 나타내셨다"(사 44:23). 사람들은 자연 만물에 신이 깃들어 있다고 믿으면서 그것들로 우상을 새기고 그것들에 절을 하며 신으로 모시고 살지만 인간과 자연의 관계는 그러한 것이 아니다. 말씀에서는 온 우주 만물의 주인이 되시는 하나님을 찬송할 때 하늘, 땅의 깊은 곳, 산, 숲, 숲속의 나무, 물속의 고기, 하늘을 나는 새, 꽃과 식물, 동물에 이르기까지 주를 찬송할 것이라고 이사야는 선포하고 있다. 우리는 다윗이 하늘도 주님을 찬송한다는 노랫소리를 듣고 쓴 시편 기록도 찾을 수 있다(시 89:5). 또한 여호와께서는 주께서 세상을 창조하실 때 "새벽 별들이 기뻐 노래하며 하나님의 아들들이 다 기뻐 소리를 질렀느니라"(욥 38:7)라고 욥에게 말씀해 주셨다.

그래서 우리가 땅과 하늘에 대해서 하나님을 찬송할 것은 주 안에서 명령하고 선포하는 것은 시적 표현이나 언어로 그치지 않는다. 우리는 우리의 단순한 감동을 위해 이것들에게 하나님을 찬송하라고 선포하고 노래하고 있는 것이 아니다. 이것은 존재하는 모든 것들로 하나님께서 찬양을 받으시고 있다는 사실이다.

이사야 49장에는 하늘과 땅과 산이 소리 높여 기뻐하며 노래할 것을 예언하고 있는데 예루살렘이 회복될 때 우리의 기쁨에 함께 참예할 자들 중에 만물이 있음을 가르치고 있다. 그러므로 주께서 지으신 모든 것들과 주를 찬송하자.

비로소 깨닫게 되었다

> 이튿날에는 명절을 지키러 온 많은 무리가, 예수께서 예루살렘에 들어오신다는 말을 듣고, 종려나무 가지를 꺾어 들고, 그를 맞으러 나가서 외쳤다. (중략) 제자들은 처음에는 이 말씀을 깨닫지 못하였으나, 예수께서 영광을 받으신 뒤에야, 이것이 예수에 대하여 기록된 것이며, 또 기록된 그대로 사람들이 예수에게 그렇게 하였다는 것을, 비로소 깨닫게 되었다(요 12:12-16, 표준새번역).

제자들과 주를 따르는 무리들은 예루살렘으로 입성하시는 예수님을 높여 찬송했다. 그들은 겉옷을 벗어 그 위에 예수님이 앉도록 극진한 존경을 표시했고 종려나무 가지를 꺾어 들고 흔들었다. 종려가지의 의미를 일반적으로 해석하기를 '승리'라고 한다. 그들은 나귀를 타고 예루살렘으로 입성하시는 주가 승리의 주님인 것을 표현한 것이다. 요한계시록에도 보면 허다한 무리가 종려가지를 들고 흔들며 예수님을 찬송한다는 기록이 있는데 동일한 모습을 볼 수 있다. 하지만 과연 요한계시록에서 말하는 예수님의 영원한 승리에 대해 똑똑히 알고 그들이 입성하시는 예수님을 향해 종려나무 가지를 흔들었다고 보기에는 다소 어려운 구석이 있다. 그들은 몇 날이 안 되어 예수님을 십자가에 못 박는 잔인한 자들로 돌변하였기 때문이다. 이런 점에서 볼 때 비록 그들이 예수님을 "주님의 이름으로 오시는 이여, 이스라엘 왕"이라고 고백한 호칭들도 과연 그 뜻을 깊이 제대로 알고 찬송하였는지 의문을 품게 된다. 물론 그들이 한 행동들은 다 맞는 것이었다. 승리의 주님을 향해 종려나무의 가지를 흔드는 것, 그리고 주님을 왕으로 모시고 주님의 이름으로 오셨다는 고백마저도 옳다.

그들의 찬양의 의미는 무엇인가? 나는 이런 가정을 해보았다. 그들

은 분명 말하고 있지만 자신들이 도통 무슨 말을 하는지 모른다는 것과 표현은 맞지만 다른 의미로 말한 것일 거라는 추정이다. 더러는 이것이 그들이 모르고 한 말이었을지라도 다 맞는 말이기에 예언적인 노래, 예언적인 말을 한 것은 아닌가 하고 의견을 낼 수도 있다. 하지만 그들은 예수께서 영광을 받으신 뒤에야 자신들이 소리 지르며 찬송했던 의미들을 밝히 알게 된다. 그리고 그들은 말씀을 공부하다가 나귀를 타고 입성하셨던 예수님의 모습이 이미 성경에 기록되어 있었던 것임을 깨닫게 된다. 그들이 그 뜻을 알 수 있게 된 이유는 예수님이 승천하신 후 성령을 기다리며 하나님을 찬송하고 말씀을 깊이 아는 시간을 가졌기 때문이었다.

그렇다면 무엇인가? "또 기록된 그대로 사람들이 예수에게 그렇게 하였다는 것을……"에서 우리는 무엇을 알게 되는가? 정해져 있었음을 뒤늦게 알았을 때 기록은 예언이 되는 것이다. 예수님이 나귀 새끼를 타고 예루살렘에 입성하시는 것, 또 그들이 종려가지를 흔들며 주님을 높여 찬송했던 언어들은 예언적 행위의 성취였음을 알게 된다. 비록 그들이 당시에는 그 뜻을 다 알지 못했을지라도 말이다. 우리는 이를 스가랴 9장 9절에서 찾을 수 있다.[2)]

온전히 모든 것을 알아서 주님을 찬송하는 자들이 얼마나 될까? 하지만 나중에라도 주님을 찬송했던 언어들, 우리의 행위를 삶에서 깨닫게 되었을 때 하나님의 손바닥 안에 있는 우리의 삶을 깨닫고 그분의 크심과 나의 작음을 알게 된다. 어떤 이들은 이것에 대해서 '운명'이라고도 말한다. 뒤늦게 깨닫는 부족한 우리의 입술, 우리의 생각과 행위에도 불구하고 찬송하게 하신 주는 선하시다.

---

2) "시온의 딸아 크게 기뻐할지어다 예루살렘의 딸아 즐거이 부를지어다 보라 네 왕이 네게 임하시나니 그는 공의로우시며 구원을 베푸시며 겸손하여서 나귀를 타시나니 나귀의 작은 것 곧 나귀 새끼니라."

비록 네가 가시와 찔레 속에서 살고

너 사람아, 비록 네가 가시와 찔레 속에서 살고, 전갈 떼 가운데서 살고 있더라도, 너는 그들을 두려워하지 말고, 그들이 하는 말도 두려워하지 말아라. 그들은 반항하는 족속이다. 그들이 듣든지 말든지 오직 너는 그들에게 나의 말을 전하여라. 그들은 반항하는 족속이다(겔 2:6-7, 표준새번역).

그의 백성을 향한 여호와의 사랑은 진실하고 영원하시다. 비록 반항하는 족속일지라도 여호와는 쉬지 않으시고 끝까지 버리지 않으시며 그의 뜻을 선지자들을 통해 보이셨다. 여호와는 곧은 길, 옳은 길이 어디인지를 가르치셨다. 하지만 말 그대로 반항하는 족속이기에 여호와의 말씀과 율례가 그들의 삶 안에서 회복되기까지 많은 고통과 시련에 부딪혀야 했다.

이처럼 하나님을 거부하고 우상을 섬기는 이스라엘 백성들을 돌이키시기 위해 여호와는 에스겔 선지자를 부르셨다. 하지만 에스겔의 사역은 반항하는 족속만으로 힘든 것이 아니었다. 바벨론 포로시기로 인해 이스라엘은 제사장이 있을지라도 성전을 잃어버렸고 하나님께 제단을 쌓을 터가 없었다. 숙명과 같이 혈통과 지파를 따라 유대인의 제사장으로 태어난 에스겔이지만 그가 교육적으로 영적으로 훈련되어 하나님의 성전을 섬길 나이가 되었을 때는 직장을 잃은 수입 없는 어려운 환경에 놓였다. 본문에서 에스겔이 가시와 찔레 속에서 산다고 말하고 전갈 떼 가운데서 산다고 이야기하는 점에서도 그의 사역의 길이 탄탄대로가 아니었음을 알 수 있다.

가시와 찔레는 날카롭고 예민하니 순종하지 않는 이스라엘 백성들을 말하는 것이고, 전갈 떼는 독성을 지니고 있고 황량한 사막과 같은

광야에서 사는 곤충으로 이와 함께 살았을 선지자의 모습을 연상하게 한다. 또 여호와께서 에스겔을 부르시는 장면에서 본문과 같이 말을 하시는 것을 볼 때 에스겔이 자신의 처지에 대해 누구보다 잘 알아 슬퍼하고 두려워하고 있었음이 분명하다. 또 반항하는 이들의 거칠고 폭력적인 문화와 언행에 마음이 약해졌고 두려워하고 있었을 것이다. 그러나 여호와는 이와 같은 환경에서 에스겔의 두려움을 거두시며 꿈과 환상을 보이셨다. 그의 뜻을 전하는 귀한 선지자로 세워주셨다.

우리 세대는 여호와 하나님께 반항하는 족속이다. 그리고 사역자로 부르셨지만 우리의 환경과 처지는 그리 탄탄하지만은 않다. 에스겔과 같이 사역할 터가 없는 이들도 있으며, 복음을 전하다가 매를 맞고 욕을 먹고 침을 뱉는 사람들의 모습을 볼 때마다 전도자들로서의 언행이 두렵고 망설여지는 시대다. 하지만 에스겔이 선지자로서 감당해야 할 대가는 지금의 시대를 사는 사역자와는 비교할 수 없지만 그를 끝내 선지자로 온전하게 세우신 하나님의 제한 없는 능력과 위엄을 바라보길 원한다.

에스겔을 부르신 하나님께서 그가 사명을 감당할 수 있도록 힘든 순간마다 위로하시고 힘을 더하셨던 내용들이 기록되어 있다. 자신의 처지를 비관하지 않고 하나님이 원하시는 대로 온전히 자신을 드렸던 선지자 에스겔, 그리고 에스겔과 같은 환경에 놓인 사역자들의 삶에도 여전히 도우시고 힘을 주실 하나님을 기다리자. 그분이 맡겨진 길을 끝까지 잘 걸어가도록 인도해 주실 것이다.

법궤가 다윗 성에 안치될 때

이스라엘 무리는 크게 부르며 뿔나팔과 나팔을 불며 제금을 치며 비파와 수금을 힘있게 타며 여호와의 언약궤를 메어 올렸더라(대상 15:28).

다윗은 아비나답의 집이 법궤를 모심으로 하나님께서 복을 주셨음을 알고 그의 마음이 안심하여 성으로 안치하기를 계획한다. 그리고 이것이 다윗이 에봇을 입고 힘껏 하나님을 찬송함으로 그의 속살이 드러났고 미갈에게 업신여김을 당한 사건이기도 하다. 물론 하나님을 찬송한다며 옷을 벗거나 속살이 드러나게 하는 행위가 옳다고 볼 수는 없다. 다윗이 이렇게 되었다는 이유로 하나님을 찬송하는 일에 있어서 누드 차림이 정당화될 수는 없다. 그는 하나님을 찬양하다가 이런 일을 당하게 된 것이지 의도한 바가 아니었기 때문이다.

그러나 그 당시 법궤가 다윗 성에 안치되기까지 그가 얼마나 정성을 들여 하나님을 찬송했는지 알게 되면 놀라지 않을 수 없다. 역대상 15장이 당시의 모습을 재현하는 듯이 세밀하게 우리에게 가르쳐주고 있다. 먼저 다윗은 이스라엘의 온 무리를 예루살렘으로 부른다. 또 웃사 사건으로 레위 사람 외에는 궤를 멜 수 없게 하였고 제사장 사독과 아비아달 레위 사람 우리엘, 아사야 그리고 요엘과 스마야와 엘리엘과 암미나답을 불러서 법궤를 메고 레위 사람들을 지휘하게 했다. 그들은 이를 위해 몸을 성결케 하였다. 오벧에돔의 집에서 다윗 성으로 올라갈 때 여섯 걸음을 가매 다윗은 살진 소와 송아지로 제사를 드렸다. 다윗은 아론 자손과 레위 사람들을 모아서 일을 진행시켰는데 그 수만 1,040명이었다. 그리고 비파와 수금, 제금 등의 악기를 울려서 즐거운

소리를 크게 내게 했으니 악기 군에 따라서 레위 음악인들을 배치하여 하나님을 찬송하게 했다. 헤만과 아삽, 에단이 앞에 서고 이들은 놋금을 크게 쳤다. 스가랴와 벤, 야아시엘, 스미라못, 여힐엘, 운니, 엘리압, 브나야를 다음으로 세웠는데 이들은 비파를 연주했다. 맛디디야와 엘리블레후와 믹네야와 오벧에돔과 여이엘, 아사시야는 수금을 탔고 레위 사람 지도자 그나냐는 노래를 인도했다. 베레갸와 엘가나는 궤 앞에서 문을 지켰다. 이스라엘 무리들은 구경만 한 것이 아니라 함께 크게 여호와를 찬송했다. 예루살렘 성으로 법궤가 안치되었을 때에도 다윗은 하나님께 번제와 화목제를 또 다시 드린다. 행사가 끝난 뒤에도 레위 사람들이 떠나지 않게 하여 지속적으로 여호와를 칭송하고 감사하며 찬양하게 했으니 하나님을 향한 다윗의 마음이 얼마나 진실했는지 알 수 있다. 하나님이 그와 함께하시므로 법궤를 옮길 수 있도록 도우셨다(대상 16:26).

다윗이 어떻게 하나님을 찬양하는 모델로서 으뜸 가는 자가 되었을까? 나는 그의 행위에서도 하나님을 경외함을 찾을 수 있었지만 이스라엘의 시대적 상황에서 그의 등장은 영적으로 큰 의미가 있다. 사사시대는 하나님 없이 제멋대로 산 이스라엘 백성들의 영적인 고통과 아픔을 맛보았던 시절이었다. 이후에 사울 왕이 세워졌지만 사울은 이스라엘 백성들이 하나님을 섬기도록 바로 잡지 못하고 자신도 하나님께 버리심을 당했다. 그 후로 다윗이 세움을 받아 이스라엘로 하나님을 섬기는 일을 제대로 회복시킨 왕이 되었다. 다윗은 그가 죽은 후에도 후손들에게 이스라엘의 왕으로서 하나님을 어떻게 섬겨야 하는 것인지를 보여준 표본이 되었다.

물론 우리에게는 다윗과 같은 물권과 정치적인 큰 힘이 없다. 그래서 다윗만큼 화려하게 하나님을 찬송하지 못할 수 있다. 하지만 그의 마음만큼은 배워야겠다. 그가 하나님을 사랑했던 마음말이다.

소유와 성취가 아닌 여호와로 말미암은 기쁨

> 비록 무화과나무가 무성하지 못하며 포도나무에 열매가 없으며 감람나무에 소출이 없으며 밭에 먹을 것이 없으며 우리에 양이 없으며 외양간에 소가 없을지라도 나는 여호와로 말미암아 즐거워하며 나의 구원의 하나님으로 말미암아 기뻐하리로다(합 3:17-18).

소유가 없어서 슬퍼하면서도 여호와로 인해 기뻐할 수 있을까? 소유에서 얻는 기쁨과 하나님이란 존재가 있음에 얻는 기쁨은 서로 다른 기쁨이다. 기뻐하는 이유가 다르기에 기쁨의 종류를 구별해야 한다. 이와 같은 주장에 따르면, 하나는 '소유'이고, 다른 하나는 '존재'이므로 동시에 소유에서는 슬퍼하면서 존재로 인해 기뻐하는 두 마음이 공존할 수 있다고 말한다.

하지만 본문에서는 일반적인 예상과 다른 것을 가르친다. 부족한 소유에서 오는 슬픔이 여호와의 존재로 인한 기쁨으로 상쇄될 수 있다고 말한다. 다윗도 소유와 존재에 대한 기쁨의 비교를 시편에 기록했는데 이와 같다. "주께서 내 마음에 두신 기쁨은 그들의 곡식과 새 포도주가 풍성할 때보다 더하니이다"(시 4:7). 다윗 역시 다른 이들이 곡식과 새 포도주로 인해 기뻐할 때 자신의 마음에는 다른 기쁨이 있고 이것은 재물이 풍성하여 얻는 기쁨보다 더 큰 기쁨이라고 고백한다. 주께서 다윗의 마음에 두신 기쁨은 무엇이었을까? 이 또한 여호와로 인해 기뻐하는 마음이다. 추측이 아닌 것이 다음 절에 기록된 내용을 보면 알 수 있다. "내가 평안히 눕고 자기도 하리니 나를 안전히 살게 하시는 이는 오직 여호와이시니이다"(시 4:8).

누가복음서에는 부자 이야기가 나온다. 이야기 속에서 부자는 많은 곡식과 재물을 저장하여 여러 해를 안전하게 지낼 지혜를 짜내면서 평안히 쉬고 마시고 즐기는 것에 기쁨을 찾던 자였다. 부자는 하나님을 의식하는 삶도 아닌, 재물을 주신 하나님께 감사하는 것도 아닌, 철저히 개인 중심의 인본적이고 세속적인 삶에 둘러싸여 있다. 남의 일 같지 않은 점이 몇 년 전에 개봉한 영화를 보고 이 세대가 추구하는 삶의 방향과 무척이나 닮았다는 생각이 들었다. 줄리아 로버츠 주연인 영화로 "먹고 기도하고 사랑하라"는 작품인데, 영화 속에서 보여주는 삶은 기도하지만 (기독교적 관점에서 바라볼 때 자신을 위한 욕심을 기도하는 것과 하나님의 뜻을 따라 기도하는 차이를 구별하지 못한다.) 전혀 영적이지 않으며, 사랑하지만(희생과 섬김의 사랑이 아닌 즐기는 에로스적 사랑) 육감에 충실한 사랑일 뿐, 죽기 전까지 세상에서 제일 맛있는 음식을 먹어 보면서 개인의 삶의 질적 수준을 향상시킬 것을 촉진하는 메시지로 해석되었다. 이는 많은 것을 가진 자가 더 많은 것을 가지려는 시도가 아닌가. 또 반대로 해석하면 많은 것을 가졌지만 만족할 줄 모르고 이미 부족하지 않음에도 항상 배고프다고 느끼는 이 시대의 모습을 꼬집은 것일지도 모른다.

하박국과 다윗 그리고 부자, 이 세 사람의 차이는 무엇일까? 하박국과 다윗은 그의 생명이 소유에 있지 아니함을 알았고, 부자는 행복과 존재 방식을 소유에서 찾은 것이었다. 그렇다면 우리가 추구해야 할 방향도 확실하지 않을까? 최근에는 교회에서도 하나님의 존재를 기뻐하는 믿음을 가르치기보다 재물의 축복을 주시는 하나님으로만 한정지어 그 안에서만 믿음을 갖는 것이 아쉽다. 만약 여호와의 존재가 더 이상 기쁨이 되는 이유가 되지 않고 더 많은 것을 얻기만을 주께 간구하고 있다면, 그래서 축복 기도를 응답해 주지 않으시면 선하신 하나님이라고 고백할 수 없는 신앙이라면, 우리의 소망을 주께 두기를 다시 한 번 되짚는다.

슬픈 노래를 읊다

"서둘러 와서, 우리를 도와서 조가를 불러 다오. 우리의 눈에서 눈물이 흘러내리고, 우리의 눈시울에서 눈물이 쏟아지게 하여 다오!"(렘 9:18, 표준새번역).

예레미야를 떠올리면 당대의 눈물의 선지자로 살았던 하나님의 대언자로 기억된다. 예레미야(jeremiah)의 이름은 '여호와는 멀다'의 뜻이다. 그가 살았던 시대의 이스라엘은 이름대로 하나님을 향해 불순종하고 죄의 결과로 민족이 흩어지고 나라가 황폐하였다. 예레미야는 하나님을 섬기는 백성으로서 이스라엘에게 끊임없는 회개를 촉구하고 경고하며 때로는 눈물로 호소했지만 돌아오는 것은 탄식과 외면뿐이었다.

이처럼 예레미야가 가진 슬픔과 고뇌에 찬 이미지는 예술가들에게 깊은 영감을 주어 많은 예술작품으로 남았다. 빛의 화가 렘브란트(Rembrandt Harmensz. van Rijn, 1606~1669)가 1630년에 그린 작품 〈예루살렘의 파멸을 애도하는 예레미야〉가 그 한 예다. 예레미야 34장 2-4절을 보면 끝내 이스라엘이 돌이키지 않아 예루살렘이 어떻게 패망할지 하나님께서 예레미야에게 말씀하신 것이 기록되어 있다. 이를 읽고 그림을 감상한다면 예루살렘의 패망을 홀로 깨닫고 슬픔을 짊어졌을 예레미야의 고뇌가 한층 깊이 느껴질 것이다.

실제로 사람들은 불행한 사건으로 인한 슬픔의 상처를 음악을 통해 전환하거나 승화시킨다. 예로 음악치료의 한 기법으로 우울증을 겪는 환자는 흥겨운 노래보다는 슬픈 곡조에 빠른 반응을 보인다는 기록이 있다.[3] 또 인지행동을 치료하는 기법에서는 웃음 치료만이 아니라 눈

3) http://terms.naver.com/entry.nhn?docId=2098604&cid=51009&categoryId=51009건강백과

물 치료도 시행되고 있다. 슬픔을 겪은 사람이 그 감정을 표현해 내지 못하고 억압된 상태에 놓이면 다양한 사건의 연결고리가 되어 좋지 않은 결과를 초래한다고 말한다.[4] 눈물이 마냥 부정적인 것이 아니라 슬픔을 표현하는 감정 수단으로 이로움이 있음을 알게 하는 대목이다.

본문에서도 장송곡을 부를 여인들과 눈물을 쏟고 싶은 이들로 구성된 애가가 등장한다. 예루살렘의 황폐함을 보고 난 후 울지 않고 다시 나라로 돌아오겠다는 강인한 의지와 태도는 찾을 수 없고 오히려 곡하기 위한 자리를 연출하고 눈물을 흘리겠다는 선언을 한다.

그러나 이스라엘 백성은 왜 이런 결과가 생겨났는지 깨닫지 못한다. 선지자는 독백하듯 그 까닭을 되묻고 있다. 왜일까? 주의 말씀을 지키지 않고 순종치 않고 자신들의 고집대로 살며 바알 신을 숭배해 온 결과다. 하나님을 아는 것과 그분이 공의를 실현하는 분이신 것을 자랑하는 것이 아니라 자신들의 지혜와 힘과 재산을 자랑하였기 때문이다(23절).

본문의 애가는 하나님에게서 멀리 떠난 사람들에게 그들의 죄를 깨닫고 주를 섬기고 사랑하기를 눈물로 호소하는 노래다. 예레미야는 슬픔으로 시작된 눈물이 환희와 기쁨에 찬 눈물이 되기까지 애가를 부르길 원한다. 왜냐하면 하나님의 백성이지만 주님을 따르지 않는 이스라엘이 자신들의 모습을 보게 되어서 주의 길로 돌아서게 되면 애가는 도리어 큰 축복일테니 말이다.

4) 《웃음, 나를 치유하는 힘》, 이임선, 랜덤하우스코리아, 2008, p,78.

동성애, 우상숭배라는 죄의 현상

그러므로 하나님께서 그들을 마음의 정욕대로 더러움에 내버려 두사 그들의 몸을 서로 욕되게 하게 하셨으니 이는 그들이 하나님의 진리를 거짓 것으로 바꾸어 피조물을 조물주보다 더 경배하고 섬김이라 주는 곧 영원히 찬송할 이시로다 아멘 이 때문에 하나님께서 그들을 부끄러운 욕심에 내버려 두셨으니 곧 그들의 여자들도 순리대로 쓸 것을 바꾸어 역리로 쓰며(롬 1:24-26).

본문의 경배에서 쓰인 헬라어는 세바조마이(σεβάζομαι, reverenced)라는 예배에서 사용되는 언어다. 예배언어가 동성애에 연루되었다. 무슨 뜻일까? 숭배의 대상이 바뀌었을 때 나타나는 죄의 현상 중 하나가 동성애다. 지금 세상의 거대한 흐름은 하나님의 말씀을 믿어야 하지만 하나님 없이도 잘살 수 있다며 바벨탑을 재현하는 듯한 모습을 보여준다. 그러므로 하나님은 그들의 마음을 정욕대로 내버려두셨다. 왜 내버려두실 수밖에 없으셨을까? 하나님의 진리를 바꾸고 조물주보다 피조물을 더 경배하고 그것들을 새긴 우상들을 만드는 우리의 거역함 때문이라고 성경은 말하고 있다.

그래도 동성애와 우상숭배가 무슨 상관이 있느냐고 질문이나 반감을 가지는 이도 있을 것이다. 또한 요즘 말로 주변에 예의 바르고 유머도 있고 똑똑하고 잘생기기까지한 친구가 있는데 그가 동성애자여서 마음 아파하고 있다면 나의 이야기가 반갑지 않을 것이다. 또는 이러한 많은 동성애자들 중에서 교회를 다니거나 자신이 하나님을 믿는다고 고백하는 이들도 있기 때문이다. 그래서 같은 교인이라도 동성애를 가진 교인들을 보면 혼란스러운 것이다.

왜 동성애가 우상을 숭배하는 죄의 열매 중의 하나일까? 먼저 하나

님께서는 이 세상의 지으신 모든 우주 만물을 통해서 하나님이 살아계신 것과 창조주가 있다는 사실을 알 수 있게 하셨다. 실제로 창조과학을 조금만 들여다봐도 그동안 진리로 알고 왔던 진화론이 가진 주장들이 억지에 불과하다는 것을 알 수 있다. 이처럼 핑계할 수 없는데도, 더 정확하게는 하나님이 분명히 살아계심에도 하나님이 지으신 것들을 공급받고 누리면서 살면서도 사람들은 지혜 있는 체하며 감사조차 하지 않는다. 즉 사람들이 자신만을 사랑하고 하나님을 멀리하며 그럴 수 있는 능력도 없는데도 오히려 내쫓으려 한다는 말이다. 세상에서 하나님을 경배하는 소리를 찾기란 쉽지 않다. 항상 영웅이 그 자릴 대신하고 있고 세상 문화가 우릴 사로잡고 있을 뿐이다. 이렇게 세상의 거대한 흐름 중에 순리대로 써야 할 우리의 몸도 부끄러운 욕심에 내주게 되었으니 동성애가 그렇다. 만약 이런 사상에 젖어든 사람이 죄가 주는 달콤함을 포기하지 않거나 버리려 하지 않는다면, 예수를 믿는다 해도 순리를 역리로 쓰는 것이고, 부끄러운 욕심에 매여 있는 것이다. 말씀의 가르침을 따라서 회복되려 하지 않는다면 하나님을 예배한다고 말하여도 피조물을 조물주보다 더 사랑하고 섬기고 있는 세상의 세계관에 생각과 마음을 바꾸려 하지 않는 것이다.

그러면 어떻게 해야 할까? 하나님을 믿지만 동성애가 쉽게 고쳐지지 않는다면, 긴 싸움이 될지라도 성령께서 항상 도우심을 믿고 포기하지 말아야 한다. 또 죄의 유혹에 비교도 될 수 없는 하나님과의 깊은 사랑과 사귐을 사모해야 한다. 동성애에 빠지지 않아도, 그것을 찾지 않아도 행복할 수 있다는 사실을 새롭게 발견해야 한다. 동성애자가 여전히 주를 믿고 있다면 새롭게 해주시도록 끝까지 기도하라. 그리고 이들을 위해 함께 기도해 줄 지체들로 힘이 되어줘야 한다. 왜냐하면 주께서 그들을 돌이키신다면 회복될 것이기 때문이다.

레위 지파의 반란

> 모세가 또 고라에게 이르되 너희 레위 자손들아 들으라 이스라엘의 하나님이 이스라엘 회중에서 너희를 구별하여 자기에게 가까이 하게 하사 여호와의 성막에서 봉사하게 하시며 회중 앞에 서서 그들을 대신하여 섬기게 하심이 너희에게 작은 일이겠느냐 하나님이 너와 네 모든 형제 레위 자손으로 너와 함께 가까이 오게 하셨거늘 너희가 오히려 제사장의 직분을 구하느냐 이를 위하여 너와 너의 무리가 다 모여서 여호와를 거스르는도다 아론이 어떠한 사람이기에 너희가 그를 원망하느냐(민 16:8-11).

초대 제사장이 누구일까? 아론이다. 그는 모세의 형이었지만 이스라엘의 지도자로 선 모세를 돕는 자로 그의 곁을 지켰다. 제사장으로서 아론이 했던 일은 무엇이었을까? 그는 여호와께 드리는 다양한 제사를 집례하였다. 아론을 세우신 분은 하나님이시며 그들을 거룩하게 구별하셨다(출 29:9). 하나님께서는 각 지파를 따라 여호와를 섬길 만한 일을 나누어 주셨는데 혹 이것을 가볍게 여겨 법을 지키지 않은 경우에는 징계를 내리심으로 각 일들을 거룩하게 구별하셨다. 예를 들면, 웃사가 궤를 새 수레에 싣고 가는 역할만 해야 하는데 소들이 뛰므로 손을 펴서 궤를 붙잡았더니 여호와께서 진노하시고 그를 치셨다(대상 13:10)[5] 또 사울이 사무엘을 대신하여 제사를 집례하는 일을 행하여 여호와께서 사울이 아닌 그의 마음에 합한 자를 그의 백성의 지도자로 삼게 된다(삼상 13:13-14). 하나님의 말씀을 무시하고 가볍게 여기는 것에 대한 대가는 이와 같았다.

본문에서도 고라와 다단 그리고 온이 당을 짓고 지휘관 250명을 모

---

5) 법궤의 두 그룹 사이에 여호와께서 계시므로 거룩히 구별되었다. 다윗이 이를 보고 두려워하여 다윗 성으로 메어들이지 못하는데 하나님의 궤가 오벧에돔의 집에 석 달을 머물게 된다. 주께서는 그의 가족과 모든 소유에 복을 내리셨다.

아서 모세를 거스르고 제사장의 자리를 대신하려 한 사건에 대하여 기록하고 있다. 이유는 회중이 다 각각 거룩하고 여호와께서도 그들 가운데 있는데 어찌하여 너희만 권력을 갖느냐는 말로 반기를 든 것이다. 결국 그들도 하나님께서 치시는데, 그들은 무엇을 놓친 걸까? 물론 하나님은 그들 가운데 함께하신다. 하지만 역할과 직무를 거룩하게 구별하신 것도 하나님이시기에 그들은 순종해야 하는 것이 옳았다. 이 모든 역할과 상황을 하나님께서 이끄셨고 정하셨던 결과였음을 기억해야 했지만 그들은 반대로 부당함과 군림이라는 오해로 모세와 아론을 저지하려 했다.

만약 당을 짓고 파가 나뉘었다면 이스라엘은 어떻게 되었을까? 멀리 보았을 때 파가 나뉘고 당을 짓게 됨으로 이스라엘을 향한 하나님의 역사와 계획은 분열로 소멸했을 것이다. 그리고 정치적 세력의 반대되는 세력인 곧 모세와 아론의 목숨도 안전하지 않았을 것이다. 여호와께서 고라와 성막을 섬기는 일과 회중 앞에 서서 섬기는 결코 작지 않은 일을 맡기셨음에도, 더욱이 하나님 곁에 가까이 있을 수 있도록 그들에게 복을 내리셨음에도 제사장의 직분을 얻지 못한 것이 분하고 속상했던 고라와 레위 자손들, 그들은 하나님을 찬양하는 자들이었다. 그들의 울분과 성냄은 여호와가 듣고 구원해야 할 향기로운 기도가 아닌 여호와를 거스르는 불순종이었다. 우리가 지닌 직분에 대한 소명의식은 얼마나 건강하고 건전한가? 하나님이 나를 부르신 자리에 있다면 감사하고 그곳에서 하나님을 예배하길 소망한다.

셈과 야벳이 구하는 사랑

노아는 술에서 깨어난 뒤에, 작은 아들이 자기에게 한 일을 알고서, 이렇게 말하였다. "가나안은 저주를 받을 것이다. 가장 천한 종이 되어서 저의 형제들을 섬길 것이다." 그는 또 말하였다. "셈의 주 하나님은 찬양받으실 분이시다. 셈은 가나안을 종으로 부릴 것이다. 하나님이 야벳을 크게 일으키셔서, 셈의 장막에서 살게 하시고, 가나안은 종으로 삼아서 셈을 섬기게 하실 것이다"(창 9:24-27, 표준새번역).

하나님께서 온 땅을 심판하기로 선택하셨고 유일하게 그의 마음에 합했던 사람, 노아를 통해서 인류의 역사를 다시 시작하셨다. 그리고 노아로 인하여 그의 가족 구성원도 모두 구원을 얻게 되고 노아에게 있는 세 아들, 셈과 함과 야벳이라는 세 사람을 통하여 온 땅에 사람들이 두루 퍼지게 되었다.

노아는 다시 정착생활을 시작하게 되었고 농사를 짓기 시작했는데 포도원을 일궜다. 포도나무가 자라면서 포도주를 담그기도 했던 노아는 어느 날 포도주를 마시고 잠들었다. 그런데 그날은 노아가 장막 안에서 벌거벗은 채로 잠이 든 것이다. 그리고 그의 아들 함이 장막에 들어오다가 이 장면을 목격하게 되었다. 만약 당신이 노아의 아들이라면 어떻게 하겠는가? 부끄럽게도 자신의 하체를 훤히 드러내고 포도주에 취해 잠이 든 아버지를 봤다면 말이다. 옆에 있는 이불을 가져다가 조용히 그의 몸을 덮어드리고 장막을 나오거나 아버지를 깨워서 옷을 입도록 하든지 아니면 그냥 대수롭지 않게 여기고 볼 일을 보고 밖으로 나오든지, 함이 했던 대로 그의 형과 아우에게 쪼르르 가서 자신이 목격한 것을 이야기하든지 말이다. 우리는 다양한 선택을 할 수 있겠지만 오늘 말씀에서 함이 취한 행동이 노아에게는 문제가 되었음이 분명

했다. 우리는 단순히 함이 형제들에게 상의를 하러 간 것일 수도 있다고 생각하지만 노아가 술에서 깨어난 뒤에 작은아들이 자기에게 한 일을 알고서 내린 복을 볼 때(24절) 함의 태도가 아버지 노아를 부끄럽게 여겼고 그의 치부를 가려주려는 것이 아니라 '까붙였다'는 의도가 더욱 강했음을 알 수 있다. 즉 함이 허물을 덮어줄 줄 아는 사람이 아니라 남의 부족한 면을 사람들에게 떠벌이고 험담을 하는 유형의 사람이었다고 생각해 볼 수 있다.

오히려 성경에서는 어떤 말을 하고 있는가? 시편 32편 1절에서는 "허물의 사함을 받고 죄가 가려진 자는 복이 있다"고 말씀한다. 또한 잠언 17장 9절에서는 "허물을 덮어 주는 자는 사랑을 구하는 자요 그것을 거듭 말하는 자는 친한 벗을 이간하는 자니라"라고 말씀하고 있다.

우리는 사랑이 허다한 죄를 덮어준다는 말씀을 기억해야 한다. 함이 보여준 행동은 이 말씀과는 거리가 먼 행동이었고, 본문은 허물을 덮어주는 자에 대한 중요한 상징을 나타내 주는 것이라고 볼 수 있다.

우리는 노아가 왜 함을 가나안의 조상으로서 저주를 받게 하였는지에 대해서 더 많은 연구와 영적인 의미를 찾고 밝혀낼 수 있지만 여기서는 그것이 주제가 아니다. 바라는 것은 셈과 야벳이 그의 아버지 노아의 축복을 받았다는 사실에만 집중하지 말고 먼저는 그들이 허물을 덮어줄 줄 아는 사랑을 구하는 자들이었음에 주목해야 한다. 그리고 그것이 하나님께서 찬송을 받으시고 거하시는 장막으로서 어떤 적합함을 주는지 깨달아야 한다. 용서하는 자, 그리고 용서받는 자들 안에 찬송으로 거하시는 주님, 그리고 그 찬양을 받으시는 주님을 사모하자.

사람들이 침묵하면 돌들이 소리 지르리라

> 이미 감람 산 내리막길에 가까이 오시매 제자의 온 무리가 자기들이 본 바 모든 능한 일로 인하여 기뻐하며 큰 소리로 하나님을 찬양하여 이르되 찬송하리로다 주의 이름으로 오시는 왕이여 하늘에는 평화요 가장 높은 곳에는 영광이로다 하니 무리 중 어떤 바리새인들이 말하되 선생이여 당신의 제자들을 책망하소서 하거늘 대답하여 이르시되 내가 너희에게 말하노니 만일 이 사람들이 침묵하면 돌들이 소리 지르리라 하시니라(눅 19:37-40).

예수님은 유월절을 지키시려고, 그리고 자신이 유월절 어린양이 되시려고 예루살렘으로 입성하셨다. 예수님은 이미 많은 기적을 행하셨기에 소문이 나 있었고 그를 좋게 여기는 사람들과 아니라고 하는 사람들의 수군거림도 난무했다. 그중에는 예수님을 인정하지 아니한 무리인 바리새인도 포함되었다. 바리새인들은 예수님이 주목을 받는 것과, 그가 메시아인 것이 못마땅했다. 하지만 예수님은 예언의 조건과 약속 그리고 성취대로 오시는 분으로 그들이 예수님을 미워할 이유가 없었다. 본문에서도 바리새인들은 예수님을 '주님'이라고 부르지 않고 '선생'이라고 부르고 있다.

바리새인들은 예수님을 찬송하는 무리들의 소리가 귀에 거슬렸고 그 소리가 멈추길 바랐다. 그렇지 않아도 자신들이 예수님으로 인해서 사람들의 관심에서 밀려나고 세력 또한 약해져 가는데 예수님을 높이는 찬송 소리가 어디 반갑게 들리겠는가? 바리새인들은 율법을 통달한 자들로 지적인 사람들이었다. 그래서 그들은 자신들의 분노와 시기심을 그대로 표출해 내지 않는다. 그대로 표출하는 것은 민중의 마음을

거슬리게 하는 것이고 정당하지도 논리적이지도 않다는 것을 알고 있었기 때문이다. 그들은 오히려 예수님의 리더십에 제동을 걸고 "제자들을 책망하소서"라고 말한다. 오히려 예수님께 결함과 문제가 있다고 돌려서 공격한다.

하지만 예수님이 그들의 생각을 모르시겠는가? 예수님을 찬송하고 있는 제자들과 무리를 지키시고 보호하시는 주님의 위엄 있는 말씀을 보라. 그분의 리더십에 어떤 문제와 흠도 없음을 발견할 뿐이다. 선한 목자가 되시는 예수님은 양들을 위하여 목숨을 버리시려고 예루살렘에 입성하고 계신 것이며 찬송하는 제자들과 무리들을 변호하시는 것이다. 하지만 삯꾼은 어떠한가? "삯꾼은 목자가 아니요 양도 제 양이 아니라 이리가 오는 것을 보면 양을 버리고 달아나나니 이리가 양을 물어 가고 또 헤치느니라 달아나는 것은 그가 삯꾼인 까닭에 양을 돌보지 아니함이나"(요 10:12-13). 자신이 공격받고 위협을 받으면 양을 버리고 도망가는 것이 삯꾼이다. 당신이 주님을 찬송할 때, 삶을 드려 주님이 가장 가치 있고 뛰어나신 분임을 노래할 때 당신의 영혼을 안전하게 지켜주실 이도 주님인 것을 신뢰하는가? 우리 예수님은 선한 목자가 되신다.

예수님은 바리새인들이 주님을 찬송하는 그들을 저지한다면, 그들로 침묵하게 한다면 돌들이라도 소리를 지르게 될 것이라고 말씀하신다. 이것은 그냥 겁 주려는 말이 아니었다. 찬송 받으셔야 할 대상이 과연 누구인지를 바리새인들이 깨닫기를 원하셨으며, 주께서는 그분께 드릴 찬송을 다른 우상에게 허락하거나 빼앗기지도 않는다는 영적 원리를 그들이 알기 원하셨다. 그리고 그들로 멈추게 했다면, 찬송하는 자들의 소리가 그쳤다면 돌들로도 아브라함의 자손이 되게 하실 수 있는 주께서는 돌들이 소리를 지르며 찬송하게 하는 일을 정말 행하셨을 것이다.

성경에서 쓰이는 의인화

> 나는 여호와요 모든 육체의 하나님이라 내게 할 수 없는 일이 있겠느냐(렘 32:27).

하나님은 영이시다. 그분은 우리와 같은 육신을 입지 않으셨다. 욥이 고난을 받을 때 하나님께 묻는 장면에서도 이를 발견할 수 있다.[6] 하지만 성경에서는 하나님을 우리가 가진 육신의 일부를 들어 묘사한 구절들이 있다. 우리는 이러한 기법을 의인화라고 알고 있다. 의인화는 사람이 아닌 사물이나 자연을 사람인 듯 표현하는 것을 말한다. 육신의 무엇으로 우리는 하나님을 표현했을까? 손바닥, 손가락, 등, 얼굴, 몸이 있다. 이뿐 아니라 마음, 기억, 후회 등의 정신적인 영역을 우리가 표현할 때 쓰는 말들로 하나님께서는 자신의 뜻을 보여주기도 하셨다. 우리는 성경에서만이 아니라 예배 곡에서도 의인화를 적극적으로 사용하는 것을 볼 수 있다. 유은성이 쓴 "하나님 아버지의 마음"이라는 곡에서 '마음'이라는 단어가 주는 의미로 인해 형이상학적으로만 하나님을 생각하는 이들에게 우리와 같이 마음을 가지셨는가를 자문하며 그분의 생각과 뜻에 우리의 마음을 집중시키는 효과를 준다고 할 수 있다. 또 고형원이 쓴 "물이 바다 덮음같이" 라는 곡에서 '주의 심장', '손'과 '발'이라는 구체적으로 쓰인 단어를 통해 우리가 하나님 나라와 그의 뜻을 위해 해야 할 사명이 무엇인지 보게 하고 주를 생각하는 마음을 더욱 뜨겁게 고조되게 한다. 나는 이처럼 성경과 찬송에 의인화가 쓰이는 이유가 하나님의 모든 것을 이해할 수 없는 우리에게

6) 욥기 10:4 "주께도 육신의 눈이 있나이까 주께서 사람처럼 보시나이까"

그분을 바라볼 수 있도록 취한 방법이라고 생각했다. 이것은 바울이 우리가 믿는 하나님이라는 개념과 신앙을 이해할 리 없었던 헬라인들에게 그들이 가진 사상과 신앙적 틀을 빌려와 전도를 했던 방법과 유사한 맥락이다(행 17:23). 하지만 하나님을 사람에 빗대어 표현한 것들이 그리스 신화에 나오는 신들의 존재 방식, 성품과는 분명히 다른 것은 본질적으로 하나님은 우리의 생각과 다르며 우리의 길과 다르기 때문이다(사 55:7-8). 쉽게 하나님이 세상과 사람에 대해 변덕쟁이시거나 자기의 기분에 따라 미워하시고 복수하시고 실패하시거나 성욕을 느끼시는 등의 따위와 같지 않다는 말이다.

더 넓은 관점에서 보면 우리에게 있는 지식과 지각 그리고 이를 표현하는 언어와 글은 영이신 하나님을 인지하고 깨닫고 알게 하기 위한 방법이 된다. 물론 하나님을 이해하는 방식이 지식과 글로만 가능한 것은 아니다. 문맹률이 지금보다 현저하게 높았던 시대의 사람들은 성경 그림을 통해서 신앙을 표현하고 지켜갔기 때문이다. 또한 지성만으로 하나님을 인지할 수 있다는 이론은 기독교 윤리학적으로 논의 일발을 내세울 수 있다. 가령 복된 소식이 전해지는 방법, 구원하고자 할 방법이 지식에만 있다고 한다면 뇌사에 빠진 이에게 어떻게 접근할 것인가는 영혼과 육으로 지어진 인간의 다각적 접근을 제한하는 격이 될 것이다.

하나님께서는 찬송시로 여호와를 찬양하라고 말씀하고 있다(고전 14:26). 할 수 있다면 호흡이 있는 날까지 우리의 입술을 열어 다양한 말과 글로 하나님을 영광되게 할 수 있다. 하나님은 육체를 입지 않으시지만 육신을 입고 이 땅에 내려오셨으며 우리와 눈을 마주보고 먹고 마시기도 하셨으매 일상의 언어로 하나님을 찬양하는 말들을 기뻐하심이 분명하다.

부정적인 노래에 대해

> 그런데 유다 사람들 사이에서 이런 노래가 퍼지고 있었다. 흙더미는 아직도 산더미 같은데, 짊어지고 나르다 힘이 다 빠졌으니, 우리 힘으로는 이 성벽 다 쌓지 못하리(느 4:10, 새번역).

느헤미야의 성벽 건축을 놓고 유대인과 혼혈인 암몬족 산발랏과 같은 족속인 도비야는 방해공작을 펼친다. 그들은 유대인이 성벽을 건축함으로써 그들의 신앙, 곧 야훼 하나님을 찾게 되고 결속하게 되는 것을 원하지 않았다. 오래 전부터 암몬 족속은 이스라엘과 적대관계에 있었기 때문이다. 암몬 족속은 이방 민족으로 밀곰 그리고 몰렉 신을 섬기던 자들이었다(왕상 11:5, 7). 하나님께서 경계하라고 했던 민족이 바로 이들이었고 역시나 성벽 건축 때에도 이스라엘의 하나님을 비웃고 하나님이 땅 위에서 높임 받는 것을 증오하였다.

느헤미야의 산하에 모인 이스라엘은 성벽을 건축하기 시작하는데 산발랏과 도비야 그리고 반대 세력들은 이들의 기강을 흐트러뜨리기 위해서 책략(策略)을 꾸민다. 한꺼번에 예루살렘에 올라와서 성을 치고 모조리 이스라엘인들을 죽이고자 했다. 그때에 이스라엘 안에 좋지 않은 소문이 돌기 시작했는데 노래를 통해서였다. 유다 사람들 사이에서 먼저 노래가 퍼져나가기 시작했는데 이스라엘 민족의 귀에 들리는 소리는 "하나님께서 우리에게 복을 주신다. 이 성벽을 재건하도록 도우신다"라는 종류의 노동가가 아니라 위의 본문의 노래였다. 사람들이 할 수 있다고 생각하고 말하는 것과 '할 수 없을 거야'라고 가정하여 입으로 시인할 때 그 결과는 어떻게 다를까? 듣고 보는 것에 영향을 받는 것이 사람이기에, 이스라엘 민족은 분명 가장 작은 나라요 민족이

고 힘도 없으니 반드시 실패할 것이라고 믿었을 것이다. 그들의 노래는 이미 예언하듯 자신들은 할 수 없다고 선포하고 있다. 하지만 왜 유다 사람들은 믿음을 갖지 못하고 저주의 노래를 부름으로써 스스로 힘이 빠지고 기강도 흐트러뜨리게 했을까? 이유는 그들이 암몬 족속 곧 방해자들과 가장 가까이에 살았는데 이로 인해 좋지 않은 소식을 제일 먼저 접했기 때문이다. 자신들의 성을 파괴할 것이라는 둥, 모조리 죽일 것이라는 음모론을 들었을 때마다 유다 사람들은 공포에 휩싸였고 혼란과 불안한 마음에 성벽 재건에 집중할 수가 없었던 것이다(느 4:12). 불안했던 그들의 마음이 노래에 그대로 비춰지고 가사로 드러난 것이라 볼 수 있다.

한편으로 아쉬운 것은 유다 사람들이 접수한 정보는 정확했고 이로 인해 느헤미야와 조직은 그들의 계략을 알게 되었지만 그들보다 더 두려운 분이 누구신가? 곧 하나님이시다. 오히려 그분께서 이 일을 도우시니 승리하게 될 것이라는 노래가 이스라엘 온 땅에 퍼져나가야 했음을 살펴본다. 물론 느헤미야는 이 소식을 듣고 하나님을 기억하라고 말했고 자식과 아내와 가정을 지키기 위해 싸우라고 독려(督勵)했다(14절). 하나님께서도 그들의 음모를 헛되게 하셨으니(15절) 하나님은 사람에게 만홀히 여김을 받지 않으심이 드러난다.

가사가 부적절하고 부정적인 노래가 우리의 영을 얼마나 혼란스럽고 불안하게 하는지, 우리의 사회적 환경에 어떤 영향을 끼치는지 위의 본문을 통해서 알아보았다. 영과 혼을 지키기 위해서 우리가 지킬 노력이 있음을 기억하고 오늘도 하늘의 것, 신령한 것을 사모하는 삶을 살자.

흘러가는 유행가처럼 부르는 사랑 노래

> 그들은 너를, 악기를 잘 다루고 듣기 좋은 목소리로 사랑의 노래나 부르는 가수쯤으로 생각한다. 그래서 그들은, 네가 하는 말을 듣기만 할 뿐, 그 말에 복종하지는 않는다. 그러나 내게 너에게 시켜서 한 그 말은 반드시 이루어진다. 그 말씀이 이루어지면, 그때에야 비로소 그들 가운데 예언자가 있었다는 것을, 그들이 알게 될 것이다(겔 33:32-33, 새번역).

예언자의 말로써 삶을 살아가야 했던 에스겔의 부르심은 하나님의 법을 떠나서 우상을 숭배하고 자기의 욕심을 따라 사는 사람들과 전혀 다른 삶이었다. 이 말은 일상에서 분리되어 영적인 것만을 추구하며 살았다는 말이 아니라 사람이라면 구원과는 상관없이 이 땅에서 누리고 싶은 욕구들, 단란한 가정을 꾸민다거나 소박하게나마 자신의 삶을 일구고 살고 싶은 것들 말이다. 왜냐하면 에스겔은 메시지를 전하는 표징으로 그의 아내를 잃었으나 애도를 표해서는 안되었기 때문이다(겔 24:15-17). 또 애굽과 구스에 대하여 징조와 예표가 되기 위해 벌거벗은 몸과 벗은 발로 3년을 다녔다(겔 20:3). 구약의 예언자들은 우리가 예상하는 것 이상으로 구별된 삶을 살아야 했다.

그가 전해야 했던 메시지도 거짓 예언자들이 모든 일이 잘되어 간다고 거짓 평화를 말할 때(겔 13:10) 하나님의 징계와 임박한 위험을 경고했다. 이는 부드러운 말이나 듣기 좋은 소리가 아니었다. 지금으로선 하나님의 사랑이 자비와 용서, 공의와 징계와 같이 두 양상으로 나타남을 앎으로 하나님의 징계와 심판을 놓고 하나님에 대해 오해하지 않지만 어떤 이들은 '하나님께서 이스라엘 백성들을 잘 타이를 순 없

으셨는가?' 하고 그분의 선하심에 대해 의문을 제기할 수 있다. 성경에서 우리가 알 수 있는 것은 그들이 반항하는 족속이었다는 점이다(겔 3:27). 어떠한 경고를 해도 듣지 않는 반항하는 족속 말이다.

본문의 묵상이 이처럼 하나님의 사랑을 부드러운 말이 아닌 공의로 나타냈던 구절이다. 나는 이 본문이 자칫 문자적인 해석으로 오해할 수 있는, 즉 하나님이 '사랑의 노래'를 거부하시는 분은 아니심을 먼저 말하고 싶다. 사랑이신 하나님께서는 가장 아름다운 사랑 노래인 '아가'서를 통해 예수님과 인치심을 받은 그의 신부 된 자들과의 연합을 노래하고 있기 때문이다.

본문의 이스라엘 백성들은 때를 분간하지 못했음을 알 수 있다. 자신들이 하나님을 떠난 상태에 대해서 각성하고 돌이킬 때지만 에스겔 선지자가 상황이 얼마나 심각한지 전달해도 분별하지 못하고 깨닫지 못하고 있다. 그의 예언을, 그의 안타까운 애가를, 그의 간절한 경고를 흘러가는 유행가처럼, 사랑 노래처럼 듣는 것이다. 그리고 우리도 하나님의 사랑을 노래할 때에 유행가처럼 부를 수 있다. 그렇게 들을 수 있다. 죄에 대한 각성의 말씀을 '하나님이 날 사랑하시기 때문에' 모든 것을 이해하실 거라며 그 사랑을 값싼 사랑으로, 남용하는 사랑으로 전락시킬 수 있다.

우리가 불러야 할 노래, 또 들어야 할 노래는 하나님의 말씀을 기뻐하는 자들의 노래다. 그 말씀을 기뻐하고 주야로 묵상하며 지키는 자들의 노래다.

희어져 추수하게 된 밭

> 여자가 물동이를 버려두고 동네로 들어가서 사람들에게 이르되 내가 행한 모든 일을 내게 말한 사람을 와서 보라 이는 그리스도가 아니냐 하니 그들이 동네에서 나와 예수께로 오더라(요 4:28-30).

예수님은 한 여인을 만나시려고 사마리아 땅을 지나가신다. 아무도 물을 길러 오지 않는 시각에 한 여인이 조용히 야곱의 우물에서 물을 긷고 있다. 이 여인은 남편이 5명이 있었고 지금 있는 자도 남편이 아니니 사람들의 수군거림과 비아냥대는 아우성을 피해 몸을 숨기고 살았다. 예수님은 이처럼 남들이 싫어하고 사람들을 피해 사는 여인을 만나 주시려고 찾아가신다. 또한 유대인은 사마리아 사람들과 상종하지 않는데, 예수님은 그녀가 그 시각 그곳에 올 것을 아시고 마주친 여인 앞에서 부드럽고 위협이 없이 그녀의 눈을 마주보며 말을 건네셨다.

지금 당신이 그 자리에 앉아서 예수님과 그녀의 대화를 듣게 되었다고 상상해 보라. 그녀의 질문은 분명 단순하지 않다. 비록 여러 남자의 손을 탄 여인이었지만 그녀는 영적으로 갈급함이 있고 신앙적으로도 궁금한 것이 있어서 선지자로 보이는 예수에게 거침없이 질문하며 깊이 생각하고 궁리할 줄 아는 여인이었다. 그리고 그 여인을 향한 예수님의 은총이 얼마나 큰지를 보라. 예수님은 그녀에게 아주 노골적으로 답을 주고 계신다. "네가 애타게 찾고 찾았던 메시아가 바로 나란다. 너를 만나기 위해 내가 직접 여기까지 왔단다" 하시며 대화하시는 동안에 그녀의 영적인 눈을 열어 예수님을 깨닫게 하신다. 비록 창녀와 같은 여인이지만 예수님은 지금 한 여인을 통하여 위대한 역사를 이루고 계신다. 남들의 시선을 피해 숨어 살던 가장 작고 여린 한 여인

을 통하여 사마리아 땅에 구원의 은총의 문을 열고 계신다.

그 여인은 진정 예수님을 깨닫고 동네로 들어가 사람들에게 자신이 예수님과 나눈 대화, 자신의 환경과 처지를 말하지 않았음에도 예수님이 미리 아시고 영원히 목마르지 않는 생수를 부어주신 일들을 전하기 시작했다. 사람들은 단 한 번도 자신들에게 다가오지 않던 여인이 먼저 찾아와 과연 믿기 힘든 이야기를 하는 것을 보고 예수님을 만나기 위해 야곱의 우물가로 모여들기 시작한다. 그리고 예수님은 제자들에게 희어져 추수하게 된 밭을 보라며 영적인 세계에서 벌어지고 있는 일, 예수님을 보고 구원받으러 나오는 사람들을 보여주신다. 많은 사람들은 한 여인이 증언한 말에 예수님을 믿게 되었다. 사마리아인들이 예수님을 보고 더욱 그의 말씀을 듣고 싶어 유하기를 청하매 예수님은 이틀을 더 머무르신다. 마을 안에서는 예수님의 말씀으로 말미암아 믿는 자들이 더욱 많아졌으니 이것이 사마리아 땅의 희어져 추수하게 된 밭, 영적인 회복과 부흥이 임하는 사건이었다.

사마리아인들은 한 여인의 증언으로 말미암아 예수를 믿기 시작했지만, 예수님의 말씀을 듣고 상고하면서 여인의 말뿐만이 아니라, 친히 그의 말을 듣고 곧 그가 세상의 구주이신 것을 깨달아 알게 되었다고 말한다(42절). 개개인이 예수님을 나의 구주로 온전히 고백하게 된 것이다. 영적인 회복과 부흥은 남의 증언을 듣는 것에 의존한 선을 넘어서 이제는 나의 구주로 고백하고 증언하는 데까지 와야 한다. 한 여인에서 시작된 사마리아 땅의 부흥은 가장 작은 자를 통해서 일하시는 예수님의 능력을 볼 수 있는 대목이다.

히스기야 왕의 병 고침과 교만

주님, 주께서 저는 낮게 하셨습니다. 우리가 수금을 뜯으며, 주님을 찬양하겠습니다. 사는 날 동안, 우리가 주의 성전에서 주님을 찬양하겠습니다(사 38:20, 표준새번역).

어느 날 히스기야 왕은 고칠 수 없는 병에 걸려서 거의 죽게 되었는데 회복될 수 없으니 집안을 정리하라는 하나님의 말씀을 이사야를 통해 전해 들었다. 히스기야 왕은 그 말씀에 순응하지 않았다. 그러나 그가 하나님을 원망한 것은 더더욱 아니었다. 그는 하나님께 아주 간절한 기도를 드리게 되는데 병을 고쳐주시기를 간구한 것이다. 그리고 그는 기도하는 중에 믿음의 선포까지 하게 된다. 이 아픔이 평안으로 바뀔 것이며 주님께서 나를 낮게 하셨으니 수금을 뜯으며 주님을 찬양하겠다는 약속까지 했다. 히스기야 왕의 믿음은 작지 않았고 능히 자신의 병을 고쳐주실 하나님의 손을 의지하며 그분께 찬송까지 올려드린 것이다. 하나님께서는 이사야를 통해 즉시 히스기야에게 응답하신다. 그 믿음대로 병을 고쳐주며 15년의 생명을 연장하실 것이라고 말이다. 신실하시고 인자하신 하나님께서는 그가 주를 경외하는 것과 주님만 의지하는 자임을 아시고 그 기도를 멀리하지 않으셨다.

하지만 히스기야 왕은 자신이 기도 중에 찬송으로 읊은 시처럼 병이 나은 후에 하나님을 찬송하겠다는 약속을 이행하지 않았다. 그가 병이 나았다는 증거로 해 그림자가 뒤로 십도 움직이는 것도 받았지만 그는 사는 날 동안 성전에서 주님을 찬양하겠다는 고백과는 다르게 감사의 기도조차 올려드리지 않았다[7]. 오히려 그는 그의 병이 나았다는

7) 열왕기하 19:11

소식을 듣고 그를 위로하고자 온 바벨론 사절단을 성대하게 맞이하는 임무에 즉시 착수했을 뿐이었다. 그는 그들의 위로에 자신의 기도에 응답하신 위대하신 하나님을 나타내거나 증거하지 않고 자신의 힘과 능력으로 모은 듯이 부귀영화와 궁궐 안의 모든 것을 보여주며 힘껏 자랑했다. 이것은 곧 교만이었다.[8] 병들었을 땐 평생 하나님을 찬양하겠다고 고백하던 히스기야 왕이 병 고침을 받은 후에는 교만하여 받은 은혜에 감사하지 않고 찬송도 하지 않았다는 것이다. 찬송하는 것의 반대는 교만이다. 그는 정반대의 행동으로 하나님의 진노를 샀다.

이사야는 또 다시 그를 찾아가 하나님의 말씀을 전달하였다. 그가 자랑하던 모든 부귀영화가, 더러는 그의 아들들이 바벨론으로 다 넘어가게 되고 환관이 될 것이라는 말이었다. 우리는 이것이 하나님의 복수라고 볼 수 없다. 오히려 하나님께서는 세상의 모든 것이 자신의 것이라고 자랑삼았던 히스기야 왕에게 그 모든 것이 헛된 것임을 보게 하시며 히스기야가 현군으로 끝까지 남을 수 있도록 깨달음을 주신 것이다. 히스기야 왕은 교만을 깨달았고 바로 뉘우쳤다. 그래서 주께서 그가 살아있는 동안에는 평안과 안정으로 함께해 주셨다.

가장 약할 때 하나님만 의지하여 주를 찬송했던 히스기야의 간절했던 마음이 형편이 나아지고 처지가 회복되었을 때는 거짓이었는가 싶을 정도로 교만으로 변질되었다. 하지만 그가 눈물로 드렸던 기도가 진실하지 않았다고 볼 수는 없다. 진실하지 않았다면 하나님이 그에게 응답하지 않으셨을 것이다. 하지만 우리는 얼마든지 변할 수 있고 주님의 은혜를 금방 잊고 살 수 있는 존재라는 것을 깨달았다면 우리를 사랑하시는 하나님의 한결같은 모습을 닮아 하나님을 찬송할 수 있기를 겸손히 구해야 한다.

8) 역대하 32:25

받은 은혜를 보답할 방법은

> 히스기야가 마음의 교만함을 뉘우치고 예루살렘 주민들도 그와 같이 하였으므로 여호와의 진노가 히스기야의 생전에는 그들에게 내리지 아니하니라(대하 32:26).

우리는 앞에서 히스기야가 죽을 병에 걸린 후 여호와께 병 고침을 받았지만 그 은혜에 보답하지 않았다는 말씀을 읽었다. 나는 여기서 그가 하나님께 받은 신비스럽고 오묘한 이적으로 몸이 고침 받은 것에 대해 과연 무엇으로 하나님께 보답할 수 있을까 하는 의구심을 갖게 되었다. 가장 값비싼 재물을 갖다 바쳐도 자신의 몸이 나은 것에 비교할 수 있을지의 여부와 세상 모든 것이 하나님의 것이므로 그가 보답해 드릴 수 있는 것은 사실 없다고 이야기할 수 있다는 뜻이다. 그렇다면 히스기야가 만약 마음이 교만하지 아니함으로 받은 은혜에 보답했다면 무엇으로 드릴 수 있단 말인가? 나는 여기에서 한 가지 귀한 사실을 깨달았다. 그것은 우리가 하나님께 받은 은혜와 은총을 대신해서 지불할 수 있는 값은 어느 것으로도 충족할 수 없다는 것과 오직 하나님께 예배함으로써만 우리가 받은 은혜에 감사할 수 있다는 사실이다. 우리는 이미 히스기야의 심경 변화를 살펴보았는데, 그는 낫기 전에는 열심히 기도도 하고 찬양도 했지만 나은 후에는 하나님께 감사로 제사했다거나 또 다시 기도하고 찬양함으로 하나님께 영광을 돌렸다는 기록을 찾아볼 수 없다. 반면에 하나님께 예배를 잘 드려서 날마다 승리했던 성경 인물들을 찾을 수 있다. 노아가 방주에서 나와서 제일 먼저 한 일이 하나님께 감사하며 가장 먼저 제단을 쌓았다. 또 솔로몬은 하나님께서 그에게 지혜와 부를 주시겠다고 하셨을 때도 그것을 얻어간

것만이 아니다. 여전히 하나님께 겸손함과 감사함으로 찬송하였다. 하나님께서 태의 문을 열어주셔서 사무엘을 낳은 한나도 아기를 낳은 후에 주를 경외하고 예배하기를 쉬지 않았다. 또한 한나는 약속대로 사무엘을 하나님께 드렸고 더 이상 기록에는 나오지 않지만 사무엘이 선지자로서 잘 설 수 있도록 돕고 기도하는 어머니가 되었으리라 상상할 수 있다. 히스기야 또한 병 고침을 받은 후에도 하나님께 여전히 제단을 쌓고 종신토록 여호와의 집에서 주를 노래하겠다는 약속을 지켜야 했다. 하지만 그는 그러지 않았다.

사실 히스기야는 병에서 고침 받기 이전에도 앗수르 왕 산헤립이 예루살렘을 치고 히스기야를 욕되게 하려 했을 때 그가 주께 부르짖으매 하나님께서 한 천사를 보내어서 모든 적을 치시고 전쟁에서 승리하게 하신 경험이 있다. 이것만이 아니고 주께서는 그에게 재산도 심히 많이 주셨고 모든 일에 형통하게 하셨다. 즉 하나님을 찬송해야 마땅한 이유가 더 많은 히스기야이지만 찬송하겠다는 그 고백을 지키지 않았던 것이다. 그래서 결국 바벨론의 사신들을 보내어 그들이 묻는 말에 어떻게 대답하는지를 보시고자 한 하나님의 시험(test)에 통과하지 못하고 말았다(31절).

하지만 우리는 여전히 은혜의 때에 살고 있다. 그는 이사야를 통해 들은 예언의 말씀을 통해서 자신의 죄를 뉘우침으로 회개를 하게 된다. 그래서 하나님께서는 그를 또 다시 용서하심으로 히스기야가 재임하던 때에는 징계를 거두시고 여전히 화평을 누리게 하셨다. 히스기야는 분명 마땅히 할 바를 하나님께 하지 않았지만 그의 회개를 받으시고 여전히 날개 아래 품어주시는 하나님의 자비하심은 영원하다는 것을 볼 수 있다. 그러므로 하나님을 어찌 더 찬양하지 않을 수 있을까? 영원한 우리의 왕이 되시는 하나님을 찬양한다. 할렐루야!

허탄한 이야기에서 진리로 돌아서도록

또 그 귀를 진리에서 돌이켜 허탄한 이야기를 따르리라(딤후 4:4).

지금 이 시대에 오고가는 이야기를 듣다 보면 진리에서 크게 벗어난 이야기들이 우리의 생각과 가슴을 채우고 있는 것을 알게 된다. 우리는 대다수 직장 일이 끝나면 텔레비전 앞에 앉아 세상에서 벌어졌던 사건, 세상에서 벌어지고 있는 이야기들에 귀를 기울이지만 그것은 우리의 인생을 결정짓게 할 중요한 이야기이기보다 잠깐의 휴식과 만족을 줄 뿐이다. 물론 휴식과 쾌락, 만족을 추구하는 것이 또 다른 내일을 시작하는 쉼이 된다고 말하지만 오히려 삶과 죽음에 대한 생각은 가로막혀서 이 땅에서의 삶만을 좇게 하고 바라보게 하는 것으로 그치니 하나님께서 우리를 창조하신 목적으로의 초대에 언제 반응할 수 있을까 하는 안타까움을 느낀다.

우리의 가슴을 채우는 이야기는 무엇인가? 우리가 듣고 말하는 이야기들이 현재의 나를 관철(觀徹)할 수 있는 어떤 표본이 될 수 있을 것이라 생각한다. 우리는 이것들에서 영향을 받지 않는다고 말하기 어렵다. 우리가 듣고 보는 이야기들로 우리의 생각이 크게 벗어나기가 어렵기 때문이다.

텔레비전을 보면 우리는 요즘 사람들의 마음을 사로잡고 있는 것들이 무엇인지 쉽게 알 수 있다. 그래서 우리 또한 그것을 따르는 것이 시대에 뒤떨어지지 않고 세련된 것이라는, 어떤 규칙을 배우게 된다. 이것만이 아니고 다양한 대중매체들은 우리에게 여자다움, 남자다

움이 무엇인지도 비공식적으로 보고 배우게 하는 능력이 있는데 여기에는 하나님이 우리에게 주신 순수한 아름다움, 존재에 대한 소중함을 잘 가르쳐주기보다는 자아를 강하게 하고 자기애에 더욱 사로잡히게 하는 힘을 키워준다. 이 땅을 살면서 좇아야 할 하나님의 형상, 하늘의 소망이라는 것은 매주일 설교자들의 입을 통해 듣고 의식적으로만 동의할 뿐 우리 삶에서 실천하는 일은 적다.

진리에서 돌이키고 허탄한 이야기로 우리의 중심을 이루고 있는 모습에서 우리는 어느 쪽으로 눈을 돌려야 하는가? 나는 다시 성경의 거대 담론으로 돌아가자고 하는데 세상은 성경의 거대 담론을 꾸며낸 이야기이거나 신화에 갇혀버린 전래동화처럼 전락시켰다. 또 성경을 교훈적인 덕담으로만 사용하기도 하는데 이런 모습들이 도리어 허탄한 이야기를 가치있게 여기고 진리에서는 돌이키는 우리시대의 모습을 반증하는 것이 아니고 무엇일까?

성경 말씀은 진리다. 우리는 이것들을 통해서 그리스도 예수를 알 수 있고 우리를 지으시고 창조하신 하나님을 볼 수 있는 눈을 갖게 된다. 거대 담론을 떠나서 우리가 예수님에 대해 알고자 하고 하나님을 드러내려고 한다면 결코 우리는 진리에 이를 수 없을 것이다.

그래서 찬양사역자들은 허탄한 이야기를 반복하는 시대를 향해서 하나님의 말씀으로 새로운 희망을, 노래를 전달하는 사역을 감당해야 한다. 과연 허탄한 이야기를 반복하는 삶을 살면서 자신의 삶이 무척이나 허탄한 것을 깨닫고 절망 속에 있는 사람들에게 또 다시 허탄한 이야기로 그들의 영혼을 채우게 하는 것은 얼마나 슬픈 일인가? 허탄한 이야기에서 진리로 돌아설 수 있도록 찬양사역자들이 불러야 할 노래가 여기 성경에 있다.

향기가 되는 봉헌

> 내게는 모든 것이 있고 또 풍부한지라 에바브로디도 편에 너희가 준 것을 받으므로 내가 풍족하니 이는 받으실 만한 향기로운 제물이요 하나님을 기쁘시게 한 것이라(빌 4:18).

향기로운 제물이 구약에서는 화제로 드리는 제물의 향기로운 냄새이고 예수님이 오신 이후로 주님의 보배로운 보혈임을 알았다. 그리고 빌립보서 4장에서는 향기로운 제물이 또 하나 등장하는데 이는 봉헌적인 의미를 지닌 향기로운 제물에 대한 이야기다. 물론 구약의 제물들이 하나님께 드려졌고 예수님의 보혈도 드려진 것으로 봉헌적인 의미가 있지만 본문은 구제와 선교사역에 드려진 성도들의 헌금이 향기로운 제물이고 하나님을 기쁘시게 한다고 말하고 있다.

바울은 에바브로디도를 통해 빌립보 교인들의 헌금을 전달받았다. 이로 인해 바울의 필요는 채워졌고 부족함이 없이 풍부해졌다. 빌립보 교인들에게 받은 헌금은 이번이 처음이 아니고 10절에 "다시 일어났다"는 기록을 통해 이전에도 받았음을 알 수 있다. 하지만 바울은 교인들이 보내준 헌금의 크기에 대해 말하지 않고 마음에 대해 말하고 있다. 바울은 자신이 비천에도 처할 줄 알고 풍부에도 처할 줄 아는 일체의 비결을 배웠다고 기록하고 있는데(12절) NIV성경에서는 이를 'Secret'이라는 단어로 우리말의 '비밀'에 해당하는 단어를 사용했다. 만약 우리가 가난하다면 주어진 환경에 좌절하기가 쉽지 정말 행복하다고 말하기는 쉽지 않을 것이다. 또 부자이지만 내게 주어진 물질이 하나님 것이라는 온전한 고백을 하고 하나님의 필요를 따라 사용하는 것도 하늘의 비밀을 알지 않고서는 쉽지 않을 것이다. 바울은 이에 대

해서 하늘의 비밀을 알고 있다고 말한 것이다. 또 바울은 물질에 대해서 자족하기를 배웠다는 말을 통해 그가 감사하는 이유가 물질의 크기에 있는 것이 아님을 재차 말하고 있다. 그가 말한 '자족'은 당시의 높은 지식인들이었던 헬라 철학자들, 스토아학파가 추구하는 핵심 덕목으로서 행복이 소유에 있지 않고 욕망을 줄이는 것에 있다는 말과 유사한데 빌립보 교인들이 알고 있을 배경지식을 통해 자신의 심경을 더 잘 이해할 수 있도록 말할 수 있다.[9] 하지만 스토아학파는 인간의 의지로 이것을 이룰 수 있다고 주장하는 반면 바울은 13절을 통해 자신에게 능력을 주시는 분 안에서 배웠고 모든 것을 할 수 있다고 말하여 그 차이를 드러내고 있다.

바울을 도운 빌립보 교인들의 헌금이 하나님을 기쁘시게 할 수 있었던 이유는 무엇일까? 그들이 드린 헌금이 하나님께서 흠향하기 합당하도록 마음에 합한 향기로운 냄새였기 때문이다. 바울의 선교사역을 도운 것이 하나님께서 그에게 명하신 사역을 계속적으로 지탱할 수 있는 격려와 위로로 작용했을 것이다. 몸은 떨어져 있지만 그들이 도운 헌금, 마음의 표현이 믿음의 공동체가 더욱 결속되고 하나 됨을 지켰을 것이다.

우리가 하나님을 기쁘게 할 수 있는 것이 있다면 주님을 찬양하는 것뿐만이 아니라 주님 안에서 구제하고 선교하고 돕는 사역을 통해서다. 우리의 믿음의 그릇을 더욱 넓혀서 손길이 닿는 곳마다 하나님이 기뻐하시는 일들을 행하기를 소망한다.

9) http://www.duranno.com/sl/detail.asp?CTS_ID=23992

활의 노래

다윗이 이 슬픈 노래로 사울과 그의 아들 요나단을 조상하고 명령하여 그것을 유다 족속에게 가르치라 하였으니 곧 활 노래라 야살의 책에 기록되었으되(삼하 1:17-18).

다윗이 쓴 슬픈 노래가 있으니 곧 활의 노래다. 이 노래는 사울과 요나단의 죽음을 애도하려고 쓴 노래다. 요즘 말로는 추모(追慕)곡 내지는 장송곡(葬送曲)으로 이해할 수 있다. 다윗은 이 노래를 유다 족속에게 가르치고 또 야살의 책에 기록하라고 하였다. 왜 다윗은 모든 지파가 아니고 유다 족속을 먼저 말한 것일까? 이스라엘에서 유다 족속의 위치는 이스라엘의 12지파 중에서도 영적으로는 장자 지파이고, 그 수 또한 가장 많으며 땅도 제일 많이 분배받은 지파다. 그래서 장자인 유다 족속에게 먼저 가르치는 순서로 곧 이스라엘 모든 지파에게 활의 노래가 전해졌으리라 예상할 수 있다. 야살의 책에 대한 학자들의 의견을 빌리면 고대 이스라엘에서는 히브리 문학이었고 시와 문학을 수집하고 편집한 것으로 보인다. 내용은 이스라엘의 위인 또는 영웅들의 역사를 기록한 것으로 보며 바벨론 포로시기에 사라진 것으로 추정한다.[10] 즉 다윗은 이스라엘의 왕이었던 사울과 그의 아들 요나단이 죽은 후 역사 기록으로 활의 노래를 기록하라고 한 것이다. 그래서인지 활의 노래는 시적인 표현과 감성을 지녔지만 사울과 요나단의 생전에 대한 역사적 기록도 언급되어 있다.

활의 노래는 무엇을 담고 있을까? 19절부터 노래가 시작되는데 두 용사 곧 사울 왕과 요나단이 어디서 죽었는지를 나타내고 있다. 그리

10) 가스펠서브, 《라이프 성경사전》, 생명의 말씀사, 2006, 야살의 책

고 “이스라엘아 네 영광이”라는 표현에서는 왕과 그의 후손의 죽음이 한 나라의 영광에 비길 정도라는 것을 가늠할 수 있다.

20절의 유다 지파가 가진 16개의 성읍 중에 하나였던 가드와 아스글론 거리에 왕의 죽음을 알리지 말라는 이유는 지리적으로 그들이 이방 민족 블레셋 땅에 근접하였기에 소문이 돌고 하나님과 이스라엘을 비방할까 염려하였기 때문이었다.

21절에서는 사울과 요나단이 죽은 산을 저주하는 구절로 길보아 산은 이스르엘 골짜기 남동쪽에 위치한 곳으로 당대에 전쟁이 날 때 잦은 전투 현장이 되었다. 말은 골짜기이지만 넓은 평지를 갖고 있고 고대 무역상들이 오고 가던 중심요지로 전투를 벌이기에 적합했다. 그러한 곳을 다윗은 물이 없어서 메마르고 땅의 소산도 그치기를 원한 것이다. 이스라엘의 왕이 이곳에서 죽임을 당한 것과 상관없이 이전과 같이 화려한 중심지로서 제 역할을 한다면 그들의 죽음이 쉽게 잊히고 말 것이 다윗은 안타까웠을 것이다.

22절에서는 요나단의 활과 사울의 칼이 적을 죽이지 못하였는가를 후회하고 한탄하고 있다.

23-26절은 다윗의 아름다운 마음과 성품을 볼 수 있는 대목이라고 생각한다. 질투와 미움으로 자신을 죽이려 했던 사울일지라도 왕으로서 잘해 낸 업적을 칭찬하고 그가 강한 용사였음을 인정하기 때문이다. 또한 사울 왕이 자신을 죽이려 할 때에 목숨을 걸고 살려주었던 요나단의 마음, 인간적인 욕심으로는 자신이 왕의 후손으로서 사울의 자리를 이어받을 것이 마땅한데 오히려 다윗을 지지해 주었던 요나단을 기억하고 그는 그의 사랑이 연인의 사랑보다 더 깊었다고 했다.

그리고 27절에서 두 용사의 죽음을 애도하며 활의 노래를 마친다.

포도원 노래

> 내가 사랑하는 이에게 노래를 해 주겠네. 그가 가꾸는 포도원을 노래하겠네. 내가 사랑하는 사람은 기름진 언덕에서 포도원을 가꾸고 있네. 땅을 일구고 돌을 골라내고, 아주 좋은 포도나무를 심었네. 그 한가운데 망대를 세우고, 거기에 포도주 짜는 곳도 파 놓고, 좋은 포도가 맺기를 기다렸는데 열린 것이라고는 들포도뿐이었다네(사 5:1-2, 새번역).

성경에는 많은 노래가 나온다. 그리고 각 노래마다 뜻하는 메시지가 있고 사람들에게 들려지고 불려졌다. 오늘은 그 중에서도 이사야가 노래한 '포도원 노래'의 가사를 묵상하고자 한다.

포도원 노래는 이사야가 부른 애가다. 여기에는 포도원과 포도원을 가꾸는 사람, 그리고 들포도가 등장한다. 우리는 포도나무가 성경에서 주로 어떻게 사용되었는지 알 수 있는데, 대표적인 것은 예수님이 자신을 포도나무에 비유하신 내용이다. 예수님은 자신이 포도나무이고 '너희는 가지'라고 말씀하시며 '그들이 내 안에 있을 때 많은 열매를 맺게 될 것'이라고 하셨다. 또 예수님은 자신을 포도원 주인으로 비유하시며 포도원지기들에게 일을 맡기고 잠시 떠나 있는 동안에 포도원을 잘 보살피라고 하셨지만 주인이 돌아왔을 때 엉망이 되어 있는 상황을 보고서 청지기 역할의 소중함을 일깨워주시곤 했다. 그렇다면 오늘 말씀에서 등장하는 포도원은 무엇을 뜻하겠는가? 주인이 가꾸는 포도원, 즉 자신의 소유이고 사랑하는 포도원으로 하나님 나라의 백성들, 곧 이스라엘 족속을 뜻한다(7절). 주인이 포도원을 가꾸면서 게으르거나, 하지 않은 일이 없다. 사랑으로 성실하게 포도가 잘 자라도록 파종에서부터 힘을 기울였다. 좋은 포도나무 열매가 맺히길 기다리면서 말

이다. 하지만 좋은 포도가 아니라 들포도가 열렸다. 들포도는 거칠고 가치가 없는 포도를 뜻한다. 이를 통해 말하고자 하는 것은 무엇인가? 이스라엘 백성을 주의 날개 아래 품기를 쉬지 않으며 그들에게 필요한 것을 공급하며 하나님 경외하면서 아름다운 열매 맺기를 기다리지만 먹을 수 없는 열매를 맺고 있다는 뜻이다. 이를 통해서 이사야는 이스라엘을 향한 하나님의 심판이 있을 것임을 비유적으로 노래하였다.

포도원은 이스라엘 족속이요, 하나님이 기뻐하시는 나무는 유다 사람이다. 그들에게 정의를 바랐지만 포학으로 대답하고 공의를 바랐지만 희생된 사람들의 울부짖음뿐이었다(7절). 이스라엘을 심판하셨지만 주께서는 그들을 포기하지 않으시고 회복을 약속하신다. 우리는 이스라엘을 사랑하시고 회복하시는 하나님의 마음을 이 노래를 통해 본다. 그리고 영적 이스라엘인 우리 또한 하나님이 기뻐하시는 나무이므로 세상 속에서 정의와 공의를 바라며 정직하게 행하는 의를 회복해야 한다.

주께서는 자신들의 죄를 깨닫고 스스로 돌아보고 하나님께 도움을 구하고 회개하는 자들의 소리에 귀를 기울이신다. 우리는 이사야를 통해서 부르시는 하나님의 애가를 들어야 한다. 이스라엘의 평화를 위해서 기도하며, 유대인들이 아직도 기다리고 있는 메시아가 예수님이심을 깨닫고 돌아올 수 있기를 기도하며, 영적으로 새롭게 된 포도원의 노래를 소망해야 한다.

황소를 드림보다 더 기쁘시게 할 것은

> 내가 노래로 하나님의 이름을 찬송하며 감사함으로 하나님을 위대하시다 하리니 이것이 소 곧 뿔과 굽이 있는 황소를 드림보다 여호와를 더욱 기쁘시게 함이 될 것이라(시 69:30-31).

어렸을 적에 작은 교회에서 돌림노래로 즐거이 부르던 복음송이 있다. 정종원 목사님이 쓴 "내 입술로" 라는 곡인데 주로 2중주로 불려진다. 나는 그중에서 "황소를 드림보다 진정한 노래를 기쁘게 받아 주시는 주님"이라는 가사가 가장 기억에 남았다. 그리고 그 복음송의 핵심 주제가 오늘 나눌 시편 69편의 말씀에서 비롯되었다.

우리가 사는 세상은 물질만능주의가 사로잡은 세상이다. 사랑을 돈 주고 산다는 말이 나올 만큼 세상은 어지러워서 그만큼 순수한 사랑을 찾기가 점점 힘들어지는 것도 사실이다. 젊은 발라드 가수 중에 2AM 이라는 그룹이 있는데 그들의 첫 데뷔곡이 "이 노래" 라는 곡이었다.[11] 가사는 사랑하는 여자 친구에게 좋은 차를 태워주고 좋은 집에서 살게 해주고 예쁜 옷에 목걸이까지 해주고 싶지만 그가 가진 것은 돈이 아니고 노래밖에 할 수 없는 가난한 음악가라는 현실 앞에서 그래도 네가 날 받아주길 바란다는 조심스런 사랑을 내비치는 가사다. 이 가사에서 언급된 것처럼 겉치레가 점점 더 화려해져 가는 젊은 세대들은 많은 돈을 가져야만 사랑도 가질 수 있다는 오늘날의 풍토를 거스르기보다는 돈 때문에 비참해지거나 돈으로 사랑을 저울질하는 일을 수없

---

11) 2AM, 이노래 〔1ST Single〕 KMP HOLDINGS, 2012년 4월 발매

이 반복하고 있다. 이처럼 사랑하는 연인에게 더 많은 걸 갖다 줌으로 서로를 더욱 기쁘게 할 수 있다고 생각한다면 두 연인의 사랑은 고난 앞에서 쉽게 헤어질 것이다.

하지만 하나님의 사랑은 이와 다르다. 시편 69편의 저자 다윗을 통해 전해지는 말씀은 하나님은 우리가 가진 것이 노래밖에 없어도 이 노래가 황소를 드림보다 여호와를 더욱 기쁘시게 한다고 분명히 말하고 있다. 물론 황소라는 표현은 대유법으로 해석하면 다른 물질을 표현하는 모든 사물이 될 수 있다. 또 다른 해석으로 구약에서 이스라엘 왕이 제사의식에서 하나님께 바쳤던 최고급의 번제물이기도 하다. 하지만 이것이 무엇이 되었든 우리가 주 앞에 가져다 바치는 제물보다 더 기쁘시게 받으시는 봉헌은 찬양이다. 호세아 14장 2절에서도 "우리가 수송아지를 대신하여 입술의 열매를 주께 드리리이다"라는 고백을 통해 하나님이 기뻐하시는 것은 많은 물질과 헌금이라는 조건적인 단정보다 말씀을 가지고 하나님을 아는 것과 그분을 기뻐 찬미하는 삶이 토대를 이룰 때임을 보게 된다.

우리가 세상에서 배워가는 위와 같은 사랑 방법론 때문에 하나님을 믿을 때도, 우리의 신앙을 나타낼 때도 더 많은 것을 드려야 한다고 하나님의 사랑에 투영하고 있지는 않은가? 그런 식의 더 많은 헌신을 하고 사역하는 것은 하나님의 충분한 사랑을 잘못 알고 있는 안타까운 우리의 자화상일지 모른다. 주님은 하나님의 사랑에 감격하여 마음을 다하여 드리는 감사와 하나님 되심을 찬양하는 찬양과 봉헌을 기뻐 받으신다.

어떤 마음으로 찬양할까

> 그러므로 이제 너는 내 종 다윗에게 전하여라. '나 만군의 주가 말한다. 양 떼를 따라다니던 너를 목장에서 데려다가, 내 백성 이스라엘의 통치자로 삼은 것은, 바로 나다(대상 17:7, 새번역).

이 구절은 하나님께서 나단 선지자를 통하여 다윗에게 전하신 말씀이다. 하나님께서 이 응답을 하시기까지의 정황을 보면 이스라엘은 부강하고, 다윗은 아름답고 우아한 왕궁에서 살며 왕으로서 권력과 명예를 손에 쥐었다. 그러면서 다윗은 자신은 최고급 집에서 살지만 주의 언약궤는 아직도 휘장 밑에 있는 것에 대해 나단에게 속상한 마음을 내비친다. 다윗은 주께 집을 지어드리고 싶었다. 그곳에 하나님의 언약궤를 두고 하나님이 거하시길 바랐다. 우리는 이러한 마음의 배경을 그가 지은 많은 시편을 통해서 알 수 있으며 다윗은 누구보다 하나님을 사랑하고 경외한 예배자였다.

하나님은 그의 마음을 기뻐하시고 그에게 위대한 사람들의 이름과 같이 빛나게 해주시겠다고 약속하신다(대상 17:8). 하지만 축복하시기 전에 하나님은 자신의 성품과 자신이 어떠한 분이신지를 다윗에게 알리시며 하나님의 절대성을 가르치신다. 주께서는 이 장막 저 장막에서 옮겨 지냈다고 말씀하신다. 하지만 이 뜻은 하나님이 집이 없으셔서 옮겨 다니셔야만 하는 처지가 아니라 무소부재(無所不在)하신 분으로 공간과 시간에 제한받지 않고 어디에나 어디서든 아무 곳에서든지 존재하시는 분임을 알게 하신다.

또 6절을 보면, 어떤 사사에게, '나에게 백향목 집을 지어주지 않은 것을 두고 말한 적이 있느냐'며 반문하신다. 그 뜻은 전능하신 하나님

은 자신께서 집이 필요하셨다면 하나님이 보내신 주의 사사들을 통해서 이전에라도 이미 지으셨을 것임을 알게 하신다. 그러므로 왕이 되어서 하나님께 집을 지어드릴 수 있어서 너무나 기쁜 다윗이지만 기름을 부어 왕으로 삼은 것을 하나님이 허락하지 않으셨다면 왕이 된 것과 주의 성전을 짓겠다고 말하는 것조차 불가능했을 것이라는 뜻이다. 좀 더 격양된 표현이라면 '누가 감히 여호와께 집을 지어준다고 할 수 있는가?' 라고 물을 수 있다.

마찬가지로 하나님께서는 찬송해 줄 이가 없어서 우리의 찬양을 기뻐하시는 것이 아니다. 그분은 스스로 계시는 분이시며 그 존재만으로도 완전하시고 충만하시다(출 3:14). 또한 천지와 모든 생물이 주를 찬송하며(시 69:34) 스랍들은 쉬지 않고 주를 찬양하고 있다(사 6:3).

하지만 주께서는 피조물 중에서도 인간을 지으시고 심히 좋아하신 것처럼, 우리가 하나님을 높이는 찬양을 더욱 기뻐하신다. 그 관심은 우리를 향한 하나님의 사랑을 통해서 알 수 있다. 로마서 8장 38-39절과 같이 주님과 우리의 사랑은 천사도 끊을 수 없는, 예수 십자가의 보혈로 맺혀진 사랑이다. 그리고 시편 22편 3절과 같이 주는 이스라엘의 찬송 중에 거하시는 분이고 우리가 찬양하지 않으면 돌들이 소리 지르리라고 말씀하고 계시다(눅 19:40).

우리가 주께 나아갈 때, 주를 찬송할 때 어떤 마음으로 나아갈까? 우리가 찬양을 한다면 주는 마땅히 찬양받으실 분이시기에 찬송하는 것이다. 그러므로 우리가 찬양하는 것에 감사하고 기뻐하기 전에 자격 없는 나로 찬양하게 하신 분 역시 하나님이심을 기억하길 원한다.

어린 아기와 젖먹이들의 입에서 나오는 찬미

대제사장들과 서기관들이 예수께서 하시는 이상한 일과 또 성전에서 소리 질러 호산나 다윗의 자손이여 하는 어린이들을 보고 노하여 예수께 말하되 그들이 하는 말을 듣느냐 예수께서 이르시되 그렇다 어린 아기와 젖먹이들의 입에서 나오는 찬미를 온전하게 하셨나이다 함을 너희가 읽어 본 일이 없느냐 하시고(마 21:15-16).

예수님은 세상에서 소외당하는 사람들, 무대의 중심에 서지 못하는 사람들을 멸시하지 않으셨고 그들의 친구가 되시며 방패와 안전이 되어주셨다. 또 삭개오 세리의 집에 유하시면서 그와 대화를 나누시고 함께 떡을 떼셨다. 간음하다가 현장에서 잡힌 여인을 돌로 쳐 죽이려는 무리들 가운데서도 불쌍한 여자를 보호하시며 그가 다시는 죄를 짓지 않도록 마음을 치유하시고 위로해 주셨다. 병자들을 고쳐주실 때도 남녀를 구분하지 않고 치유의 손길로 임하여 주셨고, 귀신들려 고통당하는 자들 안에 있는 악한 영을 꾸짖으시며 자유와 해방을 주셨다. 예수님은 약자를 보호하시는 분이다. 남들은 자신을 잘 보여서 유익이 될 사람들을 찾아나서지만 예수님은 어둡고 외로운 사람들에게 사랑을 베푸신 영원하고도 유일한 사랑이다. 당시의 유대인들이 대제사장과 서기관들을 존경하는 마음 이상으로 받들면서 거기에 기대어 살아갔다면 예수님은 그들이 시비를 걸고 공격하고 자신들의 이기적인 유익을 구할 때 두려워서 입을 다물거나 회피하지 않으셨다. 도리어 그들이 이해할 수 있는 언어로 손색이 없도록 비판과 논리를 갖추어 사람의 논리와 지식으로 버무려진 종교 색채를 버리도록 하셨다.

오늘 말씀이 바로 외강내유(外剛內柔)하는 예수님의 성품을 잘 볼 수 있는 구절이다. 대제사장들과 서기관들은 예수님의 등장으로 인해 자신들의 기득권이 흔들리고 무대의 중심에서 옆으로 밀리는 것에만 주목할 뿐 그분이 정녕 누구인지를 알아보지 못했다. 그래서 예수님이 안식일의 주인이 되심에도 불구하고 예수님이 율법을 범하고 실수하고 흠이 잡히기를 바랄 뿐이었다. “다윗의 자손이여, 호산나” 하고 외치는 어린 아기들과 젖먹이들의 입에서 나오는 찬양 소리를 듣고 예수님을 찬양하는 것을 막으며 유대적으로는 사람 수에 끼어 넣지 않는 가장 약한 이들이라고 하여서 그들의 찬양을 무시하고 있을 뿐이다.

하지만 예수님은 어린아이의 머리에 안수하시며 누구든지 이 어린아이 같지 않으면 천국에 올 수 없다고 말씀하셨고, 남들이 볼 수 없고 알 수도 없는 작은 아이의 마음을 받으시고 기뻐하셨다. 또 본문처럼 그들의 찬양을 기뻐하시며 젖먹이들과 어린 아기의 입에서 나오는 찬미를 온전하게 하셨다는 시편 8편 2절 말씀을 읽어보지 못했느냐며 도리어 대제사장과 서기관들에게 예수님 자신이 ‘기다려 왔던 메시아’이고 예언이 성취되는 순간임을 보여주고 계시다.

우리는 젊은 세대와 어른들 세대의 찬양에 관심을 두지만 예수님은 어린아이와 젖먹이들의 입을 통하여 찬미를 받으신다. 그들의 믿음이 작고 어리게만 보인다며 하찮게 여기는 우리의 태도와 달리 예수님은 천국이 ‘이런 자들의 것’이라고 말씀하셨다. 오히려 순수하게 믿고 아직은 깊이 하나님을 모른다고 해도 목이 터져라 찬양하고 율동하는 아이들의 마음에 하나님 나라의 씨앗을 심으시고 그 찬양을 흠향하신다는 것이다. 우리도 어린아이들과 함께 주를 찬양하는 시간을 기획하고 접하여 함께 주님을 높이는 아름다운 공동체를 이뤄갔으면 좋겠다.

프살로(psallo), 영으로 찬송하고 마음으로 찬송하며

> 그러면 어떻게 할까 내가 영으로 기도하고 또 마음으로 기도하며 내가 영으로 찬송하고 또 마음으로 찬송하리라(고전 14:15).

바울은 하나님을 찬양할 때 어떻게 할 것인지를 이야기하고 있다. 문맥을 따라 바울이 영과 혼을 구분하여 하나님을 찬양한다고 말하는 것일까? 이는 사람을 육과 영혼(이분설)으로 나눈 것이 아닌, 워치만 니가 《영에 속한 사람》이라는 책에서 육, 영, 혼으로 나눈 삼분설을 주장하는 것과 어떤 관계를 맺고 있는가? 그렇다면 우리가 영으로 하나님을 찬양하는 것과 혼으로 하나님을 찬양하는 것이 다르다는 말일까? 워치만 니는 인간에게만 있는 특이한 것은 하나님께로부터 입은 '영' 그리고 매개체가 되는 '육'이 합하여 '혼'을 낳았다고 말한다.[12)]

워치만 니의 정리를 따르면 우리가 영으로 하나님을 기뻐하여 몸이라는 매개체로 하나님을 찬양하기까지 혼이 영과 교통하였고 또다시 혼이 몸으로 하여금 감정을 외부를 향해 표현하게 했다고 볼 수 있다. 그러나 현재 개혁주의 신학에서는 영과 혼을 분리하지 않고 영혼을 하나로 보는 입장이다. 그런데 히브리 원어 성경의 토속적인 배경으로 들어가게 되면 우리말 번역 과정의 한계를 발견하게 되는 것도 간과

---

12) "영은 하나님과 교제하는 부분으로서 영을 통해서만 하나님을 이해하고 경배할 수 있다. 영은 하나님과 우리의 관계를 말해 주기 때문에 하나님 의식의 요소라고 한다. 하나님은 영 안에 거하시고, 자아는 혼 안에 거하며, 감각은 몸 안에 거한다. 몸을 통해 외부의 감각세계와 접촉하며 영향을 주고받는다. 혼은 이 두 세계 사이에 있으면서 동시에 둘 다에 속한다. 혼은 영을 통해 영적 세계와 연결되어 있고, 몸을 통해 물질세계와 연결되어 있다. 혼은 또한 자유의지의 능력을 소유하고 있어서 환경으로부터 선택할 자유를 가지고 있다." 워치만 니, 《영에 속한 사람》, 정동섭 옮김, 생명의 말씀사, 2013, pp. 32-33, 35-36 재인용.

할 수 없다. 현재 해석학적으로 우리말의 영과 혼을 구분하는 의미들은 다소 미약한 데 반해 히브리 성경에서는 영(רוּחַ:루아흐), 혼(נֶפֶשׁ:네페쉬), 헬라어 성경은 영(πνεῦμα:프뉴마), 혼(ψυχή:프쉬케)을 아주 명확하게 구분지어서 사용했다.[13] 번역과 해석에서 오는 차이가 우리가 영으로 찬송하고 또 마음으로 찬송하겠다는 말씀에도 영향을 주어서 해석과 이해의 혼란을 준다. 물론 영으로, 마음으로 찬양함에 있어서 이 둘을 이분(二分)하는 것이 전 인격을 형성하는 한 인간의 존재의 물음에 이의를 달기에 충분하나 혼적인 영역에서 우리가 무엇을 듣고 보고 생각하는지가 우리 영(πνεῦμα:프뉴마)에 미치게 될 영향도 따져볼 수 있지 않겠는가? 만약 세상의 일부 악적인 문화 산물이 우리의 보고 듣고 생각하는 것 등을 통해 혼(ψυχή:프쉬케, 자아 또는 마음)을 어지럽히고 혼란스럽게 한다면 이는 산상수훈에서 청결한 마음을 지닌 자가 하나님을 볼 것이라는 말씀으로 해석하는 것이 바를 것이다(마 5:8). 하나님을 예배하기 위해 마음을 지켜갈 때 하나님과 교통하고 동행할 수 있고 감정을 다해, 생각을 다해, 의지를 다해 우리의 몸의 기관으로 찬송하고 또 찬송하는 것이다.

13) 손종태 목사가 강해한 워치만 니의 성경 연구를 들어보길 추천한다. https://www.youtube.com/watch?v=_g3ccZb-Xds

예언적 기능을 가진 애가

> 내가 네 노래 소리를 그치게 하며 네 수금 소리를 다시 들리지 않게 하고 너를 맨 바위가 되게 한즉 네가 그물 말리는 곳이 되고 다시는 건축되지 못하리니 나 여호와가 말하였음이니라 주 여호와의 말씀이니라(겔 26:13-15).

에스겔서에 등장하는 두로는 가나안 사람들이 사는 해안 도시로 해상 활동과 무역의 중심지였다. 또한 두로는 여호수아가 활동할 때 12 지파가 약속의 땅으로 얻게 될 곳에 포함되었지만 차지하지 못한 땅이기도 하다. 두로에 대한 다른 구약 기록은 히람 왕이 다윗과 솔로몬(왕상 5:7) 왕정 시대에 성전과 왕궁을 지을 때 그들의 풍부한 물자를 대주었다고 한다(삼하 5:11). 다윗과 솔로몬 때에는 두로와 이스라엘이 우호적인 관계에 있었음을 알 수 있다.

그러나 이스라엘이 분열된 후로 바벨론의 포로기 시대가 배경이었던 에스겔 26장 2절에서는 “인자야 두로가 예루살렘에 관하여 이르기를 아하 만민의 문이 깨져서 내게로 돌아왔도다 그가 황폐하였으니 내가 충만함을 얻으리라 하였도다”라고 기록한다. 즉 두로가 예루살렘이 황폐해진 것을 보고 환호하며 자신의 번영을 확신했다는 말이다. 두로와 이스라엘의 관계가 틀어졌으며 하나님을 섬기는 이스라엘이 몰락하는 것을 기뻐한 것이 하나님의 눈동자를 건드리게 했다.

두로는 종교적으로 어떠했는가? 북이스라엘의 왕 아합이 “그의 이전의 모든 사람보다 여호와 보시기에 악을 더욱 행하여 느밧의 아들 여로보암의 죄를 따라 행하는 것을 오히려 가볍게 여기며 시돈 사람의 왕 엣바알의 딸 이세벨을 아내로 삼고 가서 바알을 섬겨 예배하고 사마리아에 건축한 바알의 신전 안에 바알을 위하여 제단을 쌓으며 또

아세라 상을 만들었으니 그는 그 이전의 이스라엘의 모든 왕보다 심히 이스라엘 하나님 여호와를 노하시게 하였더라"(왕상 16:30-33)라고 기록되어 있다.

이방 신을 섬기는 두로가 하나님을 조롱하면서 자신들의 번영에 대해 확신할 때 선지자 에스겔을 통한 하나님의 심판에 대한 선언이 예언을 통해 드러났다. 명성을 날렸고 영원할 것 같았던 두로의 영광은 하나님의 심판 앞에서 힘을 못 쓰는 대장부처럼 번영을 노래하던 소리가 그치고, 수금 소리가 그치며, 쓰러지는 소리와 신음과 죽음 앞에 섬들의 진동으로 대체될 것이라고 기록되어 있다.

애가는 우리를 향해서는 사람들의 아픔, 세상의 아픔에 대해서 본질적인 답을 이야기해 주며 하나님을 붙들도록 돕지만 하나님께는 자신이 지었지만 자신을 멸시하는 사람들에 대해 하나님을 끊임없이 욕하고 원망하고 대적하는 세상에 대한 슬픔을 털어놓는 노래다. 애가는 선지자들의 삶이었고 그들의 삶은 하나님의 것이었다.

그러나 애가는 슬픔에서 다시 우리의 시선이 주를 향하게 하며 고통과 아픔도 주님으로 인해 이기는 자들로 일어서게 하는 에너지를 지녔듯이 하나님께 애가는 그분의 뜻을 결정하셨고 알려주시기 위해 존재하는 예언적 기능을 가지고 있다.

이제 우리는 애가를 더 넓은 기능으로 활용하여 노래할 수 있어야겠다. 우리를 위한 애가가 하나님을 향하며, 하나님의 애가가 우리로 흘러오도록 말이다. 누가 주님의 목소리가 되겠는가?

오라 우리가 여호와의 산에 올라

많은 백성이 가며 이르기를 오라 우리가 여호와의 산에 오르며 야곱의 하나님의 전에 이르자 그가 그의 길을 우리에게 가르치실 것이라 우리가 그 길로 행하리라 하리니 이는 율법이 시온에서부터 나올 것이요 여호와의 말씀이 예루살렘에서부터 나올 것임이니라(사 2:3).

본문말씀을 읽으면 어렸을 때 교회학교에서 부르던 찬양, M.A Quigley가 쓴 "여호와의 산에 올라"라는 곡이 떠오른다. 찬양 인도를 해주시던 주일학교 선생님을 따라 열심히 따라서 불렀지만 무슨 내용인지 알고 불렀을까? 오늘 다시 그 내용을 보니 이스라엘의 신앙적 문화와 배경을 알면 이해할 수 있는 글이라고 생각된다. 이제 이 말씀이 전하고자 하는 의미가 무엇인지 알아보고자 한다.

여호와의 산에 오르는 많은 백성들의 모습은 시편의 성전을 올라가는 순례자들의 노래 120-134편을 함께 묵상하면 더 쉽게 이해할 수 있다. '야곱의 하나님의 전에 이른다'는 뜻은 야곱의 열두 아들에서 시작된 열두 지파는 곧 이스라엘의 정체와 같고, 하나님은 열두 지파를 이스라엘 백성으로 삼으시며 말씀을 주셨다. 즉 예루살렘 성전을 뜻하는 '야곱의 하나님의 전'은 이스라엘과 하나님의 언약의 관계를 잘 나타내는 표현이라고 할 수 있다.

많은 백성들이 여호와의 산에 올라 전에 이른다면 다음 순서는 무엇일까? 우리는 그곳에서 머물게 된다. 머무는 동안 하나님께서는 그의 길을 가르쳐 주시고 우리는 주님의 뜻이 무엇인지 알게 되어 그 길로 행할 수 있게 된다. 다시 말하면, 우리가 하나님의 뜻에 순종하고 싶을지라도 하나님의 말씀을 몰라서 불신앙에 이르게 될 수 있는데,

그러면 어떻게 해야 하는가에 대한 답이다. 주님의 전에 머물러 하나님을 구할 때, 주를 힘써 알 때 주께서는 우리를 가르침으로 우리가 순종의 길을 갈 수 있게 하신다. 우리는 세상의 지식을 많이 얻고 정보를 획득함으로써 자신의 길을 개척하고 세상을 살아가는 방식을 터득한다고 한다지만 목표를 잃고 앞을 향해 뛰는 것은 어디로 가는지 모르는 운전사와 같다. 자끄엘룰이 문명의 모든 것이 더는 목적이 없이 수단이 되었고 우리는 더 이상 어디를 향해 가야 할지 알지 못하며 수단은 어느 것도 고려하지 않는다고 말한 것과 같다.[14)]

세상은 비록 이렇다 하여도 하나님은 그의 길을 가르쳐 주신다. 주님의 마음을 구하는 자들에게 말이다. 본문에서 율법이 시온에서 나온다는 말은 하나님이 자신의 이름을 두신 곳, 곧 시온에서 흠 없는 말씀으로 우리를 인도하시며 율법의 완성이 되시는 예수 그리스도 안에서 확정되는 것을 뜻한다. 여호와의 말씀이 예루살렘에서부터 나온다는 뜻은 상징이다. 하나님의 성전이 있는 예루살렘을 거룩한 땅으로 여기는 그들의 언어다. 이스라엘은 예루살렘을 바라보며 또 그곳에 머물러 살면서 하나님의 존재와 말씀을 항상 기억하고 이곳을 소중히 여겼다.

어렸을 때 불렀던 이 노래는 예수님이 공생애를 지내신 예루살렘, 그리고 장차 예루살렘의 회복을 담은 노래였다. 그리고 하나님의 말씀을 소중히 여기고 그의 길을 배우고 지키려는 자들의 노래였다. 우리가 사는 지금 이 시대에도 전쟁은 끊이지 않고 기독교인을 향한 핍박도 날로 거세지지만, 주님 안에 머무는 자들에게 주께서는 그의 길을 가르치실 것이다.

14) 자끄엘룰,《세상 속의 그리스도인》, 박동열 옮김, 대장간, 2010, pp. 99-136.

온유한 마음으로 온유한 음악을

교우 여러분, 어떤 사람이 어떤 죄에 빠진 일이 드러나면 성령의 지도를 받아 사는 여러분은 온유한 마음으로 그런 사람을 바로잡아 주고, 자기 스스로를 살펴서 유혹에 빠지지 않도록 조심하십시오(갈 6:1, 표준새번역).

노래가 과연 사람을 바꿀 수 있을까? 예전에 연예 프로그램에서 자신이 부른 노래 가사처럼 살다가 슬프게 생을 마감한 가수들의 삶을 본 적이 있다. 밝고 흥겨운 노래를 즐겨 부르던 가수들의 삶이 지금은 어떻고, 또 슬픔과 이별, 삶에 대한 후회와 악평으로 노래를 부르던 가수들의 삶이 어떻게 흘러가는지 이야기했다. 물론 이것을 정답으로 이야기한 것도 아니었고 일반화한 것도 아니었다. 프로그램 또한 우리가 살고 이야기하고 생각하는 것들이 우연이 아닌 듯 우리 삶을 아우르고 있는 것을 언저리로 표현하고 싶었던 것일 게다.

노래가 우리의 인생을 바꿀 수 있다고 이야기하는 것은 노래에 너무나 많은 힘을 실어준 것이거나 지나치게 의지하는 사람들의 생각일 것이다. 우리의 인생을 이끌어가고 바꾸실 수 있는 분은 갇힌 자에게 놓임을, 아픈 자에게 회복을, 죽은 자를 일으키시는 신실하시고 전능하신 하나님께 있다는 것을 우리는 이미 노래하고 있지 않은가.

그렇다. 찬양을 부르는 사람들, 또 세상에 소망의 이유를 이야기해야 할 사명을 느끼는 사람들도 열심히 노래하지만 좀처럼 세상이 바뀌지 않고 그것을 외치는 자신조차 바뀌지 않는 나약함을 발견할 때마다 좌절과 절망을 경험하는 것은 당연하다. 하나님을 향한 찬양을 열심히 불렀지만 그저 귀를 즐겁게 하기 위한 노력에 불구한 것 같고 한순간 감정에 몰입하면서 헛된 약속들을 믿고 때론 약속도 하면서 후회하지

는 않을까 의심하는 순간도 있을 것이다.

하지만 하나님은 왜 애가를 이스라엘 백성들에게 지어서 부르라고 말씀하셨을까? 그리고 성경은 수많은 시편가로 하나님께 찬양을 드리고 있는 것일까? 그들이 고난 속에 있을 때나 높은 곳에 올라섰을 때나 상황을 뛰어넘어서 말이다. 더군다나 마지막 날에 우리가 부르게 될 영원한 노래, 하나님 나라에서 부르게 될 이전과 다른 패러다임의 새로운 노래(New song)들을 맞이하게 될 이유는 무엇인가? 사람이 삶에 대해 이야기하고 하나님을 찬송하는 일이 무의미하다면 하나님께서는 언급조차 하지 않으셨을 테고 우리에게 노래도 가르치지 않으셨을 것이다.

노래가 사람을 살릴 수는 없지만 우리는 사람을 살리는 노래를 부를 수 있다. 그 노래가 적절한 상황에서 필요한 사람들에게 들려지면서 성령의 감화가 함께할 때 주님께서는 영광을 받으실 것이다. 노래하는 자들은 그것을 소망하면서 오늘에 감사하며 내일을 기대하는 마음으로 채운다. 우리 입술의 혀로 말하는 것, 귀로 듣는 것이 중요한 만큼 노래는 분명히 우리의 삶에 영향을 줄 수 있다. 이것은 어떻게 말하면 세상 음악, 또는 세상 문화의 대안으로서 CCM에 대한 추가적인 고찰이라고 말하는 혹자가 있을 수 있다.

온유한 마음으로 온유한 음악을 할 수 있기를 기도하라. 그런 음악은 세상에 대해 또 죄에 빠진 이들에 대해 그런 사람을 바로 잡아 줄 수 있는 매개체가 될 것이다. 더불어 스스로 세상 유혹에 빠지지 않도록 자신을 지키는 작은 역할을 해줄 것이다.

요시야 왕이 행한 찬양 개혁

> 그들은 그 돈을 목수와 돌 쌓는 이들에게도 맡겨서, 채석한 돌과 도리와 들보를 만들 나무를 사들여, 유다의 왕들이 폐허로 만들어 버린 건물들을 손질하게 하였다. 그 사람들은 일을 정직하게 하였다. 그들 위에 네 명의 감독이 있었다. 모두 레위 사람들인데, 므라리 자손 가운데서는 야핫과 오바댜, 고핫 자손 가운데서는 스가랴와 무술람이 성전을 수리하는 일을 맡아 하였다. 이 레위 사람들은 모두 음악에 익숙한 사람들이었다. 그들은 목도꾼을 감독하고, 각종 공사 책임자들을 감독하였으며, 어떤 레위 사람은 기록원과 사무원과 문지기의 일을 맡았다(대하 34:11-13, 새번역).

요시야 왕은 여덟 살 때 왕위에 즉위하게 된다. 그리고 즉위한 지 8년째 되었을 때 그의 조상 다윗의 하나님을 찾기 시작하였다. 즉 요시야 왕이 16세라는 어린 나이에 여호와 하나님을 깨달아 이스라엘을 하나님 말씀에 따라 다스리고 하나님을 섬기는 민족으로 재정립하는 데 그의 삶을 드렸다는 뜻이다. 요시야 왕은 31년 동안 이스라엘을 다스렸는데 성경에서 그에 대해 기록하기를 여호와 보시기에 정직하게 행하였고 그의 조상 다윗의 길로 걸으며 좌로나 우로나 치우치지 아니하였다고 기록한다.

요시야 왕이 하나님을 섬기기 위해 이스라엘을 재정립한 것 중 첫째는 예루살렘을 정결하게 하였다는 점이다. 각종 우상을 제하고 우상을 섬기는 제단을 헐고 우상을 섬기는 마술사, 박수와 무당 등 우상의 제사장들을 불살랐는데 예루살렘에서도 가장 먼 지방까지 깨끗이 하였으니 온 이스라엘 땅을 정결하게 하였다.

다음으로 요시야 왕은 하나님의 전을 수리하였다. 대제사장 힐기야에게 헌금한 돈을 주었는데 그 돈은 레위 사람들이 온 유다와 베냐민, 예루살렘 주민들에게 거둔 것이었다. 그 돈을 감독하는 자들 곧 레위

사람들에게 넘겼을 때 여호와의 전을 수리하게 된 사람들은 정직하고 성실하게 주의 전을 수리하였다. 공사하는 자들 중에는 악기에 익숙한 레위 사람들이 함께하였는데 비록 그들에게 건축 기술에 대한 지식이 없을지라도 하나님을 예배하는 일에 있어서 주요한 위치에 있음을 인정하고 그들이 여호와의 전을 수리하는 일에 참여하여 생각을 말하게 하고 찬송하는 공간을 위해 조언을 할 수 있도록 배려했다는 것으로 돋보인다.

요시야 왕은 여호와의 전을 곧 다윗이 디자인하고 솔로몬이 건축을 완성한 모습 그대로 재현하려는 의도로 보이는데 다윗의 때에 하나님을 찬송하는 레위 지파는 어떠했는가? 그 수가 4,000명에 달했다(대상 23:2-5). 또한 솔로몬은 그의 아버지 다윗 왕의 뜻을 계승하여(대하 8:14-15) 날마다 그들로 찬송하는 일을 하게 하였다.

요시야 왕은 하나님을 예배함에 있어서 찬송하는 행위를 가볍게 여기지 않았다. 잃어버렸던 다윗의 예배를 회복하기 위해서 흩어져 있던 레위 지파 사람들을 다시 불러들였고, 그들이 직접 성전을 수리하는 현장을 보게 하면서 그들의 의견을 수렴하고 반영하게 함으로 그들의 조상이 어떻게 하나님을 찬송하였는지를 찾게 하고 되살리게 하려 했다. 오늘날, 그가 가진 지혜가 우리에게 던져주는 여러 가지 유익은 무엇인가?

유발에 대한 물음

> 가인이 자기 아내와 동침하니, 아내가 임신하여 에녹을 낳았다. 그때에 가인은 도시를 세우고, 그 도시를 자기 아들의 이름을 따서 에녹이라고 하였다. 에녹은 이랏을 낳고, 이랏은 므후야엘을 낳고, 므후야엘은 므드사엘을 낳고, 므드사엘은 라멕을 낳았다. 라멕은 두 아내와 함께 살았다. 한 아내의 이름은 아다이고, 또 한 아내의 이름은 씰라이다. 아다는 야발을 낳았는데 그는 장막을 치고 살면서, 집짐승을 치는 사람의 조상이 되었다. 그의 아우 이름은 유발인데, 유발은 수금을 타고 퉁소를 부는 모든 사람의 조상이 되었다(창 4:17-21, 새번역).

차준희 교수는 말하길 창세기 1-11장은 우주의 과학적 기원을 말하는 책이 아니라 '존재의 의미'를 말하는 책이라고 했다.[15] 그의 말대로 우리는 11장까지 존재의 의미와 방식을 창조의 섭리 가운데서 깨달아 알게 되는데 여기서 우리는 악기를 처음 발명한 자요, 음악의 조상도 찾을 수 있다. 그의 이름은 '유발'인데, 가인의 자손이다. 물론 이후로 우리는 유발에 대해 더 많이 알고 싶은 목마름이 있지만 그에 대해 알 수 있는 정보는 이것이 다다. 우리는 악기를 발명했고 음악의 조상으로서 유발이 과연 어떤 사람이었는지, 이를테면 그가 하나님을 찬송했고 예배하는 자였는지 알고 싶지만 그것에 대해 언급한 구절은 없다.

여기서 한 가지, 우리는 가인이 어떤 사람이었는지, 그가 하나님을 경배하는 자가 아니라 그의 아우 아벨의 무고한 목숨을 빼앗았고 하나님께는 대항했던 자로서, 아벨을 죽인 후로는 땅에서 유리하며 살아갔다는 것이 전부라는 것을 기억할 때 가인은 그의 후손들에게 고귀하고 위대한 영적인 유산과 가치를 물려주지 못했고 하나님을 경외하기를 가르치지도 못한 사람이었다는 것을 짐작하게 된다. 그래서 우리는 왜

15) 차준희, 《모세오경 바로 읽기》, 성서유니온선교회, 2013, p. 51 재인용.

하필 악기를 발명한 첫 사람이 그의 자손에서 나와야 했는가에 대해 막연한 의구심과 아쉬움을 은연중에 갖고 있지 않은가 생각해 본다. 존재의 의미로서 우리는 악기의 발명가 유발을 알게 되면서 그가 수금을 타고 퉁소를 부는 모든 사람의 조상이었다는 사실에 감격하지만 여기서 우리가 그로 인해 더 알 수 있는 것은 과연 없는 것인가?

하지만 우리가 알고자 하는 것들에 대해서 그가 갖는 침묵이 오히려 반대로 다음과 같은 질문을 던지게 만드는 것은 아닌지 생각해 본다. 그리고 성경은 진정 이것을 우리에게 물으려고 침묵한 것은 아닐까? 즉 수금을 타고 퉁소를 부는 자, 그리고 노래하는 자로서 끝내 유발에게는 기록되어 있지 않은 예배자로서의 자세와 마음, 태도와 행위에 대해서 '그렇다면 이후로, 너는 어떻게 존재해야 할 것인가?'에 대한 물음으로 말이다.

어쩌면 유발은 음악의 첫 조상이 되는 영광은 얻었지만 예배자로서는 승리하지 못한 사람일 수도 있다. 만약 그가 독보적으로 악기의 창시자라는 타이틀을 얻은 것에서 하나님까지 열심히 찬송하는 자였더라면 이후에 성경 어디서라도 유발의 이름을 다시 들을 수 있었을 것이다. 그러나 비록 그가 이런 종류의 것들에 대해서는 본을 보여주지 못했을지라도 우리는 이후에 등장하는 성경의 예배자들을 통해서 하나님을 찬송하는 것과 그분을 예배하는 방법을 찾을 수 있다.

유발이 가진 음악인으로서의 영광을 생각한다. 하지만 그는 과연 하나님을 찬송하는 자였을까? 그의 침묵이 오늘 우리에게 어떻게 존재해야 할 것인가를 묻고 있는 듯하다.

유해하든지 유익하든지

> 그런데 유다 사람들 사이에서 이런 노래가 퍼지고 있었다. 흙더미는 아직도 산더미 같은데, 짊어지고 나르다 힘이 다 빠졌으니, 우리 힘으로는 이 성벽 다 쌓지 못하리(느 4:10, 새번역).

느헤미야는 '여호와에게 위로를 받았다'라는 뜻을 지녔다. 그의 이름대로 느헤미야는 예루살렘 성전을 재건하는 일을 맡았다. 그러나 느헤미야를 반대하여 이 일을 비웃은 자들이 있었으니, 산발랏과 아라비아 사람 게셈과 레위인 중 한 사람 도비야다. 그들은 성 쌓는 일에 마음을 합하는 백성들의 사기를 꺾고 죽이려고까지 계획하였다(느 4:11). 또 느헤미야를 아닥사스다 왕에 대항해 반역죄를 저질렀다는 음모를 꾸며 성전 공사를 중단하게 하려 하였다. 뿐만 아니라 그들은 유대 사람들 사이에 이상한 노래를 퍼뜨려 백성들이 스스로 포기하게 하려 하였다.

그들이 꾀를 내어 사용한 책략(策略) 중 하나가 '노래'라는 점이 주목할 만하다. 음악이 가진 힘을 그들은 자신들의 옳지 않은 목적을 위해 사용할 줄 알았다. 음악이 가진 힘이란 사람의 감정에 영향을 준다는 것이다. 반 유대주의자 아돌프 히틀러(Adolf Hitler)가 극단적인 민족주의자와 반 유대주의자였던 바그너(Wilhelm Richard Wagner)의 음악에 심취하였고 그의 음악이 종교라고 이야기할 만큼 영향을 받은 것은 잘 알려져 있다.[16)]

다음으로 노랫말의 뜻을 보면, 성전을 재건함에 있어 하나님을 바라보게 하지 못하고 믿음을 잃게 하고 인간의 한계에 집중하게 하여

16) http://news.mk.co.kr/newsRead.php?year=2014&no=848295

고난을 극복하지 못하게 하려 했다는 점이다. 노랫말은 '~하리'라는 어조에서 선포와 믿음을 불러일으키는 어감을 주는데 야고보서 3장을 보면 혀로 말하는 것이 잘못된 믿음과 선포일지라도 일정과 결과를 생산하는 데 영향을 준다는 것을 알 수 있다.

이처럼 음악이 가진 힘을 따라 대중음악을 통한 도덕과 사상에 악영향을 미치는 예도 있을 것이다. 과연 대중음악이 취하는 선정성, 언어 폭력성 등이 메시지로서 전혀 의미가 없고 오락물에 그칠 뿐일까? 이와 같은 예술운동의 하나인 아방가르드(avant-garde)의 한 분파로 다다이즘(dadaism)은 반이성, 반도덕, 반예술을 인정하는 이론이다. 물론 중립적인 이론으로 기성관념의 잘못된 사상과 체계를 짚어내는 풍유 예술로서 가치가 있지만 도덕적 해악(害惡)에 무관하다고 볼 수 없는 작품을 생산해 내는 정당성을 발휘하기도 한다. 하지만 신국원 교수는 캐롤의 주장을 겸하여 '부추김'의 책임에서는 면피(免避)할 수 없다고 말한다.[17] 어떤 사건을 주도는 하지 않았어도 동조했거나 보조로 인정될 수 있다는 말이다.

부추김의 책임으로 본문의 노래는 도덕과 사상에 영향을 주었고 특히나 성전 재건의 방해를 위한 목표로 노래를 유포했으므로 음악을 유해(有害)한 목적으로 사용했다고 볼 수 있다. 또 모든 음악은 메시지를 갖고 있고 우리의 영혼에 유해하든지 유익을 주든지 영향을 줄 것이다. 더욱이 음악으로 사람을 살리는 일과 또 하나님을 찬양하는 일을 하길 바란다.

17) 문화선교연구원, 《기독교 문화와 상상력》, 예영커뮤니케이션, 2006, p. 77.

잠시만 근심, 그리고 영원한 기쁨

> 내가 지금 기뻐함은 너희로 근심하게 한 까닭이 아니요 도리어 너희가 근심함으로 회개함에 이른 까닭이라 너희가 하나님의 뜻대로 근심하게 된 것은 우리에게서 아무 해도 받지 않게 하려 함이라(고후 7:9).

기독교 신앙은 기뻐하는 것만을 추구하지 않는다. 자신의 환경이 힘들고 어렵고 곤경에 처해 있는 사람들에게 우리는 쉽게 '믿는 사람이 그렇게 믿음이 없어서 되겠나' 또는 '믿는 사람 얼굴이 왜 매일같이 그렇게 슬퍼 보여?' 라고 말하지만 우리는 그 사람이 왜 그러한 시련 속에 놓여 있는지조차 정확하게 알 수 없는 사람들이므로 섣부른 판단이 섞인 말을 해서는 안 된다.

본문 말씀을 보면 바울이 고린도 교회 교인들의 마음을 근심하게 하는 편지를 보냈다. 그래서 그가 그리스도인들이 누구이며 새 언약의 일꾼으로 부름받은 사람들이 추구해야 할 이상을 보인 것이 신자들의 마음에 근심이 되고 어려운 난관이 되었다. 기독교 신앙은 아름다운 하나님의 형상을 회복하고 닮아가는 과정, 성화라고도 하는 이것을 추구함에 있어 분명 사람을 사랑하고 존귀하게 여기지만 우리 안에 있는 죄성의 문제를 결코 그냥 넘어가지 않는다. 여기서 의롭게 되는 법은 무엇인가? 우리의 의가 되시는 예수 그리스도 그분 안에 우리가 속할 때 해결된다. 그런데 구원과 행위, 또는 성화와 행위는 동전의 앞뒷면과 같아서 서로를 의지하고 뗄 수 없게 된다고 말하는 것이 맞겠다. 이 말은 예수님을 믿는 믿음이 부족하여 다른 무엇이 필요하다는 말이 아니라 예수님을 믿는 믿음이 어떠한 결과로 마침내 열매를 맺는지에 대한 관계다. 이를 위해 우리가 반드시 거쳐가는 과정이 있으니 거기에

는 슬픔, 후회, 근심이라는 감정이 섞여 있다. 이 감정은, 우리는 믿었고 구원을 받았는데, 행위에서는 나의 옛 자아가 살아있거나 불쑥불쑥 밖으로 튀어나오는 것을 발견하게 될 때 나타나는 것이다. 이 과정이 얼마나 길고 짧을지를 우리는 알 수가 없다. 쉽게 고쳐지지 않는 죄의 문제에 부딪힌 사람들일수록 죄와의 싸움은 길 것이다. 하지만 우리가 똑바로 직면해야 할 점은 이러한 종류의 근심이 시작되었다면 거기에는 희망이 있다는 점이다. 그 근심이 사탄이 준 올무가 아니라 하나님께서 우리 삶에 시작하신 한 걸음, 개입의 전조 단계라고 볼 수 있기 때문이다. 근심과 슬픔이 없다면 회개도 없다. 죄의 문제로 인해 몸과 마음이 쇠하는 것은 그만큼 하나님의 마음에 합한 사람이고 싶은 마음의 또 다른 표현이라고 볼 수 있다. 바울은 이러한 슬픔은 결국에는 후회할 것을 남기지 않을 것이라고 말한다. 나중에는 영의 자유함을 반드시 맛보고 나 자신의 영혼이 건짐 받고 사는 영적인 기쁨을 경험하게 된다(10절).

하지만 모든 근심이 그렇다고 말하지는 않았다. 바울은 하나님께로부터 오는 근심과 슬픔과 사망을 이루는 근심에 대해서 구분 짓는다(10절). 하나님의 뜻에 합당치 않았던 자신의 모습을 정직하게 들여다보고 여기에서 무너지지 않고 죄를 이기고 승리하는 결정은 하나님을 더욱 사랑하고 싶은 열망, 간절함, 그리움, 두렵고 떨림, 죄에 대한 응징으로 나타나 이것이 하나님께로부터 온 근심인지 아닌지를 분별하게 할 것이다(11절). 영원한 기쁨과 자유가 보장되어 있다면 잠깐의 근심을 피하거나 속되다 하지 말자. 하나님은 우는 자들과 함께하신다(롬 12:15).

입술로는 나를 공경하나

주께서 이르시되 이 백성이 입으로는 나를 가까이 하며 입술로는 나를 공경하나 그들의 마음은 내게서 멀리 떠났나니 그들이 나를 경외함은 사람의 계명으로 가르침을 받았을 뿐이라(사 29:13).

우리가 입술이 있고 말을 할 수 있기에 표현할 수 있는 것들이 참 많다. 그중에서도 하나님을 찬양하는 방법 중 하나가 '입으로' 주를 노래하는 것이다. 이 외에도 입술로 주님에 대한 우리의 신앙 그리고 신학을 이야기할 수 있다. 우리가 생각하고 있는 다양한 사상과 음악을 표현할 수 있는 수단으로 입이 있다는 것이 얼마나 감사한 일인가. 하지만 너무 자연스러운 나머지 감사를 잊을 때가 많다. 나는 단순히 떨어지는 나뭇잎만 보고도 웃는 그런 순진한 감정을 이야기하는 것이 아닌, 말하고 싶어도 말할 수 없는 사람들이 있다는 점에서 오늘 내가 목놓아 주를 부를 수 있고 찬양할 수 있다는 것에 감사의 범위가 더 넓어져야 한다고 말한다.

본문에서는 우리가 입술로 하나님을 이야기하는 것, 그리고 주님을 찬양하는 것을 포함하여 전해 주시는 말씀이 있다. 하나님은 우리에게 주님을 찬양할 수 있는 방법을 주셨지만, 또 그분을 이야기하는 복음의 입술을 주셨지만 이것 말고도 주님을 경배하는 진실한 마음을 찾으신다. 물론 우리는 마음에서 우러나와서 영과 진리로 하나님을 찬양하고 말하는 것과 오직 입술뿐인 것을 구분해야겠다. 본문은 후자에 대해서 말하고 있는 것이다.

하나님께서는 입술뿐인 것에 대해서 어떻게 말씀하고 계시는가? 그들도 다함께 주님을 경외한다는 말을 사용한다고 한다. 하지만 오직

입술뿐인 경배는 사람의 계명으로 가르침을 받았기 때문이다. 여기에서 '사람의 계명'에 대해 어떻게 해석하는지에 따라 그 의견이 다양할 수 있다. 사람의 계명은 마가복음 7장 7절에서도 예수님께서 언급하신 바 있는데 그 특징은 '교훈적'이고 '가르침'의 성격을 가진다. 그렇다면 교훈적이고 가르침인 것은 무엇인가? 하나님께서는 신앙은 결코 교훈적이지 않다는 것을 말씀하신다. 아니, 교훈적인 내용이 없지는 않겠지만 교훈적으로만 기독교 신앙과 하나님의 가르침을 제한시키는 인본주의적인 신학과 종교적인 철학의 한계를 말씀하시는 것은 아닌지 생각해 본다. 자끄엘룰은 기독교를 종교로 보는 것을 거부하며 인간이 중심이 되어 출발하는 신학은 아래에서 위로 높아지려는 경향을 보인다고 말했다.[18)]

찬양에 적용하자면 우리는 하나님에 대해 무수한 이야기를 듣고 노래하지만 깊이 깨닫지는 못하는 영적 상태라고 말할 수 있다. 다른 사람들이 그렇게 예배하기 때문에 따라서 하는 행위로 그치는 피상적인 예배는 남에게 보이는 것에 그칠 뿐이다. 또한 살아계신 하나님을 인격적으로 경험하지 못한 상태에 머물러 신앙의 성숙을 이루지 않는 것도 입술의 노래로만 그치는 것은 아닐까? 기독교 신앙은 결코 가볍지 않다. 하나님은 우리의 전부를 원하신다. 그 이유는 우리가 그분의 전부이기 때문이다. 하나님을 열심히 찬양하는 것도 좋지만 그분의 뜻과 음성에 귀를 기울이는 마음을 구하자. 그리고 주께서 말씀하시도록 우리의 마음을 열어두자.

18) 자끄엘룰, 《세계적으로 사고하고 지역적으로 행동하라》, 김재현, 신광은 옮김, 대장간, 2010, p,146.

자기의 소견에 옳은대로 행하였더라

그것을 보는 자가 다 이르되 이스라엘 자손이 애굽 땅에서 올라온 날부터 오늘까지 이런 일은 일어나지도 아니하였고 보지도 못하였도다 이 일을 생각하고 상의한 후에 말하자 하니라(삿 19:30).

사사 시대에 에브라임 산 구석에 어떤 레위 사람이 살았는데 그는 베들레헴에 있을 당시 첩을 맞아들였다. 하지만 레위인은 하나님의 일을 하는 사람들로서 회막에서 이스라엘 자손 대신에 봉사하게 하고 이스라엘 자손을 위하여 속죄하는 일을 했다(민 8:19). 레위인은 다윗 시대에는 악기를 잡고 찬송하는 일을 행했다(대하 29:26). 레위인은 제사장으로서 이스라엘의 처음 난 자손들을 대신하여 여호와께 드려진 사람들로 하나님의 것이다(민 3:45). 그들은 여호와 하나님을 기뻐하는 자들로 부르심을 받았다(신 12:12). 즉 레위인은 구별된 사람들이었고 구별된 삶을 살아야 했다. 레위인에게는 첩을 얻는 것이 율법으로 금지된 일임에도 행한 것을 보면 레위인조차도 자기 소견에 옳으면 행했던 사사 시대의 우울한 영적 시대상을 볼 수 있다.

그런데 레위인이 첩으로 맞아들인 이 여인도 행음함으로 남편인 레위인을 떠나서 아버지의 집으로 돌아가 넉 달을 지내게 된다. 레위인도 하나님의 법을 어기며 자기 마음이 끌리는 대로 첩을 맞아들였고 첩이 또 행음을 했으니 도덕적으로도 깊이 타락했음을 보여준다. 특히나 성적으로 문란했음을 볼 수 있는데, 레위인이 첩을 데리고 다시 여호와의 집으로 돌아가는 길에 들렀던 기브아 땅의 주민들에 의하여 첩

이 심히 강간을 당하고 차가운 주검으로 발견되는 일이 벌어진 것이다. 사사기 19장 22절의 "관계하리라"는 표현에서는 동성애를 요구한 것도 비춰지는데 성적 타락 수치가 극에 달했음을 보여준다.

이 결과 이스라엘의 열두 지파에 내전이 일어나는데 기브아 땅이 본래 베냐민 지파의 땅이고 기브아 주민들을 모든 지파가 벌하려 하지만 베냐민 지파가 그들을 도리어 감싸고 이스라엘과 싸우고자 했다(삿 20:14). 하나님은 베냐민 지파가 아닌 이스라엘의 손을 들어주셨다. 결국 베냐민의 남은 사람 육백 명이 광야로 도망치고 그 땅의 온 성읍과 가축과 사람들은 불타고 칼날에 송장되었다.

이스라엘이 자기의 소견에 옳은 대로 행하며 살다가 애굽 땅에서 올라온 후로 역대급으로 가장 큰 아픔을 겪고 나서야 하나님을 찾았음을 발견한다. 왜 그들은 더 빨리 하나님을 찾지 않았을까? 그들은 이스라엘이란 정체성 곧 열두 지파의 뿌리 근원이 흔들리고서야 하나님을 목 놓아 부르짖어 찾기 시작한 것이다. 극한 아픔을 맛보고서야 하나님을 찾기 시작하는 이스라엘의 모습은 참으로 슬프다.

우리도 가장 큰 아픔을 겪고 끝내 하나님께 돌아오는 사람들, 그리고 사역자들을 볼 수 있다. 분명 하나님이 그것까지 계획하셨거나 원하신 것은 절대 아니다. 이스라엘의 왕이 없었으므로 사람들이 각자 자기의 소견에 옳은 대로 행하였다는 말은 그 안에 수많은 뜻이 내포되어 있음을 보게 된다. 다만 하나님은 이 모든 것까지도 선으로 바꾸실 것을 우리는 알고 있다(창 50:20).

주께 찬양 드릴 이유

보아스는 룻을 아내로 맞이하였다. 그 여인이 자기 아내가 되자, 그는 그 여인과 동침하였다. 주께서 그 여인을 보살피시니, 그가 임신하여 아들을 낳았다. 그러자 이웃 여인들이 나오미에게 말하였다. "주께 찬양을 드립니다. 주께서는 오늘 이 집에 자손을 주셔서, 대가 끊어지지 않게 하셨습니다. 그의 이름이 이스라엘에서 늘 기리어지기를 바랍니다(룻 4:13-14, 표준새번역).

엘리멜렉의 부인 나오미는 두 아들, 말론과 기룐이 있었다. 그들은 유다 베들레헴 에브랏 사람이었다. 어떤 이유인지 그들은 모압 지방에 들어가 살게 되었는데 나오미의 남편이 죽고 나오미의 두 아들은 모압 지방의 여인들, 즉 이방 여인들을 아내로 맞아들이게 된다. 10년쯤 흘러서 두 아들까지 잃게 되어 나오미에게는 오르바와 룻이라는 두 며느리만 남았다. 나오미는 여호와께서 자기 백성을 돌보시고 그들에게 양식을 주셨다는 소식을 듣고 모압 땅을 나와서 다시 그가 태어난 땅 유다로 돌아가려고 할 때 두 며느리에게 말하기를 자신에겐 이젠 아들이 없고 두 며느리에게도 남편이 없으니 각각 어머니의 집으로 돌아가라고 말한다. 두 며느리에게 키스를 해주며 축복하는 나오미와 소리 높여 울 수밖에 없는 오르바와 룻의 이야기가 룻기의 시작이다.

오르바는 그의 어머니의 집으로 돌아갔고 룻은 나이가 많아 노쇠하고 챙겨줄 이 없는 나오미를 그의 어머니로 모시며 다음과 같은 말을 했다. "룻이 이르되 내게 어머니를 떠나며 어머니를 따르지 말고 돌아가라 강권하지 마옵소서 어머니께서 가시는 곳에 나도 가고 어머니께서 머무시는 곳에서 나도 머물겠나이다 어머니의 백성이 나의 백성이 되고 어머니의 하나님이 나의 하나님이 되시리니 어머니께서 죽으시

는 곳에서 나도 죽어 거기 묻힐 것이라 만일 내가 죽는 일 외에 어머니를 떠나면 여호와께서 내게 벌을 내리시고 더 내리시기를 원하나이다 하는지라"(룻 1:16-17).

나오미와 룻은 함께 유다로 돌아왔고 룻이 그의 시어머니를 보살피니 룻이 어떠한 여자이며 어떤 이야기를 갖고 이곳에 왔는지 지방 사람들이 다 알게 되었다. 그중에 한 명이 훗날 그의 남편이 되는 보아스인데 보아스는 절차를 따라서 룻을 그의 아내로 맞이하게 된다.

룻은 모압 지방의 이방 여인이었지만 이스라엘의 하나님이 살아계시고 역사하시는 분임을 깨닫고 자신의 민족이 섬기는 이방 신을 따르지 않고 하나님 믿기를 선택했다. 그녀가 하나님을 경외하는 자인 줄 알 수 있는 이유는 1장 17절로 나오미 앞에서 하나님께 고백하는 장면을 볼 때다. 그녀를 받아주어서 이스라엘의 하나님을 섬길 수 있도록 옆을 지켜준 나오미의 믿음 또한 대단하며 이방 여인이라도 하나님을 섬기는 룻의 믿음 또한 아름답다.

예상한 대로 룻은 이방 여인이었음에도 장차 예수님이 나시는 족보에 그녀의 이름을 올리게 되는 영광을 얻는다. 보아스와 룻 사이에서 나온 이가 오벳이고 오벳이 이새를 낳고 이새는 다윗을 낳게 되기 때문이다. 하나님의 보살핌으로 오벳을 낳은 룻을 축하하며, 또 나오미로 대가 끊기지 않게 하시고 위대한 축복의 통로로 삼으신 것에 대해 이스라엘의 여인들은 위로와 축하를 건넸다. 또한 이스라엘 여인들과 사람들은 나오미의 가정에서 일어난 복된 소식, 긍휼히 여기시고 자비를 베푸시며 돌보시고 위로하시는 하나님의 은총을 보며 함께 주께 찬양을 드렸다.

적극적인 구원의 찬양

> 너희는 바벨론에서 나와서 갈대아인을 피하고 즐거운 소리로 이를 알게 하여 들려주며 땅끝까지 반포하여 이르기를 여호와께서 그의 종 야곱을 구속하셨다 하라(사 48:20).

이사야 48장은 여호와께서 야곱의 집안 곧 이스라엘에게 하시는 말씀으로 그들이 바벨론에 속하여 하나님을 잊어버리는 죄에서 돌이키기를 촉구하시는 내용을 담고 있다. 하나님께서는 이스라엘을 향해 더 구체적으로 어떤 말씀을 하셨을까? 주님은, 이스라엘은 주님의 이름을 두고 맹세하고 섬기며 스스로 거룩한 성읍의 백성이라고 일컬으며 하나님을 의지한다고 자랑하는 이들이라고 하신다. 하지만 정녕 그들에게는 진실이나 공의가 없다. 입술로만 말할 뿐 삶에는 하나님을 섬기는 백성으로서 흔적조차 없다. 그러나 하나님께서는 귀가 어둡지 않으시며 사람을 지으신 창조주이시므로 사람의 입술로 말하는 것에 속는 분이 아니시라는 것을 본문은 가르친다.

우리가 하나님을 섬긴다고 할 때 무엇으로 그것이 사실임이 입증되는가? 하나님께서는 진실과 공의를 말씀하고 계시다. 그렇다면 무엇에 대하여 진실하여야 하고 공의로울 수 있을까? 5절에서는 그들이 마음속으로 섬기는 것이 따로 있음을 비춰준다. 고난의 풀무에서 건짐을 받고 구원을 경험하게 되었을 때 이는 내 우상이 이를 이루고 명령하여 준 것이라고 말한다. 나는 여기서 우상을 단순히 부어 만들고 돌로 새긴 눈에 보이는 것을 이야기하는 것 이상으로 우리의 생각을 지배하는 세계관적이고 관념론적인 사상도 있다는 생각을 했다. 왜냐하면 이스라엘이 바벨론에 도움을 얻으려 내려갔을 때 그들이 가진 말과 제국

적인 권위에 현혹된 것이지만 이를 시행하게 한 것은 그들의 지식과 사상에서 발현한 것이기 때문이다.

그러나 하나님은 자신을 배신하고 능멸하는 백성들일지라도 분노를 참으시고 파멸하지 않겠다고 선언하신다. 당연히 우리는 하나님이 자비하시기 때문이며 그의 사랑이 영원하시기 때문이라고 말하지만 본문에서는 또 다른 이유가 있음을 알게 해준다. 그것은 바로 '하나님 자신을 위하여' 그리고 '하나님의 이름이 욕되지 않게 하시려고' 또한 '하나님의 영광을 남에게 돌리지 않으시려고'라는 사실이다.[19] 우리는 여기서 하나님 자신이 충만하시고 완전하실 때에 우리가 의지할 수 있는 하나님이 되신다는 영적인 사실을 지각하게 된다. 하나님께서 자신을 위하시는 것은 결국에는 우리를 살리시는 생명으로 돌아오기 때문이다. 또한 하나님이 자신의 이름을 위하여 그의 백성을 바른 길로 인도하시기를 포기하거나 파멸시키지 않으신다는 말은 곧 세상과 사람의 존재 목적의 책임이 온전히 하나님 당신께 있음을 알려주시는 것이다. 그래서 하나님께서는 세상을 창조해 놓고 외면하시는 하나님이 아니시라는 말이 된다.

하나님께서는 바벨론에서 나오기를 촉구하신다. 바벨론 사람들에게서 빠져나오기를 원하신다. 그들이 섬기는 우상을 따르지 말고 세상을 주무르는 지배적인 사상에서 하나님의 온전하신 뜻이 무엇인지 분별하라고 촉구하신다. 이 말은 곧 세상에 살지만 그곳에 속하지 말라는 말씀이다. 그리고 주님께서 야곱을 속량하셨다는 소식을 알리라고 하신다. 어떻게 전하는가? 기쁘게 외치라고 이야기해 주신다. 왜냐하면 복음은 복된 소식이기 때문이다. 그러므로 세상에서는 도무지 듣지 못했던 소리, 결코 들을 수 없는 소리를 땅 끝까지 들려주라고 말씀하신다.

---

19) 이사야 48:11 "나는 나를 위하며 나를 위하여 이를 이룰 것이라 어찌 내 이름을 욕되게 하리요 내 영광을 다른 자에게 주지 아니하리라."

음악의 조상

그의 아우의 이름은 유발이니 그는 수금과 퉁소를 잡는 모든 자의 조상이 되었으며(창 4:21).

최초로 음악이 시작된 때는 언제일까? 또 최초로 음악을 시작한 사람은 누구일까? 음악의 기원에 대한 궁금증에 대해 일반 음악학계에서 학설들이 나와 있다. 대부분이 설화에서 나온 것으로 다윈의 성적 충돌설, 18세기의 언어 억양설, 감정 표출설, 집단 노동설, 신호설, 마술설 등으로 음악의 기원이 다양하다.[20] 하지만 각각의 한계는 실증된 바가 없기에 기원에 대한 정확한 설명은 해명되지 않는다. 또 고대 음악가에 대한 자료를 찾아보니 프랑스 루브르 박물관에 소장되어 있는 주전 750-480년에 제작된 미술 조각품 〈Musicien debout vêtu du chiton〉(고대 그리스 옷을 입고 서 있는 음악가)을 볼 수 있었는데 양손에 악기를 들고 입으로 관악기를 불고 있는 모습이다. 하지만 더 자세한 내용은 알 수 없었다. 음악의 기원이 시작된 곳에 최초의 음악가가 있기 마련인데 기원에 대한 정확한 해명이 없으니 최초의 음악가에 대한 정의도 명확할 수가 없다. 서양의 지식과 사상에 큰 영향을 주었다는 피타고라스(주전 582-497)가 음악가로서 이론의 시발에 미친 영향이 크지만 정리하기까지 존재해 왔을 음악에 '최초'라는 타이틀을 붙이는 것은 관점의 차이로 다를 수 있다고 생각한다.

일반 학계에서는 성경을 신화로 보지만 기독교인이 갖는 성경에 대

20) http://terms.naver.com/entry.nhn?docId=1188022&cid=40942&categoryId=32992 두산백과사전

한 권위는 절대적이다. 성경을 진리로 받아들이는 자들은 기록을 따라 역사의 과학적 수사를 진행하기도 하니 말이다.[21)]

이처럼 성경의 창세기는 모든 인류의 기원을 밝히는 가장 명쾌한 책이다. 4장에서는 아담의 7대 자손이며 가인의 후손으로 유발이 등장하는데 그가 수금과 퉁소를 잡는 음악 하는 자의 조상이 된다고 기록되어 있다. 기록에 따르면, 최초의 음악가는 유발이다. 어떤 이들에게는 명쾌하지만 감정이 가미되지 않은 단답식인 21절에 허무함을 느끼기도 할 것이다. 최초라는 가치가 무색할 만큼 실제로도 유발에 대해 더 알 수 있는 구절은 없다.

나는 이에 대해 어쩌면 '최초'가 주는 위대한 가치의 거품을 빼는 격일 수 있다는 생각을 해봤다. 음악을 창조하신 분은 하나님이시므로 분에 넘치는 많은 칭송이 유발을 향하는 것도 주객이 전도되는 것이기 때문이다. 그러므로 음악을 창조하셨고 늘 찬양 중에 거하시는 하나님은 각 사람에게 그분의 형상을 따라 재능을 나누어 주셨고 유발은 복되게도 음악을 하는 자들의 첫 사람이 되는 유익을 얻게 되었다고 보는 것이다.

이에 못지않게 중요한 건 수금과 퉁소를 잡는 모든 이들이 하나님의 문화 명령을 따라서 음악이라는 영역을 통해 하나님의 아름다우심을 어떻게 담아낼지를 지속적으로 연구하며 창조해 나가는 작업일 것이다.

---

21) 진화론과 창조론의 논쟁에서 창조론을 믿는 과학자들은 성경의 기록을 따라 그 연구를 심층 증거하고 있다.

제물로서의 찬양에 대한 간과성

> 그러므로 우리는 예수로 말미암아 항상 찬송의 제사를 하나님께 드리자 이는 그 이름을 증언하는 입술의 열매니라(히 13:15).

본문 말씀에는 '찬송의 제사'라는 단어가 나온다. 제사를 드리는데 찬송을 통한 제사라는 것이다. 그리고 찬송의 제사 방법은 입술로 할 수 있는 행위, 곧 노래하거나 말하는 것이다. 우리는 찬송의 제사라는 말은 많이 들어보지 못했다. 현재 우리가 사용하는 말로는 '찬양예배' 정도가 된다. 그래서 다른 번역 성경을 찾아보니 '찬송의 제사'를 킹 제임스 버전(KJV)에서는 '찬양의 제물'이라고 했다. 우리가 이러한 말들을 습관적으로 쓰는 것보다 거기에 담겨진 의미들을 하나씩 생각해 보면 어떨까 하는 생각에 오늘 묵상을 시작하고자 한다.

나는 제사, 제물이라는 단어가 현재 우리에게 익숙한 단어는 아니라고 말했다. 비교적 우리는 '제사'라는 말 대신에 '예배'라는 단어를 쓰고 '제물'이라는 말 대신에 '봉헌'이라는 말을 더 많이 사용한다. 그러고 보면 제사와 제물이라는 단어는 신약적인 개념보다 구약적인 개념에서 사용된 단어임을 알 수 있다. 구약시대의 제사방법이 여호와께서 정해 주신 가축이나 짐승을 절차에 따라 바치는 것이었고 구별해서 드려지는 가축이나 짐승을 우리는 제물이라고 말하기 때문이다. 그러므로 '찬송의 제사' 또는 '찬양의 제물'이라는 단어도 구약적인 배경을 근거로 사용되는 성경적인 찬송이라고 정의할 수 있다.

구약시대에 제물이 제사로 하나님께 드려지기 위해서는 죽어야 했다. 죽는다는 의미의 영적인 뜻은 무엇일까? 바울은 이것을 죄에 대해

서는 죽은 사람이고 하나님을 위해서는 그리스도 예수 안에서 살고 있는 자라고 칭하였다(롬 6:11). 그리고 이 말씀이 본문의 '예수로 말미암아'에 함축되어 있다고 볼 수 있다. 예수님을 의지함으로 죄가 더 이상 나를 다스리지 못하고 힘을 발휘하지 못하는 상태가 주 안에서 새롭게 된 우리의 제물 된 모습이다.

또한 제물이 제사로 하나님께 드려지기 위해서는 피 흘림이 있어야 한다. 이 피 흘림은 예수님이 우리를 위해 나무에 달려 죽으시고 피와 물을 쏟으셨던 사건을 말한다. 죄 없으신 이가 대신하여 죽으셔서 속죄하셨다는 믿음은 영적으로 우리가 예수와 함께 십자가에 못 박혔음을 뜻한다. 그러므로 찬양의 제물은 주 안에서 우리의 죄가 죽고 예수로 사는 사람, 그리고 우리를 위해 죽으시고 피 흘리신 예수님의 십자가에 힘입어 찬송하는 것을 뜻한다.

하지만 우리의 찬양은 음악적으로 더 화려하고 공교하게 하려는 것에만 이상을 두거나 더러는 최선의 것을 드릴 수 있는 상황에서도 게으를 수 있다. 찬양학이라는 이론에 있어서 '찬양으로서의 제물'에 대한 중요성은 간과한 채 말이다. 그에 대한 결과는 하나님 중심의 찬양이 아닌 사람이 중심이 되고 부각되는 모습들이 곳곳에서 보인다는 것이다.

우리가 하나님께 바칠 입술의 열매는 무엇인가? 지금 우리에게 필요한 것은 구약적인 개념에서 본 찬양의 진정성이 아닌가 생각해 본다.

주신 자도 여호와시요 취하신 자도 여호와시니

그가 이르되 그대의 말이 한 어리석은 여자의 말 같도다 우리가 하나님께 복을 받았은즉 화도 받지 아니하겠느냐 하고 이 모든 일에 욥이 입술로 범죄하지 아니하니라(욥 2:10).

욥의 믿음은 소유를 뛰어넘은 하나님을 향한 신뢰의 믿음이다. 그는 하루아침에 모든 재산과 자녀들까지 잃게 되었는데 그 즉시 옷을 찢고 머리를 밀고 땅에 납작 엎드려 하나님을 경배하였다. 만약 내가 이 일을 겪었다면 어땠을까? 나는 욥과 같이 즉시 하나님께 진심으로 감사하다고 말할 수 있을까? 그의 고백은 너무나도 유명하여 뇌리에 평생 간직하고픈 말인데 "내가 모태에서 알몸으로 나왔사온즉 또한 알몸이 그리로 돌아가올지라 주신 이도 여호와시요 거두신 이도 여호와시오니 여호와의 이름이 찬송을 받으실지니이다" 하고 고백하였다. 그의 말은 어머니의 몸에서 나올 적에 아무것도 가지고 나온 것이 없는데 이날 이때까지 살 수 있게 해주신 하나님께 감사하다는 말이다. 또 하나님은 모든 만물의 주인이시므로 그가 때를 따라 모든 사람에게 일용할 양식을 주시는데, 자신도 이러한 하나님의 자비로 살 수 있었다는 말이다. 신학자들은 대개 하나님의 은총을 '일반은총'과 '특별은총'으로 나누는데 일반은총은 자연법, 자연의 섭리 속에서 사람이 땀 흘려 일하면 그에 맞는 유실을 얻을 수 있다는 차원의 말이고, 특별은총은 말 그대로 하나님의 자녀로서 그가 더욱이 도우시는 손길을 경험하는 은혜를 말한다. 욥은 일반은총만이 아니라 그의 소유가 적지 않

았음을 볼 때 특별은총까지 입은 하나님의 사람이었다고 볼 수 있다. 이는 사탄이 하나님께 고하는 말에서도 드러나는데 주께서 그의 소유에 복을 주셨다는 말이 그렇다(욥 1:10).

욥은 하나님의 시험(test)을 통과했다. 하지만 사탄이 또 꾀는 말을 하니 그의 뼈와 살을 치자고 했다. 하나님은 그의 생명만은 안 된다고 하셨고 사탄은 욥의 몸을 병들게 했으니 욥의 상황은 더욱 심각해져만 갔다. 이때 그의 아내가 등장한다. 하지만 그의 아내는 이러한 처지에 대해 욥과는 아주 다른 입장을 갖고 있다. 그녀는 욥과 함께 고난을 이겨내자고 도모하는 것이 아니라 욥의 믿음을 비웃으며 괄시(恝視)했다. 그녀는 비아냥거리며 "그래도 네 하나님이 좋으냐? 너를 이렇게 망하게 하였는데도 좋으냔 말이다. 네 믿음이 밥을 먹여주느냐, 돈을 주느냐? 아무 쓸모가 없고 네 믿음이 무슨 소용이 있느냐? 하나님도 너무하시지! 네 하나님이나 실컷 욕하고 너도 죽으라!" 하고 자기 남편에게 말하고 있는 것이다(욥 2:9). 그녀의 말은 사탄이 그토록 원했던 말, 듣고 싶어했던 말이었다. 어떤 이는 욥이 처음 망하였을 때에 상심했을 아내를 잘 돌봤다면 이렇게까지 그녀가 말했을까 라고 말하기도 하지만 엄청난 고난을 겪은 상황에서는 본래 자신이 가졌던 믿음이 여실히 드러나게 된다는 것이 올바른 지적이다. 하나님을 사랑하고 경외하라는 말은 가르치기 쉽지만 가르친 자가 그 마음까지 어찌할 수는 없지 않은가?

더욱이 두 번째 상황은 욥의 몸이 병들어 아픈 상황에서 도리어 위로하고 힘을 줘야 할 사람이 누구인가 생각해 보면 욥의 아내의 믿음은 본래 성숙하지 않은 것임을 알 수 있다. 욥은 아내의 저주 섞인 말에도 그녀를 정죄하는 것이 아니라 담담하게 본문과 같이 이야기하고 있을 뿐이다. 고난 앞에서 하나님을 찬송하겠다는 욥과 하나님을 원망하라고 분통을 터트리는 아내, 이 두 사람의 믿음은 이렇게도 달랐다.

욥의 아내여! 하나님을 찬송하라

> 풍족하던 자들은 양식을 위하여 품을 팔고 주리던 자들은 다시 주리지 아니하도다 전에 임신하지 못하던 자는 일곱을 낳았고 많은 자녀를 둔 자는 쇠약하도다 여호와는 죽이기도 하시고 살리기도 하시며 스올에 내리게도 하시고 거기에서 올리기도 하시는도다 여호와는 가난하게도 하시고 부하게도 하시며 낮추기도 하시고 높이기도 하시는도다(삼상 2:5-7).

앞에서 나는 욥과 그의 아내가 고난 앞에서 얼마나 정직하게 그들의 믿음이 드러났는지 이야기했다. 욥의 고난은 모든 재산을 잃고 자녀를 잃고 몸까지 병든 것에 합하여 아내와의 분쟁으로 인한 고통도 심하였으리라 짐작된다. 하지만 욥이 의로운 사람이었음이 드러나는 장면은, 욥의 아내가 "하나님을 욕하고 너도 죽으라"는 말로 그를 충동질하였을 때도 그는 입술로 죄를 범하지 않았다. 더욱이 아내에게 화를 내며 똑같은 말로 그녀에게 상처를 주지 않음으로 욥은 아내의 분통을 받아주었음이 맞다. 이후로 욥의 아내는 욥기에서 등장하지 않지만 만약 그녀가 기도하는 여인이었더라면 상황이 어떻게 달라졌을지 생각해 본다. 그녀의 기도 속에서 하나님을 찬송한다는 말이 욥과 같이 동일하게 고백되었더라면 그녀 또한 욥기의 끝에 기록되어 아름답게 기념되지 않았을까? 아쉽게도 42장에서 욥이 다시 회복하였을 때 그의 형제와 지인들이 찾아와 그를 축하해 주었지만 아내는 등장하지 않고 있다. 그녀가 과연 욥을 떠나버렸을지, 아니면 자녀를 다시 낳아 자손을 이어갈 때 여전히 그녀가 그의 아내였을지는 미지수다.

욥기는 고난을 받은 자가 곧 욥이므로 그가 당사자이지만 그의 아내도 하나님의 말씀을 따라 한 몸 된 자로서 동거동락(同居同樂)했으므

로 그녀 또한 고난에서 제외될 수는 없다. 그녀 또한 욥과 자신에게 다가온 시련 앞에서 충분히 고통스러웠을 것이다. 그러므로 나는 욥기가 당사자인 욥과 같은 처지에 있는 믿음의 사람들에게만 하는 이야기가 아니라 그의 옆을 지키는 아내들에게 어떻게 처신해야 할지를 알려준다고 생각한다. 이것이 주요 장면이 될 수는 없지만 그 안에 숨겨진 이야기와 같다고 볼 수 있다. 번외가 될 수 있지만 욥의 고난으로 함께 고통을 겪고 인생 시련을 맞은 아내의 이야기 말이다. 정말로 욥은 하나님을 찬양했으므로 영적으로 걱정할 것이 없지만 그의 아내는 얼마나 영적으로 불쌍하고 불행한가. 자신을 지으신 하나님을 저주하고 있으니 그녀의 영혼은 표류하는 난파선과 같은 상황이다. 더욱이 하나님께서는 '너는 남편을 원할 것'이라고 말씀하셨는데(창 3:16) 남편과 사이가 좋지 않고 관계가 불안하니 의지할 것이 없었을 그녀의 마음은 무척 쓸쓸했으리라.

우리는 그녀의 상황을 충분히 공감할 수 있고 그녀를 위해 기도해 주고픈 마음이 들 것이다. 그렇다. 하나님께서는 숨겨진 욥의 아내의 모습 속에서 어려움을 겪고 있는 이 시대의 아내들에게도 말씀하시는 것이 있다. 기도하라는 것이다. 하나님을 찬송하라는 것이다. 아무리 삶이 어려워져도 영혼만큼은 지켜야 하며 가정과 남편을 지킴으로써 현숙한 아내가 되라는 것이다(잠 31장) 우리는 성경에 등장하는 현숙한 여인들을 찾아볼 수 있는데 그중에 한 명이 바로 한나다. 한나의 기도에서는 하나님을 경외함이 드러나는데 그녀는 욥의 아내가 몰랐던 하늘의 비밀을 알고 있었다. 그 내용이 오늘 본문의 말씀이다. 여전히 도우실 하나님을 기대하며 그분을 찬송하라!

제사장 여호야다의 개혁

> 여호야다가 자기와 모든 백성과 왕 사이에 언약을 세워 여호와의 백성이 되리라 한지라 온 국민이 바알의 신당으로 가서 그 신당을 부수고 그의 제단들과 형상들을 깨뜨리고 그 제단 앞에서 바알의 제사장 맛단을 죽이니라 여호야다가 여호와의 전의 직원들을 세워 레위 제사장의 수하에 맡기니 이들은 다윗이 전에 그들의 반열을 나누어서 여호와의 전에서 모세의 율법에 기록한 대로 여호와께 번제를 드리며 자기들의 정한 규례대로 즐거이 부르고 노래하게 하였던 자들이더라 또 문지기를 여호와의 전 여러 문에 두어 무슨 일에든지 부정한 모든 자는 들어오지 못하게 하고 백부장들과 존귀한 자들과 백성의 방백들과 그 땅의 모든 백성을 거느리고 왕을 인도하여 여호와의 전에서 내려와 윗문으로부터 왕궁에 이르러 왕을 나라 보좌에 앉히매 그 땅의 모든 백성이 즐거워하고 성중이 평온하더라 아달랴를 무리가 칼로 죽였었더라(대하 23:16-21).

아달랴는 아합 왕의 딸로 그의 어머니는 이세벨이다. 우리는 이스라엘 역대에 가장 악한 왕으로서 아합 왕을 알고 있고, 하나님의 제사장들을 무참하게 죽인 이세벨의 잔인무도한 악행을 알고 있다. 안타깝게도 그들의 딸인 아달랴 또한 악한 왕으로 남았는데 그녀는 이스라엘의 최초의 여왕이기도 했다. 하지만 그녀는 자신의 아들 아하시아 왕이 죽고 유다 집안의 왕국의 씨를 모두 진멸하고 자신이 왕이 된 것이었다. 아달랴의 잘못된 선택의 결과가 이스라엘의 찬송을 받으시고 거하시는 하나님의 임재 앞에 어떤 잔인함을 가져왔는가? 이스라엘이 하나님을 떠나게 하고 하나님께 드릴 찬송을 자신에게 바치게 함으로 죄를 지었다. 그러나 그녀의 딸 여호사브앗이 아하시아의 아들인 요아스만큼은 뒤로 빼내어 그녀의 잔인함에서 생명을 지키고 왕족의 씨를 지켜냈다. 여호사브앗은 제사장 여호야다의 아내이기도 했다. 비록 그의 어머니 아달랴는 이세벨을 따라 잔인무도했지만 여호사브앗은 어머니를 따르지 아니하고 하나님을 경외하는 자였다.

당시에 요아스는 아이에 불과했으므로 아달랴의 눈을 피해 6년 동안 숨어 자라게 된다. 아달랴가 왕이 되어 이스라엘을 다스린 지 7년째가 되었을 때 하나님의 뜻을 따라 이스라엘을 바로잡기 위해 제사장 여호야다는 목숨을 건 용기를 내어 요아스를 왕위에 오르게 하고자 했다. 이스라엘 족장들과 레위 사람들, 고위 관리들을 모아두고 온 회중이 있는 데서 여호야다가 말하기를 "하나님의 전에서 왕과 언약을 세우매 여호야다가 무리에게 이르되 여호와께서 다윗의 자손에게 대하여 말씀하신 대로 왕자가 즉위하여야 할지니"(3절) 하여 다윗의 자손이 왕위를 물려받아야 함을 이야기하였다. 아달랴는 거기에 미칠 수 없는 조건으로 왕이 되었고 또 하나님을 경외하지도 않으며 모든 왕족의 씨를 마르게 한 장본인이었기 때문이었다. 그는 요아스를 왕위에 즉위시켰고 아달랴가 정당하지 않은 방법으로 또 하나님을 거역하면서 얻은 왕위는 아무것도 아님을 보여주었다. 제사장 여호야다는 아달랴로 인하여 이스라엘의 잃어버린 하나님을 향한 예배와 말씀을 회복하고자 하나님의 전을 정결하게 하기 시작했다.

제사장 여호야다의 개혁에서도 모세의 율법에 따라 여호와께 번제를 드리며 정한 규례를 따라 즐거이 부르고 노래하였던 자들을 세우기를 잊지 않았음을 보게 된다. 하나님을 경배함에 있어서 때로는 배경으로서 또 주요한 역할로서 찬양의 역사는 빠질 수 없는 위치였음을 보게 된다.

주님은 나의 요새

나의 힘이신 주님, 내가 주님을 기리는 노래를 새로 지어 찬양하렵니다. "하나님은 내가 피할 요새, 나를 한결같이 사랑하시는 분"(시 59:17, 표준새번역).

다윗은 왕이지만 하나님을 찬양하는 사람이다. 그의 찬양은 기능과 기술적으로 볼 때 일반적이지 않으며 전문적이었고 그가 하나님을 예배하는 방식에 있어서도 기획적이고 전문적으로 늘 찬양함으로써 하나님께 영광 돌리기를 즐겨 했다. 본문을 표준새번역으로 묵상할 것인데 "내가 주님을 기리는 노래를 새로 지어"라는 표현이 개역개정에서는 "내가 주께 찬송하오리니"라고 축약되어 있기 때문이다. 찬양사적 입장에서 구체적으로 이해할 수 있는 번역을 따라 이 구절을 묵상하고자 한다.

다윗은 하나님께 새 노래로 즐겨 찬송했다. '새 노래'는 영으로써 또 음악과 가사라는 형식과 틀로써 창작을 포함한 둘 다를 충족시킬 찬양으로 볼 수 있다. 또한 17절, 다윗이 주님을 기리는 노래를 새로 짓겠다는 표현에서는 그가 이번만이 아니고 과거에도 자주 주님을 기리는 노래를 만들어 불러왔음을 알 수 있다. '기린다'는 말의 의미는 '위하여'와 같이 그 대상이 '하나님께만 드리는 노래', '그분을 향한 노래'라는 의미를 찾을 수 있다. 주님을 어떻게 기릴 수 있을까? 적절한 표현들은 이스라엘 역사에서 주께서 행하신 이적과 기적 또는 개인적인 삶에서 도우셔서 응답받은 구체적인 경험담 등으로 나타날 수 있을 것이다. 그의 노래 가사에서는 주님의 많은 역할과 성품 중에서도 '요새'라는 표현을 빌어서 한 가지를 더욱 강하게 노래하는데 '요새'는 구약시

대, 이스라엘에 존재했던 '도피성' 또는 '피난처'와 같은 의미로서 그곳에 들어서면 누구든지 안전할 수 있다. 심지어 도피성은 고의로 살인한 자를 제외하고 살인자들이 그곳에 평생 머물러 밖을 나오지 않으면 살 수 있는 성읍이기도 했다(민 35:25-28). 즉 하나님을 요새라고 표현한 것은 주님을 생명을 지키시는 분, 또는 보전하시는 분, 또는 건지시는 분으로 해석할 수 있고, 주님을 요새로 삼고 그분 안에 거할 때 나의 생명과 영혼이 안전하다는 의미로 발전할 수 있다.

17절에서는 찬양하겠다고 의지적 표현을 주님께 직접 말하고 있는데 마치 다윗의 모습은 두렵고 떨려서 다가설 수 없는, 멀리서만 바라보는 하나님이 아닌 자신과 굉장히 친밀하며 가까이 계신 분으로 묘사된다. 심지어는 하나님께서 다윗의 찬양을 굉장히 기뻐하셔서 듣고 싶어 하시니 다윗도 당연히 즐겁게 찬양하겠다는 마치, 서로에게 어리광을 피우는 사랑스런 모습이다. 하나님께는 다윗의 찬양하는 모습이 무척이나 사랑스럽고 다윗 또한 자신의 하나님이 너무나도 사랑스러워 찬양하겠다는 고백으로 보인다. 그리고 이러한 해석이 낯설지도 않은 것은 그가 마지막 구절에서도 "하나님은 나를 한결같이 사랑하시는 분"이라고 묘사함으로써 하나님과 다윗의 서로에 대한 사랑은 확신에 차있다.

다윗과 같이 하나님을 사랑하고 그분께 찬양을 드리는 우리의 모습이 되었으면 좋겠다. 만약 우리가 다윗과 같이 하나님의 공의를 기뻐하며 하나님의 선하시고 온전하신 뜻이 이뤄지길 기도하며 찬양한다면 그 찬양은 하나님께 아름다운 향기가 될 것이다. 이런 마음으로 하나님을 간절히 바랄 때, 그 모습이 너무나도 사랑스러워 당신의 기도와 찬양에 주목하고 계실 하나님의 모습을 상상해 보라. 하나님은 다윗을 사랑하신 한결같은 사랑으로 하나님의 자녀인 우리에게도 환하게 비춰주길 원하신다.

주의 율례들이 노래가 되어

내가 나그네 된 집에서 주의 율례들이 나의 노래가 되었나이다(시 119:54).

우리는 다윗이 왕으로서 이스라엘을 잘 치리하였고, 용사로서 전쟁에서 승리하였으며, 하나님을 섬기는 사람으로서 신실하게 주를 찬양했다는 것 외에 그에 대해 더 자세하게 알 수 있는 것은 없는지 생각해 보았다. 나는 시편 119편을 통해 다윗의 또 다른 모습을 보게 되면서, 다윗이 단순히 음악을 좋아하는 감성이 충만한 사람이므로 논리적인 면에서는 뒤떨어질 것이란 생각은 하지 않는 것이 좋겠다고 생각했다. 그는 누구보다 더 하나님의 율례와 법도들을 항상 깊게 상고(詳考)하는 사람이었다. 하나님의 율례와 법도를 피곤하게 여기고 회피하는 것이 우리의 본성이라고 할 때 그는 주님 안에서 성숙된 사람, 성화된 사람으로서 항상 하나님의 법을 지키기를 갈망하고 사모했던 사람이다. 하나님의 법을 지키기 원한다면 그 법을 잘 알아야 하는 것이 당연하며 또 잘 알지라도 그 법을 사랑하지 않는다면 지킬 수 없는 법인데 그는 하나님께 주의 법도를 기뻐한다고 말하고 있고 또 그 법이 자신에게서 떠나지 않기를 늘 간구해 왔던 사람이었다.

다윗이 부른 노래는 참으로 다양하다. 그에게 있어서 하나님을 나타내는 모든 것들 중에 단 하나도 노래 부르지 못할 것은 없는 듯하다. 다윗은 주의 율례조차 노래할 수 있는 사람이었으니 말이다. 54절에서는 "내가 나그네 된 집에서" 라는 표현을 통해 이 땅에서 사는 삶이 신자들에게는 어떤 의미를 주는지 그가 잘 나타내고 있다고 본다. 신약에서는 우리가 이 땅을 잠시 살다 가는 나그네라고 말하며 더 나은 본

향을 향해 걸어가는 삶이라고 정의하고 있다. 하지만 우리가 사는 이 곳이 잠시 거처 가는 곳이라 하여 하찮게 여길 수는 없다. 다윗은 잠시 살다 갈 인생이니 유흥을 좇아 살거나 허무하게 살 필요는 없다고 말한다. 도리어 그는 나그네 된 집에서 살다가 돌아갈 집, 곧 본향을 혹시라도 잊게 될까봐 더욱 주의 율례들을 상고하여 노래한다고 말하고 있다.

본향의 삶은 어떠할까? 하나님이 통치와 주권 속에서 모든 것이 타락 이전의 사회보다 아름답게 조직되어 사자와 이리가 아기와 함께 뒹굴어도 염려 없는 곳이다. 즉 그곳은 하나님이 곧 법과 완성이 되시므로 그분의 완전한 통치와 울타리 안에서 우리는 완전함이 과연 무엇인지 맛보게 될 것인데 다윗은 자신이 맞이하게 될 그 기쁨을 잊지 않으려고 주의 율례를 노래한다고 볼 수 있는 것이다.

다윗은 주의 율례와 법, 계명을 항상 묵상하고 읊조리는데 고관들조차 그를 비방하였지만 그는 더욱더 주의 증거들을 자신의 즐거움으로 삼고 충고와 조언자로 삼겠다고 선포하고 있다(23-24절).

우리는 119편을 읽으면서 하나님의 법을 따르는 삶과 그것을 소망하고 간절히 원하는 것이 별개가 될 수 없음을 알게 되는데 그는 반복적으로 주의 계명을 지켰다고 고백하면서도 동시에 그 계명을 지키게 해달라고 소원하고 있다.

우리가 음악을 접하는 환경은 굉장히 한계가 있다. 세상은 유흥을 위한 노리개로 노래를 전락시키며 우리는 이러한 음악의 홍수 속에 살기 때문에 다윗이 하나님의 율례를 기뻐하며 상고하고 노래했다고 하면 생소하고 어렴풋할 수 있다. 하지만 신자들은 다윗처럼 뛰면서 주를 찬양하는 것만이 아니고 율례를 상고하고 소망하면서 주의 계명의 길로 나가길 소망하자!

질서와 덕을 갖고 찬송하는 자

> 그러면 형제자매 여러분, 어떻게 해야 하겠습니까? 여러분이 함께 모이는 자리에는 찬송하는 사람도 있고, 가르치는 사람도 있고, 하나님의 계시를 말하는 사람도 있고, 방언하는 사람도 있고, 통역하는 사람도 있습니다. 모든 일을 교회에 덕이 되게 하십시오(고전 14:26, 표준새번역).

고린도 교회 안에 있었던 다양한 은사로 인한 문제를 통해서 우리 또한 은사가 무엇이며 왜 존재하며 어떻게 사용해야 하는지 함께 배울 수 있게 된다. 이 은사에는 하나님을 찬송하는 자들에 대한 역할도 동일하게 포함되는 것이므로 자연스레 은사는 왜 존재하고, 왜 나에게 주어졌으며, 어떻게 사용할지도 습득할 수 있을 것이다.

바울은 이미 고린도전서 12장을 통해서 은사는 하나님의 은혜로 성령이 주신 값없는 선물이라고 했다. 또한 은사의 권한과 영역의 고유함은 하나님께 속한 것으로 그분께서 원하시는 대로 각 사람에게 은사를 나누어 주신다고 하셨다(12:11). 다른 말로 하면, 바울은 자신이 가지지 못한 은사도 있겠지만 분명 하나님의 뜻을 따라 주신 은사가 있기 때문에 그것을 발견하기를 원하였다고 볼 수 있다. 하지만 모든 은사 중에서 가장 뛰어난 은사가 있으니 그것은 바로 사랑이다. 고린도전서 13장은 우리가 아는 바대로 '사랑 장'으로 그 사랑의 원천이 곧 하나님이심을 깨닫게도 하지만 12장 31절에 더 큰 은사를 열심히 구하기를 권면하면서 13장에는 가장 좋은 길로써 사랑을 말하니 최고의 은사 또한 사랑이라고 말할 수 있을 것이다. 이어서 14장 1절에서는 노골적으로 사랑을 추구하기를 제일 먼저 권하고 있고, 사랑이 바탕이 된 것에 신령한 은사 또한 열심히 구하라고 말한다. 하나님은 분명 그분의

뜻을 따라 은사를 주시지만 우리가 열망을 갖고 은사를 구할 때 우리 안에 빌 바를 알려 주시고 소원의 항구로 인도하심이 하나님의 뜻 안에 있다고 볼 수도 있을 것이다.

14장 26절을 묵상하면서부터는 은사가 왜 존재하는지에 대해서 알 수 있다. 그 이유가 모든 은사가 교회의 덕이 되기 위하여 존재함을 밝히고 있다. 여기서 교회는 예수를 구주로 믿고 고백하는 신자들의 공동체 또 그러한 모임을 말할 수 있다. 교회의 덕을 끼치기 위해 존재하는 은사, 그렇다면 은사가 덕을 끼치지 않고 해를 입힐 수 있다는 말도 될 것이다. 바울은 그 예로 방언을 말하는 자에 대해서는 통역이 있어야 하고, 예언하는 자가 있다면 분별하는 자도 있어야 하며, 모든 형제자매에게 있는 은사가 골고루 서로의 신앙을 돕고 검증하고 성숙하게 하는 기능을 올바르게 발휘해야 한다고 말한다. 은사를 행하는 신자들은 각 지체이지만 몸을 이루게 하고 행하게 하시는 이는 한 분 성령이시므로 어떠한 은사이고 모양이든지 높고 낮음이 없다는 말이 된다.

또한 14장 33절 말씀을 보면서 우리는 은사를 어떻게 사용해야 하는지를 알게 된다. 바울은 은사를 질서 있게 행하기를 가르친다. 그 이유는 하나님이 무질서의 하나님이 아니라, 평화의 하나님이시기 때문이다. 이 말은 곧 질서 안에는 보이지 않는 평화가 존재하고 있음을 깨닫게 하는 말이다. 질서가 있을 때 평화가 있고 평화가 있는 곳에 질서가 있는데 이것이 하나님의 존재라는 것이다. 우리와 함께하시는 하나님의 모습을 보고 싶다면 평화로 임하시는 성령님을 바라볼 때임을 기억하며, 질서와 덕을 갖고 찬양을 하는 우리가 되길 소망한다.

찬송 가운데 태어나신 예수님

주님, 이제 주께서는 주의 말씀을 따라, 이 종이 세상에서 평안히 떠나갈 수 있게 해주셨습니다. 내 눈이 주의 구원을 보았습니다. 주께서 이것을 모든 백성 앞에 마련하셨으니, 이것은 이방 사람들에게는 계시하는 빛이요, 주의 백성 이스라엘에게는 영광입니다(눅 2:29-32, 표준새번역).

우리는 요한계시록에서 예수님이 네 생물과 이십사 장로들 가운데 계시면서 그들의 찬양을 받으시는 장면을 기억한다. 하나님 나라에서 그분을 향한 찬양이 끊이지 않으며 영원히 주를 찬송할 것이다. 우리를 지으신 하나님, 우리를 구원하신 예수님을 영원히 찬양하는 기쁨 그것 외에 우리가 더 구할 것이 무엇이 있겠는가? 찬송 중에 둘러싸여 계시는 예수님은 이 땅에 오실 때에도 찬송 가운데 태어나셨다. 그가 낮고 천한 마구간에서 나신 것과 찬송 중에 나신 분이라는 사실 또한 함께 다뤄져야 할 것이다. 예수님이 나실 적에 그분을 둘러싼 환경과 사람들은 이스라엘의 하나님과 긍휼 중에 구원하시고 돌보시는 예수님을 찬송하는 하늘로부터 내려온 신령한 사인(sign)들, 즉 영적 표식을 받게 된다.

첫째로, 예수님이 나실 적에 세례 요한이 비슷한 시기에 출생하면서 그의 아버지 사가랴 제사장이 입이 풀리고 주를 찬송하는 사건이 있었다. 그는 나이가 많고 아내는 늙었다는 이유로 가브리엘 천사가 전한 소식을 믿기 어려워했고 하나님의 위대한 역사의 실현 앞에 믿음 없는 말을 하지 못하도록 주께서 일정 기간 그의 입을 닫게 하셨다. 하지만 요한이 태어나고 그의 입술이 풀리면서 이 같은 모든 기사 앞에 사가랴와 그 근처에 사는 자들이 하나님을 찬송하였고 유대 산골에까

지 그 소문이 퍼지게 되었다.

둘째로, 목자들이 예수의 탄생 소식을 초현실적인 기적과 이상으로 경험하여 복된 소식의 전달자가 된다. 밤중에 들에서 목자들은 동시에 동일한 천사를 만나고 다윗의 동네에 구주가 나셨다는, 아주 자세하고 직접적인 소식을 접했다. 하나님의 계획은 이것으로 끝나지 않고 그 천사와 하늘 천군 천사의 군대가 나타나서 하나님을 찬양하는 진풍경을 보여주기까지 하셨으니 그들의 입술을 전달자로 삼으셔서 목자들이 본 바를, 아기에 대하여 들은 바를 마리아와 요셉에게 알리게 하셨다.

왜 목자들을 통로로 삼으셨는지에 대해서는 세 가지 정도 의견이 전해져 온다. 하나는 하나님의 백성, 그 양떼를 이끄시는 주님으로 예수님이 목자장이 되시기 때문이라는 것과, 둘은 당시에 목자들은 비천한 직업을 가졌지만 주께서는 작은 자들의 하나님이 되신다는 것과, 셋은 당시에 목자들은 타인에게 신임을 받지 못했던 자들이었지만 그들이 예수님을 전하게 된 것이 도리어 '진짜'가 나타났기에 그들로 발 벗고 뛰며 급히 주가 나신 곳으로 그들의 발걸음을 옮기게 했다는 의견이다.

또 목자만이 아니고 한 사람에게 찾아가셔서 예수님이 나신 소식을 천사가 전해 주었다. 그는 시므온이라는 사람인데 "그 사람은 의롭고 경건한 사람이므로, 이스라엘이 받을 위로를 기다리고 있었고, 또 성령이 그에게 임하여 있었고 그는 주께서 보내시는 그리스도를 보기 전에는 죽지 않을 것이라는 성령의 지시를 받은 사람이다"라고 기록된 자다. 그는 성령에 이끌려 성 안으로 들어갔으며 예수를 팔에 안고 주를 찬송하며 오늘 본문과 같이 말했다. 그가 위로를 기다리는 자였음에 주목해 보자. 주를 기다리는 자에게, 주를 찾는 자에게 반드시 그의 소원을 만족하게 하실 것이라는 주님의 음성이 들려온다(시 9:10).

찬양은 어디에서 누구와 하는가?

> 내가 모태에서부터 주를 의지하였으며 나의 어머니의 배에서부터 주께서 나를 택하셨사오니 나는 항상 주를 찬송하리이다(시 71:6).

우리는 찬양을 어디에서 한다고 생각하는가? 대다수는 장소를 떠올릴 것이고 교회에서 하는 것이라고 생각하기 쉽다. 하지만 성경에서는 찬양을 하는 장소가 훨씬 많고 넓은 것을 볼 수 있다. 다윗은 장막에서 수천 명의 레위인들을 세워놓고, 그의 사랑하는 백성들과 하나님을 예배했지만 또한 그의 침상에서 하나님을 찬송했다(시 6:6). 그리고 이것이 다윗만이 아니고 성도들을 향하는 권고의 말씀인 것을 알 수 있다(시 149:5).

우리는 이것 외에도 특이한 몇 가지 경우를 보면서 찬양은 어디에서든지 해야 하는 것이라고 각인하게 될 것이다. 역대하 20장을 보면 '찬송 골짜기'라고 불린 곳, 곧 전쟁터에서 하나님을 찬송한 기록을 찾을 수 있다. 또한 사도행전 16장에서는 바울과 실라가 옥중에서 하나님을 찬송했다. 그 범위가 얼마나 크고 넓은지 시편 113편 3절에서는 해 뜨는 데부터 해 지는 데까지 여호와의 이름이 찬송을 받으실 것이라고 표현했다.

시편 71편 6절에서 화자는 때와 장소를 나누지 않고 언제나 주를 찬송하겠다고 고백한다. 그는 자신이 찬송해야 할 '항상'이라는 마땅한 범위를 어디에서부터 시작하고 있는가? 어머니의 배에서 지음을 받았을 때부터라는 고백에 주목하자. 그렇다면 주님을 찬송하다가 생을 다해서 주 앞에 서는 것을 꿈꾸는 것은 또한 어떤가? 아니, 찬송은 죽은

자들의 것이 아니고 산 자들의 것이니 열심히 찬송하다가 죽으면 소원이 없을 것이라고 말해도 저 천국에서 더더욱 주를 찬송할 것이라는 소망을 갖는 것이 맞다. 요한계시록 5장 13절에는 "내가 또 들으니 하늘 위에와 땅 위에와 땅 아래와 바다 위에와 또 그 가운데 모든 피조물이 이르되 보좌에 앉으신 이와 어린양에게 찬송과 존귀와 영광과 권능을 세세토록 돌릴지어다 하니" 라고 기록되어 있다.

그렇다면 찬양은 누구와 하는가? 교회에 가면 우리는 신자들과 모임을 하게 된다. 우리는 그 회중들과 하나님을 찬양한다. 하지만 성경은 좀 더 과감하고 더 많은 이들과 함께 하나님을 찬양한다고 말하고 있다. 시편 35편 18절은 "많은 사람들 중에서"라고 말한다. 시편 45편 17절에서는 "만민들이" 영원히 왕을 찬송할 것이라고 고백한다. 그리고 요한계시록의 기록처럼 천사들과 온 열방의 사람들과 모든 피조물과 우리 하나님을 찬송하게 될 것이다.

이스라엘 백성들은 어디에서 찬양을 했는가? 시편 135편 21절에서는 그들이 시온에서, 시온을 향하여 찬송을 불렀다고 기록한다. "시온에서 너를 붙드시며"(시 20:2), 또는 "시온에서 그 빛을 비추시며"(시 50:2)라는 시편 말씀을 통해서 시온은 예루살렘의 거룩한 산이요 하나님의 임재를 상징하는 가장 적절한 언어였음을 볼 수 있다.

하나님의 임재를 경험할 수 있는 곳은 우리의 이성으로 자각할 수 있는 범위만이 아니다. 태중에서 예수님을 알아보고 뛰놀았던 세례 요한, 그는 예수님을 기뻐하며 찬송했다. 모태에서부터 우리의 영은 주님 안에서 안식을 누리며 주를 찬송할 수 있고 저 천국에서도 주를 더더욱 찬송하게 될 것이다.

찬양을 가르쳤던 사람들

또 그와 단 지파 아히사막의 아들 오홀리압을 감동시키사 가르치게 하시며(출 35:34).

현대의 예배음악이 다양화되고 전문화되면서 찬양의 기능, 역할, 의미에 대한 새로운 접근과 이해가 활개를 치고 있다. 수많은 예배자들은 찬양사역을 하는 전문기관이나 단체 그리고 사역자들을 통해서 찬양의 이해의 폭을 넓히고 있고, 이는 각 교회에 긍정적 영향을 주어서 양적으로나 질적으로 찬양의 수준을 상승시키고 있다.

이 같은 현상이 낯설지만은 않은 것이 예술적 영감과 기술, 영적인 훈련과 교육에 대해서 일찍이 가르쳐 왔던 사람들이 있기 때문이다. 본문에 나오는 그들의 이름이 브살렐과 오홀리압이다. 이 두 사람은 모세 때에 완성한 성막의 갖가지 조각과 세공 외에도 여러 가지 일을 정교하게 한 자들이다. 이들은 뛰어난 기술력만 갖춘 것이 아니라 지혜로운 마음과 하나님의 영으로 감동된 사람들이었다. 만약 하나님의 일을 진행할 때 구별된 신앙이 아니고 탁월한 기술력만 갖고 사역을 한다면 신앙적으로 부정적인 일들이 발생할 것이다. 그런 면에서 브살렐과 오홀리압은 하나님의 영으로 충만한 사람들로서 함께 일하는 동역자들에게 좋은 모범이 되고 지휘관이 되었을 것이다.

하지만 실력이 출중하고 믿음이 곧은 사람이라고 하여 모든 사람을 품을 수 있고 잘 가르칠 수 있는 것은 아니다. 나 자신은 바로 해도 남을 잘 가르칠 수 있는 능력이 없다면 타인은 답답함과 불편함을 겪을 것이다. 성경에서도 가르치는 것은 '은사'라고 말하고 있다(롬 12:7). 나

는 가르치는 은사, 곧 진실한 스승이나 선생이 되는 은혜가 하나님의 영역에 속해 있음을 말하고자 한다. 즉 가르치는 은사의 궁극적인 공급자가 구별되는데 본문에서는 "가르치게 하시며"라는 수동태를 통해서 이러한 능력을 주시는 이가 따로 있음을 알게 한다. 세밀한 기획력과 상상력을 주셔서 성막에 꾸며질 모든 구조를 깨닫게 하시는 이가 하나님이시므로 그분께로 흘러나오는 지식과 지혜를 완성하시고자 하시는 하나님은 오홀리압과 브살렐에게 가르치는 능력도 주시는 이가 되신다.

브살렐과 오홀리압이 예술과 건축, 조각의 좋은 스승이 될 수 있었던 것은 하나님께로부터 오는 지혜와 지식을 전달하는 자들이었기 때문이다. 그리고 가르치는 이를 부르시고 세우셔서 아름다운 작품을 만들어 내시는 하나님은 다윗의 장막의 때에도 헤만과 여두둔 아삽을 부르셔서 그들의 지휘 아래 그의 아들들과 이스라엘 백성이 하나님을 찬송하게 하심을 볼 수 있다(대상 25:6).

하지만 성경에서는 가르치는 자들을 향한 충고도 주는데 다른 사람을 가르치는 이라면 자신도 가르쳐야 한다고 말하며(롬 2:21), 지극히 작은 것 하나라도 버리고 또 그같이 사람을 가르치는 자들에 대해서 천국에서 작은 자라고 말하고 있다(마 5:19). 크건 작건 찬양을 지휘하고 가르치는 위치에 있는 찬양사역자들 그리고 섬기는 이들에게 주는 귀한 말씀이다. 그러면 우리가 어떻게 찬양해야 할까? 우리의 입술이 말하는 찬양의 이해와 목적을 따라서 마음과 행실로 본을 보이는 찬양하는 사람들이 되어야 하겠다.

함께 기뻐하는 것(쉬네카이론, συνέχαιρον)

> 집에 와서 그 벗과 이웃을 불러 모으고 말하되 나와 함께 즐기자 나의 잃은 양을 찾아내었노라 하리라 내가 너희에게 이르노니 이와 같이 죄인 한 사람이 회개하면 하늘에서는 회개할 것 없는 의인 아흔아홉으로 말미암아 기뻐하는 것보다 더하리라(눅 15:6-7).

하나님께서 우리 각자의 삶 속에 주신 다양한 형태의 교회 공동체를 생각할 때 믿음의 형제들과 함께 기뻐하는 교제를 갖는 것은 참으로 중요하다. 이렇게 마음을 나누며 함께 기뻐하는 성도들의 이야기가 성경 곳곳에 숨어 있다. 주님 안에서 '함께 기뻐하다'의 의미를 지닌 헬라어는 '쉬네카이론'(συνέχαιρον)이다. 이 단어가 쓰인 성경구절은 어디이며 어떤 환경에서 다뤄졌을까? 누가복음 1장 58절에서는 엘리사벳이 해산할 기한이 차 요한을 낳았을 때 이웃과 친족들이 함께 즐거워하였다는 기록이 있다. 그들은 엘리사벳을 크게 긍휼히 여기심을 듣고 하나님의 은혜에 감사했다. 믿음의 형제의 삶에 하나님께서 행하신 놀라운 역사에 함께 기뻐 감사할 수 있다는 점이 차갑고 개별적인 현대의 크리스천들의 양상에도 필요하다고 생각했다.

또 누가복음 15장 6-9절의 비유를 통해 천국에서는 무엇에 함께 기뻐하는지, 그래서 이 땅에서 천국을 소망하며 사는 신자들이 무엇에 함께 기뻐해야 하는지를 알게 된다. 예수님은 죄인 한 사람이 회개하면 의인 99명으로 인한 기쁨보다 더한 기쁨을 갖는다고 말한다. 여기서 회개는 죄인이 후회하는 정도가 아님을 되새기자. 자신의 삶의 잘못을 후회하는 데서 그치는 것이 아닌, 예수님으로 인해 삶의 변화가 시작되고 이뤄지는 것까지 생각하자. 이렇게 회개하는 한 사람으로 인

해 기뻐하는 천국의 기쁨이 이 땅에서도 함께 이뤄져야 한다.

또 고린도전서 12장 26절에서는 예수님 안에서 지체된 모든 이들에게 높고 낮음은 한데 어우러지고 마음을 나눠 예수님 안에서 각 지체가 한 몸을 이루고 있음을 가르치고 있다. 그래서 몸의 한 부위가 아프면 다른 부위에도 영향이 가고 아프듯이 한 지체가 아프면 다른 지체도 아프고 한 지체가 영광을 얻으면 함께 즐거워함을 가르친다.

마지막으로 빌립보서 2장에서 바울이 빌립보 교회 성도들과 함께 나누는 기쁨에 대해 살펴보자. 개역개정에서는 이 구절의 핵심 단어를 '전제'라고 옮겼고, 개역한글은 '관제'라고 했으며 현대인의 성경은 '생명의 피'라고 해석했다. 전제의 의미에서는 기초가 되는 것이 적절하고 관제는 제사를 말한다. 따라서 '바울 자신이 순교로 드려진다 해도', 또는 '빌립보 교인들의 섬김을 위한 기초가 될지라도' 정도로 해석할 수 있다. 그는 자신이 순교의 피를 쏟는 죽음을 맞이해도 너희 무리로 인해 기뻐하겠다고 선언하고 있고 교인들에게도 함께 기뻐하라고 말하고 있다(18절). 천국의 기쁨이 죄인 한 사람이 회개하고 돌아오는 것이며 예수님을 믿는 것이 생명의 담보가 되는 슬픔을 오히려 기뻐하라고 말하고 있는 것, 이 땅에서 예수님의 보배로운 피로 인해 하나님의 자녀로 맺어진 한 형제인 우리들이 함께 기뻐해야 할 것이 무엇인지에 대해 깊이 성찰하게 하는 대목이다.

크리스천이 모인 자리에서 공유되고 있는 이야기는 무엇인가? 어떤 이의 말이 생각난다. 우리의 기쁨은 저 하늘에 있다는 말이다. 그 문장에 함축된 여러 의미가 오늘 성경에서 배운 기쁨에 해당되는 말이었음을 알게 된다. 물론 이 땅을 살면서 우리에게 찾아오는 기쁨은 다양하다. 그 기쁨이 모두 쓸데없다는 말은 아니다. 하지만 각 지체가 경험하는 하나님의 은혜, 죄인이 회개, 역설적인 기쁨을 말하는 순교의 피, 진리를 기뻐함이 정말 우리의 관심의 대상이 되고 기쁨이 되고 있는지 돌아보자.

환난의 떡과 고생의 물

주께서 너희에게 환난의 떡과 고생의 물을 주시나 네 스승은 다시 숨기지 아니하시리니 네 눈이 네 스승을 볼 것이며 너희가 오른쪽으로 치우치든지 왼쪽으로 치우치든지 네 뒤에서 말소리가 네 귀에 들려 이르기를 이것이 바른 길이니 너희는 이리로 가라 할 것이며(사 30:20-21).

이스라엘은 하나님의 백성으로서 그분의 율례와 법도를 지키며 하나님을 사랑해야 했지만 애굽으로 또 앗수르의 우상을 받아들이고 그들과 짝함으로 하나님을 멀리 떠나기를 반복했다. 그럴 때마다 하나님께서는 다시 주의 날개 아래에 품으시려고 하셨다. 이스라엘이 먹은 것은 환난의 떡과 고생의 물이었다. 때로는 그들의 삶이 어렵게 됨으로 다시 하나님을 기억하고 주께 돌아오기를 반복했던 이스라엘의 모습에서 오늘날 우리의 모습을 찾을 수 있다.

우리가 걸어가는 삶은 광야와 같고 또 환난의 떡과 고생의 물을 마신다. 이것을 제하여 달라고 여러 번 기도하며 살지만 환경이 완벽해지거나 삶이란 것에 온전히 만족할 수는 없는 것을 깨닫는다. 여기에서 우리가 놓치고 있는 것은 없을까? 우리는 더 기다리지 못하고 믿음이 부족해서 그렇다며 더욱 강하고 확신에 찬 믿음을 가져보려 한다. 그리고 야베스가 기도 드렸던 내용으로 기도하고 하나님의 응답을 기다린다. 나에게 복에 복을 더하시고 나의 지경을 넓히시고 환난을 면하게 해달라는 기도 말이다.

하지만 특수성을 제외하고 무조건적으로 위와 같이 기도하는 성향은 도리어 잘못된 신앙적 태도로 말미암은 것은 아닌지 생각한다. 대개 이런 신앙인들은 하나님을 자신의 기준에 끊임없이 맞추거나 끌어

내리려는 성향을 갖고 신앙생활을 한다. 사실 하나님을 섬긴다는 높은 경외심보다는 하나님을 자기 기준으로 끌어내리는 신앙은 하나님이 정말 나를 사랑하시는가에 대해서 자신이 없고 의심이 가득 차 있음을 발견할 수 있다. 그래서 하나님을 믿지만 매우 초조하고 불안하다. 하나님이 주시는 평강을 누리지 못한다. 그들은 가지지 못한 것에만 집착하여서 하나님이 전부가 되신다는 영적 원리를 깨닫지 못한다. 그들은 잠잠히 하나님 편에 서서 그분의 말씀을 듣고자 하지 않는다. 하지만 하나님께서는 불안하고 초조한 당신도 영원하신 사랑으로 사랑하고 계신다. 그 사랑은 우리 수준과 같지 않아서 한결같고 변함없으신 사랑이다. 그러므로 이렇게 생각해 보자. 당신이 환난의 떡과 고생의 물을 마실지라도 그것은 하나님의 사랑이 부족하거나 흠이 있어서가 아니라 모든 것이 합력하여 선을 이루게 하시는 하나님의 영역에 온전하고 안전하게 종속된 것에 불과하다는 사실로 말이다.

하나님께서는 장애물을 제거하기도 하시지만 때로 그대로 두시면서 그것을 극복하게도 하신다. 너무나 힘들고 고통스러워서 회피하고 낙심하던 문제들 앞에서 이제는 마냥 넘어져서 울고 있는 것이 아니라 이기게 하신다는 말이다. 환난의 떡과 고생의 물을 마실지라도 스승을 옆에 두시고 숨기지 않으심으로 어디로 갈지, 어떻게 해야 할지를 가르치시며 하나님의 따스하고 섬세한 음성을 듣게 하실 것이라는 말이다.

나는 생각해 본다. 우리가 사는 삶이란 결국 하나님 아버지를 더욱 깊이 알고 사랑할 수 있는 선택의 과정이라고 말이다. 매순간 하나님 사랑하기를 선택하길 소망한다.

헌신의 축소

환난의 많은 시련 가운데서 그들의 넘치는 기쁨과 극심한 가난이 그들의 풍성한 연보를 넘치도록 하게 하였느니라(고후 8:2).

나는 오늘 헌신의 영역이 어디까지 미칠 수 있는지를 생각해 보려 한다. 헌신의 사전적 뜻은 몸과 마음을 바쳐 힘을 다한다는 의미다. 또한 헌신은 개신교에서 주로 사용하는 언어로 섬김과 봉사에 대한 메시지와 함께 그 중요성이 늘 다뤄져 온 말이다. 특히나 조직이라는 구조를 갖는 모든 사회 영역은 개인에게 헌신을 강조하며 충성을 요구한다. 교회도 다르지 않다. 한 조직으로서의 교회가 운영되기 위해서 필요한 인력(人力), 재력(財力), 물력(物力), 기력(氣力) 등은 실제적이고도 반드시 필요하다.

한 가지 아쉬운 것은 신자를 향한 교회에 대한 헌신의 가르침이 축소된 것은 아닌가라는 물음이다. 먼저 '교회'가 가진 의미가 축소되었기 때문에 헌신의 의미도 지엽적으로 받아들이는 것이라고 생각한다. 현대의 신자들은 교회라는 이미지를 떠올릴 때 자신이 섬기는 교회, 즉 건물과 그 안에 속한 구성원, 사역자를 중심으로 한다. 그리하여 헌신은 자신이 섬기는 교회를 중심으로만 제한되며 신자들의 삶은 교회에서의 삶이 영적 생활의 전부인 듯 그곳에, 그 공동체를 섬기는 일에 만족한다. 하지만 교회가 가진 의미는 더 넓다. 조직으로서의 교회, 건물로서의 교회가 존재할 때 공적인 사회 영역과 소통할 수 있는 것은 사실이지만 개인으로서의 교회도 잊지 말아야 한다. 나 자신이 곧 교회이기 때문에 내가 가는 곳이 어디든지 그곳 또한 교회가 이뤄질 수

있음을 명심해야 한다. 즉 교회로서 살아가는 자신의 삶을 통해 영적인 영역과 속적인 영역은 구분이 사라지고 모든 삶의 영역에 하나님의 나라가 임하는 것이다.

교회의 의미가 확대되면, 헌신의 영역 또한 넓어진다. 한 예로, 찬양 사역자들이 다양한 형태로 존재하고 있는 폭넓은 교회음악 영역은 헌신이 필요한 곳이다. 때로 많은 음악가들이 자신의 음악적 재능과 가치를 인정받고 싶기에 화려한 무대와 더 좋은 조건과 환경에 자신을 공개하길 원하지만 정작 일상을 나누며 삶에 대해 더 깊게 고민하게 하고 가슴 따뜻하게 하는 작고 낮은 곳은 회피한다. 최근에 21살이 되어 실용음악과의 일렉 기타 전공을 목표로 준비하는 친구를 만날 기회가 있었는데, 비록 작은 교회이지만 예배음악 연주에 함께 동참할 것을 권유했다. 하지만 그 친구는 자신의 실력이 어느 정도인데 그렇게 작은 곳을 가겠느냐며 거절을 했다. 안타까웠다. 낮은 자의 마음으로 주를 기대할 때 하나님께서 당신을 통해 하실 일들은 수없이 많아질 것이다.

당신도 기억하길 바란다. 삶의 마지막 순간에 우리가 다 하나님 앞에 서게 되었을 때 하나님께서 우리에게 물으시는 질문은 나 자신을 위해 얼마나 큰 성공을 거두었는지가 아닌 하나님을 얼마나 사랑했는지, 그분의 영광을 위해 수고하고 땀 흘려온 것들에 대한 것이다. 사람의 손으로 짓고 세운 것들이 흔적 없이 사라지게 되고 가난한 자에게, 우리에게 베풀 것이 없는 천한 자에게, 예수님의 이름으로 물 한 모금 먹인 것이 상급으로 돌아오는 날이 될 것이다. 그러므로 우리가 가진 재능이 필요한 빛과 소금의 현장에서 누군가 손짓한다면 예수님의 이름으로 가자. 그리고 그곳에서 밀알이 되자. 세상은 당신의 헌신을 모르지만 하나님은 알고 계시며, 그분께서 부르신 자리에 있다면 그것으로 충분함을 기억하라.

참으로 좋아하는 것은 먹는 고기일 따름

희생제물을 좋아하여 짐승을 잡아서 제물로 바치지만, 그들이 참으로 좋아하는 것은 먹는 고기일 따름이다. 그러니 나 주가 어찌 그들과 더불어 기뻐하겠느냐?(호 8:13, 표준새번역).

제사의 종류는 목적과 의의에 따라서 여러 갈래로 나눠진다. 크게 화제, 요제, 거제, 전제로 4가지가 있다. 그중에서 화제를 소분류하면 번제, 소제, 화목제, 속죄제, 속건제가 있다. 화제는 제물을 바치는 사람이 짐승의 머리 위에 안수하면 아론의 제사장들이 그 피를 회막 문 앞 사방에 뿌리고 가죽을 벗겨내고 각을 떠서 불에 태워 드리는 순서로 진행되었다. 번제로 지낸 불에 탄 제물은 아론과 그의 자손들이 먹을 수 있도록 해주었다. 하지만 그 제물을 거룩하게 구별하였기 때문에 타인은 먹을 수 없었고 다음날까지 두어선 안 되었다(출 29:31-33). 화제의 목적과 의의로서 번제는 자원함이고 의무적인 것으로 보아서 개인의 경배 행위로 볼 수 있다. 그리고 속죄제와 속건제는 의무적이었고 제물을 바치는 이의 죄를 속죄하고 깨끗하게 하기 위함이었다.

그런데 본문에서는 의무적이고 자원함으로 드리는 화제일지라도 하나님께서 더불어 기뻐하지 않으시겠다고 하신다. 그 이유가 뭘까? 경배자들과 제사장들이 제사법을 따라서 의식을 잊지 않고 행하지만 그 속에 진실함이 없기 때문이다. 하나님께서는 그들이 원하는 것이 하나님께서 죄를 사하셨고 자유를 주셨다는 영적인 기쁨과 충만함이 아니라 화제를 드리고 남은 두툼한 고기와 고운 가루라는 것을 알고

계셨다. 제사가 끝나면 그들은 그 음식을 먹음으로써 배가 부를 수 있었다. 사실 아론의 제사장들에게는 이것이 그들의 분깃이었다. 그들이 그 음식을 가져가는 것은 하나님께서 열두 지파 안에 질서를 세우도록 주신 방법이었기에 잘못된 것은 아니었지만 제사장으로서 감당해야 할 직무에 진실함이 없었기 때문에 하나님께서 마음 아파하신 것으로 볼 수 있다.

제사장만이 아니고 경배자들에 대해서도 하나님은 그들의 죄를 기억하고 허물을 벌하겠다고 하신다. 무슨 뜻일까? 곧 진심이 없는 형식만 갖춘 제사를 받지 않으시겠다는 뜻이다. 경배자는 자원함으로 원하면 제사장을 찾아가 화제를 드렸지만 감흥이 없이 습관적이고 말 그대로 하지 않으면 무서운 하나님께 혼나는 것은 아닐까 하는 생각에서 비롯된 것이라고 여겨진다. 하지만 자원함이라는 말에서는 외부의 압력이 아니라 자신이 원하여 하나님께 나아가는 것이 가장 올바른 해석이 되는 법이다. 자원함으로 헌신하고 봉사한다는 말처럼 그 안에는 기쁨과 감사가 섞여 있는 것이다. 그러나 본문을 보아서는 화제가 더 이상 자원함이 없이 진실함이 없이 나온 경배자가 있을 뿐이다.

제사장으로서 우리는 하나님을 예배한다지만 진실함을 잃어버린 것은 아닌지, 하나님께서 주실 것들에만 관심을 갖는 것은 아닌지 생각해 본다. 찬양사역자로서 교회 안에 머무르지만 음악이 좋아서 속해 있는 것인지, 예배가 기쁨이 되어서 속해 있는 것인지 말이다. 물론 착오가 없기 바란다. 찬양사역자가 음악을 싫어한다면 그것은 은사를 부인하는 것이다. 하지만 제사장들이 자신의 의무를 다해도 진실함을 잃어버린 것처럼 우리도 그럴 수 있다. 우리 안에 하나님을 향한 열정과 사랑의 불이 꺼지지 않기를 소망한다.

성전에 올라가는 순례자의 노래 120편

내가 환난 중에 여호와께 부르짖었더니 내게 응답하셨도다 여호와여 거짓된 입술과 속이는 혀에서 내 생명을 건져 주소서 너 속이는 혀여 무엇을 네게 주며 무엇을 네게 더할꼬 장사의 날카로운 화살과 로뎀 나무 숯불이리로다 메섹에 머물며 게달의 장막 중에 머무는 것이 내게 화로다 내가 화평을 미워하는 자들과 함께 오래 거주하였도다 나는 화평을 원할지라도 내가 말할 때에 그들은 싸우려 하는도다(시 120:1-7).

시편의 성전에 올라가는 노래의 첫 시작인 120편, 성전을 향하여 한 걸음 한걸음 뗄 때마다 그들이 불렀을 노래의 주제는 어떤 것들이 있었을까? 이스라엘 백성에게 신앙은 종교에 불과하지 않고 그들의 삶 이듯이 성전으로 올라가는 노래는 일상의 언어로, 또 주제마저 인생의 희로애락(喜怒哀樂)을 다 담아놓고 있음을 보게 된다. 그들이 겪는 인생의 한파가 하나님을 믿는 신앙과 이분화되지 않고 하나님의 도우심, 사랑, 징계, 훈련, 성숙이라는 일련의 과정들에 합력하여 선을 이루는 모습을 알 때 성전에 올라가는 순례자의 노래는 이를 나타내는 증거가 되고 그들의 삶을 보여준다.

120편의 순례자는 성전을 올라가면서 다음과 같은 노래를 부른다. 바로 '고난'이다. 1절에서 순례자는 고난 중에 하나님이 구원해 주시기를 간청하였더니 주께서 그 기도에 응답하셨음이 기술되었다. 고난에 대한 극복과 하나님의 도우심을 이미 1절에 기술한 것으로 보아 그가 해결된 후로도 그때를 회상하며 이 노래를 부른 것으로 보인다. 2절은 그가 고난 받았던 구체적인 이유가 나온다. 바로 사기꾼과 기만자들에

의해 피해를 입고 그의 삶의 전반적인 배경이 위태로운 지경에 처했던 것이다. 그렇다면 그가 누구에게 매일같이 찾아가 이를 두고 하소연하였겠는가? 곧 자신이 믿는 하나님이시다. 하나님은 전지전능하시므로 재판관 되시는 주께서 벌을 내려주시기를 고하는 것이다. 4절은 어떻게 하나님께서 사기꾼과 기만자들을 징계하셨는지 볼 수 있는데 용사의 활과 싸리나무 숯불로 벌하실 것이다. 이스라엘에서 싸리나무는 로뎀나무로 알려져 있고 싸리나무 숯불은 로뎀나무 덤불로 이해할 수 있다. 4절을 의역하면 용사의 활과 로뎀나무 덤불로 만든 회초리다. 5절은 순례자가 그들과 함께 살아야 하는 세상에 대한 괴로움을 표현하고 있는데, 마치 메섹 사람의 손에서 나그네로 사는 것과 같고 게달 사람의 천막에서 더부살이하는 것과 같다고 한다. 메섹은 지역이 알려지지 않았지만 야벳의 아들 메섹 두발과 그의 자손들이 거주하던 땅을 일컫고, 게달은 하갈에서 태어난 이스마엘의 둘째 아들과 같다. 5절에서 이들은 야만인의 상징으로 사용되었다. 6절은 자신이 살아왔지만 평화를 싫어하는 사람들과 살았는데 그들은 4절에 등장하는 사람들과 같다. 7절에서는 자신은 그들과 반대로 평화를 사랑하는 사람이며, 자신이 평화를 말할 때 그들은 전쟁을 생각하고 있다고 부연설명을 한다.

이 노래는 하나님의 사람으로서 평화를 꿈꾸며 중축하며 살고 싶지만 사기꾼, 기만자, 야만인과 같은 사람들과 함께 사는 세상에서 고난을 겪는 사람의 이야기다. 그리고 고난받은 사람을 외면하지 않으시고 구원해주시는 하나님의 도우심에 대한 노래이기도 하다. 우리가 성전을 향해 발걸음을 옮길 때에는 이와 같은 일로 인해 고난받는 형제자매가 있고 때로는 우리가 당사자가 될 때도 있음을 알고 있다. 그들은 꽤 깊은 아픈 상처와 힘겨운 날들로 지쳐있다. 그리고 고난의 때에 구원을 사모하는 노래를 부르며 주께 나아온다. 또한 이처럼 다양한 주제들을 가지고 이러한 마음을 품고 하나님의 뜻을 나타낼 수 있는 노래가 필요하다.

성전에 올라가는 순례자의 노래 121편

내가 산을 향하여 눈을 들리라 나의 도움이 어디서 올까 나의 도움은 천지를 지으신 여호와에게서로다(시 121:1-2).

시편 121편은 두 번째 성전에 올라가는 순례자의 노래다. 1절에서는 그가 높은 산등성이에 위치한 예루살렘 성전을 향해 올라가면서 그 산을 바라본다고 말한다. 그리고 산에 서 있는 성전을 보면서 자신의 도움이 누구에게서 오는지 스스로 묻고 있다.

2절은 성전을 보면서 떠오른 한 존재, 곧 하나님을 생각하며 하늘과 땅을 만드신 주님이심을 고백한다. 1-2절은 그가 성전을 향해 가면서도 그의 마음과 생각이 하나님께 집중되어 있음을 볼 수 있다.

3절은 자신을 도우시는 하나님이 어떻게 그를 도우시는지 상징적 표현을 하고 있다. 주는 졸지도 주무시지도 않으시며 내가 헛발을 디디지 않게 지켜주신다고 고백한다. 이 고백은 하나님께서는 자신이 사랑하는 자에게는 잠자는 동안에도 복을 내리신다는 시편 127편 2절처럼 주무시지도 졸지도 않으시는 하나님의 모습을 보여주고 있다.

5절은 계속해서 어떻게 지켜주시는지 표현하고 있는데 네 오른쪽에서 그늘이 되어주시고 낮의 해도 해치지 않고 밤의 달도 해치지 못하도록 지켜주신다고 한다. 이스라엘에서 '오른쪽'이 상징하는 것은 '완전함'인데 우리는 쉽게 주의 오른팔로 또는 오른손으로 나를 안아주시고 지키신다는 표현을 찾아볼 수 있다. 오른쪽도 이와 같은 표현으로 볼 수 있다. 또한 이스라엘에는 광야가 있어서 그늘진 곳이 있으면 나그네에게는 더없는 쉼이 된다. 또 광야는 낮에는 영상 50도를 육박하

는 더위와 밤에는 쌀쌀하게 추운 날씨로 심한 일교차를 보이는데 그들의 지역적 특성에서 나온 고백이라고 할 수 있다. 모세의 출애굽 당시에 광야를 지나는 이스라엘 민족에게도 하나님께서 불 기둥과 구름 기둥으로 지키셨음을 볼 수 있다.

7절은 도우시는 주께서 모든 재난에서 지키시고 생명을 지켜주시고 나갈 때나 들어올 때나 이제부터 영원까지 지켜주신다는 복을 이야기하고 있다. 7절을 더 자세히 들여다보면 하나님을 간절히 바라는 자들, 그래서 '나의 도움이 오직 주님에게서 옴'을 알고 자신의 헛된 계획과 방법을 버리고 주를 소망하는 자들에게 내려주시는 복이라고 볼 수 있다.

우리는 이 순례자의 노래를 주일학교에서도 부른 기억이 있고 어른이 되어서는 경배와 찬양으로도 부르고 있다. 물론 이 노래를 주제로 한 성가곡도 많지만 말이다. 우리는 성전 안에서 좌석에 앉아 또는 서서 이 노래를 부르지만 성전을 향해 오르면서 산을 볼 때마다 열심히 이 노래를 불렀을 이스라엘 민족의 모습을 상상해 보라. 이 노래의 주제가 성전을 향하며 불렀던 순례자의 노래였다는 것이 새롭다.

하나님을 알지 못하는 사람들과 믿지 않는 사람들과 하나님을 신실하게 믿는 사람의 차이는 무엇일까? 하나님을 구주로 믿는 믿음 자체가 다른 것이겠지만 도우시는 하나님의 손길이 임할 때 그들은 이를 알아차리고 주께 영광을 돌린다는 점이다. 그리고 그 손이 짧지도 좁지도 않으셔서 넉넉하게 도우시는 좋으신 하나님이시라는 점이다. 우리의 삶에서 위기가 찾아올 때 하나님을 기억하고 그분의 특별한 손길을 기다리자. 주께서 움직이시도록 우리의 욕심과 계획과 방법은 내려놓고 말이다.

성전에 올라가는 순례자의 노래 122편

예루살렘을 위하여 평안을 구하라 예루살렘을 사랑하는 자는 형통하리로다 네 성 안에는 평안이 있고 네 궁중에는 형통함이 있을지어다(시 122:6-7).

시편 122편은 성전에 올라가는 노래 중에서도 다윗이 쓴 시다. 다윗은 이스라엘의 평화를 기원하는 노래를 불렀는데 122편이 그렇다. 성전을 향하여 올라가는 걸음마다 예루살렘의 평화를 기원하며 불렀을 122편의 내용은 무엇일까?

다윗은 사람들이 자신에게 "주의 집으로 올라가자"라고 했을 때 기뻤다고 고백한다. 왜냐하면 그곳은 하나님을 위해 지은 집이고 그분의 임재가 머무는 곳이기 때문이다. 다윗이 사랑하는 하나님이 계신 곳에 함께 가자고 말하는 사람들의 초대는 한 공동체로 모인 사람들과 주님을 기뻐할 수 있는 은총의 시간이기에 더욱 기뻤을 것이다.

2절에서는 예루살렘을 의인화하여 사람을 부르듯, 정답게 그 이름을 부르고 있다.

3절은 예루살렘 안으로 들어온 다윗이 그 풍채를 보고 칭찬하는 장면이다. 예루살렘은 치밀하게 갖추어진 성읍처럼 잘 세워졌고 모든 지파들이 주를 찬양하려고 절기를 따라 매해 올라감에 기뻐한다.

5절은 그곳에 재판할 보좌가 섰는데 곧 다윗 집안의 왕좌라고 말하고 있다. 이 구절은 곧 메시아 예수님을 일컫는 구절로 그가 다윗의 직계로 올 메시아임을 예언하고 있다고 볼 수 있다. 우리는 더불어 예수님이 곧 성전이 되시는 자신의 육체를 가리켜 하셨던 말씀, 성전을 헐고 삼 일 만에 다시 세우시겠다고 십자가 사건을 예언하셨던 복음서의

말씀을 연상할 수 있다(요 2:21). 다윗은 예루살렘 성전을 보면서 그 성전을 향해 올라가는 것을 기뻐했지만 또 우리의 성전이 되시는 예수님을 동시에 묵상하고 있음을 볼 수 있다.

6절은 다윗이 예루살렘이 평화가 있기를 기도하라고 명령하고 있다. 예루살렘에 이름을 또 다시 친밀하고 사랑하는 마음으로 부르며, 성벽 안과, 궁궐 안에 평화가 깃들기를 빈다고 축복하고 있다.

8절은 이곳에 친척과 이웃이 있기 때문에 평화가 예루살렘에 있기를 빈다고 말하고, 9절은 예루살렘이 우리 하나님의 집이므로 평화가 깃들기를 빈다고 그 이유를 설명했다.

6절 이하는 예루살렘의 평화를 기원하는 구절로 현재적 의미는 그곳이 팔레스타인의 가자 지구와 이스라엘이 접경한 지역에 위치한 것을 볼 때, 과거에는 십자군 전쟁 때 예루살렘이 함락되거나 끊임없는 종교적 차이와 신념으로 전쟁의 역사로 얼룩진 것을 볼 때 다윗의 예루살렘의 평화를 위해 기도하라고 한 명령이 이해가 된다. 물론 우리는 영과 진리로 예배하는 이 순간이, 또 교회가 우리 자신임을 알고 하나님을 믿지만, 예루살렘이 당할 아픔을 내다보고 애통해했던 다윗의 마음을 들여다봐야 할 것이다. 왜 성지는 소중한 것일까? 왜 우리는 그곳을 지켜야 하는 것일까? 기독교 역사가 현재를 사는 우리에게, 또 미래를 살아갈 후손들에게 어떤 기억의 장치로 작용할 것인지 생각할 때 예루살렘과 잔재로 남은 통곡의 벽은 평화를 위해 기도해야 할 우리의 노래가 되는 것이 아닌가 싶다. 예루살렘의 평화는 모든 크리스천의 공동 기도가 되어야 한다. 다른 민족이고 이방인이라고 하여 외면하기보다 예수님이 그 땅에서 삶을 사셨고 예루살렘을 보며 우셨던 사건(눅 19:41)을 기억한다면 우리의 기도와 노래까지도 예루살렘의 평화를 위해야 하지 않을까?

성전에 올라가는 순례자의 노래 123편

하늘에 계시는 주여 내가 눈을 들어 주께 향하나이다 상전의 손을 바라보는 종들의 눈같이, 여주인의 손을 바라보는 여종의 눈같이 우리의 눈이 여호와 우리 하나님을 바라보며 우리에게 은혜 베풀어 주시기를 기다리나이다(시 123:1-2).

이러한 노래는 시편에 총 15편이 등장하는데 120-134편이 성전에 올라가는 순례자의 노래다. 학자들 사이에서는 성전에 올라가는 노래가 과연 무얼 말하는지 의견이 분분하지만 지배적인 의견은 예루살렘이 지역적으로 해발 790m에 이르는데 이곳에 도착할 때까지 수많은 순례자들이 산등성이를 오르는데 그 순례의 길에서 부르는 노래라는 점이다. 이스라엘 사람들은 7개의 절기 중에서 3개의 절기, 곧 무교절, 칠칠절, 초막절은 예루살렘 성전에 모여서 지켰는데 예수님도 이 절기 중에 예루살렘에 오르셨다는 기록을 찾아볼 수 있다(요 5:1). 그러나 또 절기 중에만 성전에 오른 것으로 보이지는 않는다. 예수님이 예루살렘 쪽으로 올라가시던 장면들이 절기가 아닌 때에도 보이기 때문이다(마 14:23). 유대인과 예수를 메시아로 믿기 시작했던 사람들은 항상 성전을 중심으로 활동하며 살아갔다.

예루살렘 성전은 꼭대기에 있어서 누구든지 그곳을 보고 싶을 때 눈에 잘 들어왔을 것이다. 한 가지 특이한 점은 성전이 높은 곳에 위치했기 때문에 매번 사람들은 자신들의 고개를 위로 들거나 눈을 들어야만 성전을 볼 수 있었을 것이고 마치 주의 거룩한 처소로 통칭되는 하늘(신 26:15)과 맞닿은 듯 보이는 성전의 모양은 이 땅에서 숨 가쁘게 돌아가는 바쁜 삶을 잠시 멈추고 하나님을 생각하게 하고 묵상하게 하였을 것이다. 사람들은 높은 곳에 있는 성전을 올라 땅 아래를 볼 때마

다 성전이 존재하는 것들을 다 포용하고 있기에 이스라엘을 다스리는 분은 오직 하나님이신 것과 그분의 존재는 가장 높으시고 뛰어나신 존재임을 늘 깨우쳤을 것이다. 그러고 보니 높은 곳에 위치한 성전을 중심으로 살았던 이스라엘의 생활방식은 애굽을 나오고 광야 시내 산에 이르렀을 때와 동일하다. 그들은 하나님이 임재하시는 거룩한 산 밑에 진을 치고 살았고, 모세는 여호와를 만나기 위해 산으로 올라갔다(출 19:3). 마찬가지로 모세 때의 이스라엘 백성들도 눈을 들어 시내 산을 보며 하나님의 존재를 인식해 갔을 것이다.

여기서 중요한 영적인 의미를 발견할 수 있다. 우리가 하나님을 섬긴다는 것은 무얼 말하는가? 하나님은 마냥 우리와 친밀한 친구가 아니라는 점이다. 하나님은 그보다 더 크신 분이 확실하다. 믿음으로 섬김은, 흙에서 빚어진 우리는 높으신 하나님을 우러러 봐야 한다는 것과 고개를 들어 그분을 바라볼 때 우리의 영이 살게 된다는 것을 의미한다. 본문에서는 주를 바라볼 때 어떻게 바라본다고 고백하고 있는가? 주를 볼 때 마치 상전의 손을 바라보는 종의 눈으로, 여주인의 손을 바라보는 여종의 눈처럼 가장 낮아진 자세에서 주를 바라본다는 것이다. 그 마음은 주인을 섬기는 마음으로 아주 조심스러웠을 것이다. 또 주인이 선한 사람이라면 더욱 사랑하고 존경하는 마음으로 바라보았을 것이다.

우리도 이처럼 예배 찬양에서 눈을 들어 주를 본다는 가사들을 많이 부른다. 우리는 이것이 성경의 어디에서 발췌한 것이고 또 어떻게 불러야 할지 알게 되었다. 하나님을 예배하려고 성전으로 가기까지 우리의 마음도 순례자들이 부르는 노래처럼 이미 주께로 향하고 눈을 들어 주를 보는 것은 그분을 우러러본다는 것을 뜻한다.

자, 눈을 열어 주를 볼 때 이 같은 마음이 되자.

성전에 올라가는 순례자의 노래 124편

우리를 내주어 그들의 이에 씹히지 아니하게 하신 여호와를 찬송할지로다 우리의 영혼이 사냥꾼의 올무에서 벗어난 새갈이 되었나니 올무가 끊어지므로 우리가 벗어났도다 우리의 도움은 천지를 지으신 여호와의 이름에 있도다(시 124:6-8).

성전을 올라가는 노래 15편 중에서 네 편이 다윗이 쓴 노래다. 124편도 다윗의 노래다. 다윗은 성전을 올라갈 때 무엇으로 주님을 노래하였을까? 그는 이스라엘을 건지시고 도우시는 하나님이심을 감사하며 노래하였다.

1절에서 그는 '이스라엘아!' 라고 부르며 모든 지파에게 묻고 있다. 그러나 다윗은 몰라서 묻는 것이 아니라 하나님이 도우셨다는 것을 이스라엘이 더 잘 알기에 대답하기를 강조하고 있다.

2절은 다윗이 가정법을 사용하며 만약 하나님이 자신들을 돕지 않으셨다면 어떤 처지에 놓였을까 상상하고 있다. 자신은 왕으로 지내고 이스라엘은 평화를 누리고 있는데, 하나님이 아니셨다면 이방 민족들이 이스라엘을 치러 일어났을 때, 분노를 터트려서 산 채로 죽였을 것이라고 답한다. 다윗은 자신들이 하나님께 순종해서 싸움터에 나가서 승리한 것이지만 그 공로조차 하나님의 은혜임을 고백하며 모든 영광과 능력을 하나님께 돌리고 있다.

4절에서는 물과 홍수를 언급하는데 이는 이스라엘 역사에서 있었던 한 사건을 이야기할 수 있고 또는 물과 홍수가 위험의 상징으로 표현된 것일 수 있다. 만약 한 사건이라면, 모세 지도자 때에 홍해를 가르셔서 맨 땅으로 걸을 수 있게 하신 하나님의 도우심, 또는 요단 강을 건널 수 있도록 다시 한 번 물길을 내어주신 하나님의 은총을 기억할 수

있다.

6절은 이스라엘을 원수의 먹잇감이 되지 않게 하신 하나님을 찬송하라고 선포하고 있다.

7절은 직유법을 사용해 자신들의 모습을 새가 사냥꾼의 그물에서 벗어난 것으로 표현했다. 주께서는 그들을 보호하시고 지키셔서 원수에게서 목숨을 건져내셨다. 이스라엘을 가로막고 괴롭히던 그물은 찢어서 쓸모가 없게 되고 그들은 하늘의 새들처럼 자유로워졌다.

8절은 이스라엘에게 어떻게 이렇게 살 수 있게 되었는지 대답해 보라고 묻던 1절에 대한 답이 될 수 있다. 하나님이 곧 도움이 되시는 것, 그리고 그분은 천지를 지으신 만유의 주시라는 것이다.

이스라엘이 하나님의 선민으로서 고난과 역경이 없는 것은 아니었다. 오히려 하나님의 이름에 대항하여 스스로 높아진 것들에 대해서 그들은 거룩한 싸움을 하였고 자신들을 세상으로부터 지켜야 했다. 하지만 하나님의 도우심이 아니었다면 가장 작고 힘없는 민족이었던 이스라엘은 사냥꾼의 그물에 묶인 새와 같았을 것이다. 하나님이 그들을 건지시고 지키시기로 결정하셨기에 이스라엘은 위험을 겪으면서도 승리할 수 있었다. 오늘을 사는 우리도 점점 어려워지는 세상과 하나님을 대적하며 높아진 것들에 대해 힘겨운 싸움을 피할 수 없다. 하지만 다윗의 고백처럼 하나님의 도우심을 경험하게 될 것이다. 왜냐하면 하나님은 천지를 지으신 분으로 그분께는 열방이 통의 한 방울 물 같고 저울의 작은 티끌 같으며 섬들은 떠오르는 먼지와 같기 때문이다(사 40:15). 그러므로 우리의 힘과 도움이 되시는 하나님을 찬송하며 세상 속에서 살아가자. 세상을 회피할 이유가 우리에게는 없다.

성전에 올라가는 순례자의 노래 125편

여호와를 의지하는 자는 시온 산이 흔들리지 아니하고 영원히 있음 같도다 산들이 예루살렘을 두름과 같이 여호와께서 그의 백성을 지금부터 영원까지 두르시리로다 악인의 규가 의인들의 땅에서는 그 권세를 누리지 못하리니 이는 의인들로 하여금 죄악에 손을 대지 아니하게 함이로다 여호와여 선한 자들과 마음이 정직한 자들에게 선대하소서 자기의 굽은 길로 치우치는 자들은 여호와께서 죄를 범하는 자들과 함께 다니게 하시리로다 이스라엘에게는 평강이 있을지어다(시 125:1-5).

본문 1절에 등장하는 시온 산은 예루살렘을 기점으로 서쪽에 있는 산을 말한다. 성경에서 이 산의 의미는 하나님의 임재 또는 하나님의 나라를 상징하는 데 사용하는 것을 볼 수 있다(시 99:2, 102:16). 우리를 바라보시는 하나님의 성실하심과 신실하심은 변하지 않고 하나님의 나라는 흔들리지 않고 견고하게 서 있는데 주님을 의지하는 사람은 하나님의 도우심을 입기에, 또 하나님의 나라에 속하였기에 흔들리지 않고 영원이 서 있다고 노래한다.

2절은 시온 산이 예루살렘을 감싸고 있다는 지리적 조건을 통해서도 하나님의 은혜를 발견하는 순례자의 모습을 찾을 수 있다. 즉 하나님의 임재가 성전이 있는 예루살렘을 감싸고 있는 것은 마치 우리를 주의 날개 아래 품으시는 하나님의 사랑에 비유할 수 있다.

3절은 하나님 나라는 과연 어떠하며 어떤 방식으로 살아가는지 그 단면을 볼 수 있는데, 의인에게 준 땅에 악인이 그 권세를 휘두르지 못한다는 것이다. 그러므로 이 땅에서도 의인이 불의한 일에 손을 대지 않으려면 의인에게 부여한 소유에 대해서는 악인이 악행을 저지르지 못하도록 해야 한다고 말한다.

레위기에서는 사람이 땅을 영원히 소유할 수 없다고 지적하는데 땅은 하나님의 것이기 때문이다. 그래서 이스라엘은 매해 7년의 주기가 돌아올 때면 땅을 쉬게 하였고 희년의 때에는 본래의 주인에게 땅을 되돌리는 풍습을 갖고 있었다. 이 같은 이해를 가지고 본다면 3절의 땅에 대한 개념을 올바르게 볼 수 있을 것이다(레 25장).

5절에서는 그들이 벌을 받게 해달라는 권선징악(勸善懲惡)의 형태를 띤다. 하지만 의인은 착한 사람이고 악인은 나쁜 사람이라는 이분화된 개념은 이스라엘의 기독적인 관점에서 해석하지 않고 일반적이거나 인본적으로 해석한 것에 그칠 수 있다. 여기서 악인과 의인의 기준을 나눈다면 4절과 5절에서 찾을 수 있다. 의인은 주님이 보시기에 선한 사람과 정직한 사람을 말하고, 악인은 비틀거리면서 굽은 길을 가는 자를 말한다. 그들은 의인 곧 하나님의 사람에 대하여 악한 권세를 휘두르려는 자를 말한다. 5절 마지막에서는 주님이 말씀하신 곧은 길을 걷는 이스라엘에 평화를 기원하는 노래를 부른다.

시편 125편은 시온 산과 예루살렘, 그리고 이스라엘 민족의 선민사상에서 비롯되는 순례자의 노래로서 이스라엘 민족의 기원적, 지리적 배경과 풍습을 이해할 때 더욱 순수한 말씀을 묵상할 수 있다. 하지만 이 노래에서도 우리는 교훈을 발견할 수 있을 것이다. 주님을 의지하는 사람은 흔들리지 않는다는 것, 의인이 당하는 불의한 일을 하나님은 결코 기뻐하지 않으신다는 것, 주님으로 인해 끝까지 선함과 정직함을 지키는 자들에게 은혜를 베푸신다는 것이다.

성전에 올라가는 순례자의 노래 126편

여호와께서 시온의 포로를 돌려보내실 때에 우리는 꿈꾸는 것 같았도다 그때에 우리 입에는 웃음이 가득하고 우리 혀에는 찬양이 찼었도다 그때에 뭇 나라 가운데에서 말하기를 여호와께서 그들을 위하여 큰일을 행하셨다 하였도다 여호와께서 우리를 위하여 큰일을 행하셨으니 우리는 기쁘도다.(시 126:1-3)

시편 126편의 순례자의 노래의 구성을 살펴보자. 1절에서는 포로가 등장하는데 이는 이스라엘로 추정된다. 주께서는 하나님의 나라 또는 하나님의 임재 안에서 살던 이스라엘이 포로로 잡혀가는데 일정 허용하시지만 다시 돌아오게 하시는데 포로들은 시온으로 돌아가며 자유와 해방으로 인해 마치 꿈을 꾸는 것처럼 놀랍다고 표현한다.

2절은 '그때'라는 단어로 보아 돌아온 후에 회상하는 장면으로 전환되는 것임을 볼 수 있다. 포로들은 시온으로 돌아가면서 하나님이 자신들을 구원하신 것에 대해 입가에는 웃음이 가득하고, 찬양의 함성으로 가득 찼다고 말한다. 또한 이스라엘을 도우시는 하나님을 보고 다른 민족들이 주께서 과연 그들의 편이 되시고 도우셨음을 인정하여 그 정확성이 여실히 드러났음을 말한다.

3절은 감탄사로 재차 포로에서 자유를 주신 하나님의 행하신 일에 감사하며 탄성을 내지르고 있다.

4절은 그들이 포로에서 돌아와서 정착을 시작할 때 번영하게 해주시기를 간구하는 기도를 드리고 있다. 이스라엘은 포로에서 돌아오는 동안에 하나님을 찬양하고 돌아와서도 탄성을 내지르며 찬양했으며 다음으로는 간구와 소원의 기도를 드리고 있음을 볼 수 있다. 4절에 등장하는 네겝 시내는 이스라엘 남방 지역에 위치해 있는데 항상 말라

있다고 한다. 하지만 시내에 다시 물이 흘러 마른 땅과 식물이 자라나듯이 건조하고 척박한 자신들의 삶도 되살아나기를 간구하고 있다.

5-6절은 그에 따라서 눈물을 흘리며 씨를 뿌리는 사람은 기쁨으로 반드시 거두고 돌아올 것을 확신하고 있다.

5절에 대한 해석이 다양할 수 있는데, 나는 세 가지로 나눠 해석해 보고자 한다. 첫째, 과거적으로 볼 때 눈물을 흘리며 씨를 뿌리는 사람은 이스라엘 자신들을 가리켜 하는 말이다. 이 노래가 언제 쓰여졌는지 정확하게 추정하기 어렵지만 바벨론 포로기를 지내고 다시 예루살렘으로 돌아와 기독신앙을 개혁하고 삶을 재개척하기 시작했을 이스라엘의 모습을 연상할 수도 있다(느헤미야서를 묵상해 보라). 둘째, 현재적으로는 어려움과 고난에 처한 하나님의 백성들의 삶에 대한 넓은 개념의 해석이다. 삶의 어려움 중에도 도우시는 하나님의 손길을 경험하며 살아왔고 다시 재개를 꿈꾸는 사람들에게 눈물을 흘리며 씨를 뿌리는 사람이 기쁨으로 그 단을 거둔다는 본문은 희망의 씨앗과 같을 것이다. 셋째, 미래적으로는 이 땅에서 하나님의 나라를 꿈꾸며 더 나은 본향을 향해 나가는 기독 신앙인들에게 참 자유와 해방이 임하는 날, 곧 시온 성이 이 땅에 내려올 그날에 대한 감사와 확신의 노래로 해석할 수 있다. 세상과 하나님 나라 사이에 끼인 듯 인내와 수고를 감수하며 살아야 할 이 땅에서의 삶은 주께서 시온의 운명을 온전히 회복시키실 때의 기쁨으로 갚아주실 것이다. 그때까지 모든 기독 신앙인은 울며 씨를 뿌리러 나가는 사람과도 같다. 하지만 반드시 기쁨으로 단을 거두게 될 것이다. 우리도 또한 이 땅을 잠시 사는 나그네요, 돌아갈 본향이 있는 순례자가 아닌가 싶다.

성전에 올라가는 순례자의 노래 127편

> 여호와께서 집을 세우지 아니하시면 세우는 자의 수고가 헛되며 여호와께서 성을 지키지 아니하시면 파수꾼의 깨어 있음이 헛되도다 너희가 일찍이 일어나고 늦게 누우며 수고의 떡을 먹음이 헛되도다 그러므로 여호와께서 그의 사랑하시는 자에게는 잠을 주시는도다 보라 자식들은 여호와의 기업이요 태의 열매는 그의 상급이로다 젊은 자의 자식은 장사의 수중의 화살 같으니 이것이 그의 화살통에 가득한 자는 복되도다 그들이 성문에서 그들의 원수와 담판할 때에 수치를 당하지 아니하리로다(시 127:1-5).

시편 127편은 솔로몬이 지은 순례자의 노래다. 솔로몬은 이 노래에서 한 집안의 생계와 살림에 하나님께서 어떠한 복을 내리셨는지 잘 알려주고 있다. 과연 이 노래가 순례자의 노래로, 또 이스라엘 민족에게는 어떤 의미가 있을까? 우리는 구약시대의 가족관에 대해서 알아볼 때 그들이 가정을 소중히 여기고 가정의 번영이 곧 하나님이 주신 복으로 연결하는 기록들을 찾을 수 있다. 먼저 그들은 혼인은 인간의 선택에 따른 결정처럼 보여도 하나님의 섭리가 그 안에 담겨 있음을 절대적으로 인정한다. 창세기에는 아담과 하와의 혼인이야기가 나오고 그들의 결혼이 성사되도록 하나님께서 직접 개입하신 것을 보여줌으로써 가정의 기원과 출발이 하나님의 뜻이었음을 보여준다. 하나님이 주신 복으로서 가정을 중요시 여기는 이스라엘의 가치관은 솔로몬이 쓴 다른 성경에서도 찾을 수 있다(잠 18:22; 전 9:9). 더욱이 남의 아내를 탐하거나 간음하지 말라고 하나님께서 십계명으로 주시기도 했으며, 솔로몬은 잠언에서도 이를 엄히 금하고 있다(잠 6:29). 사실, 우리가 혼인을 중요시 여기는 이유가 곧 이스라엘이 혼인을 중시 여기는 신적 세계관에 중심을 둔 것과 동일한 것이다.

이처럼 127편 1절은 하나님께서 집을 세우지 아니하시면 사람의 수고가 헛되고 주께서 성을 지키지 아니하시면 파수꾼의 헛됨을 강조했고, 가장 작은 단위이지만 하나님의 말씀 교육이 이뤄지는 가정에서부터 나라의 성까지 사람의 힘이 아니라 하나님이 다스릴 때 안전할 수 있다는 하나님에 대한 전적 의지를 표현했다.

2절은 잠도 자지 않고 일찍 일어나 부지런히 사는 인간의 노력도 주께서 세우고 지키지 않으면 헛되듯이 똑같다고 말한다. 도리어 주께서 사랑하는 사람에게 잠을 주시고 또는 그가 자는 동안에도 복을 내리신다고 말한다. 솔로몬은 더 많은 것을 누리고자 하는 인간의 욕심이 헛되고 헛됨을 이야기하면서 현재에 누리고 있는 삶에 대해 만족하고 감사하기를 가르치면서 이것이 곧 하나님이 우리에게 주신 선물임을 가르친다. 그가 쓴 전도서의 말들 속에서는 하나님의 존재를 직설적으로 드러내기보다 섭리 안에 감춰진 하나님을 나타내고 있다고 볼 수 있는데 1-2절은 솔로몬이 전도서에서 말하고자 한 내용과 사뭇 닮았다. 과연 그것을 축약 정리한 듯하다.

3-5절은 자식에 대한 솔로몬의 노래가 나오는데 이것은 자녀에 대한 성경적 가치관이라고 볼 수 있을 것이다. 그들은 하나님께서 부모에게 주신 보상이 자녀라고 말한다. 4절에서는 자녀를 비유하기를 용사의 손에 쥐어 있는 화살과도 같다고 하며 그 화살이 가득한 용사는 복이 있다고 말한다. 5절을 이어서 보면 원수, 곧 이스라엘의 원수들과 싸울 때 그들의 수가 있으므로 부끄러움을 당하지 않을 것이라고 결과적 이유를 설명했다.

현대를 사는 우리에게 결혼은 인간의 선택이고 자녀는 경제적 상황에 따라 낳을지를 선택하는 사항으로 변했지만 성경에서는 자녀가 하나님의 선물이라고 가르치고 있다.

시편 128편 순례자의 노래

네 집 안방에 있는 네 아내는 결실한 포도나무 같으며 네 식탁에 둘러앉은 자식들은 어린 감람나무 같으리로다(시 128:3).

시편 128편 1절은 주님을 경외하며 그의 길을 따르는 사람이 받는 복을 노래한다. 그러한 자는 누구라도 복을 받는다. 그가 받는 복은 구체적으로 무엇일까? 2절에서는 그 복이 네 손이 일한 만큼, 수고한 만큼 먹는 것이라고 말한다. 그리고 그 복을 받고 형통할 것이라고 한 번 더 강조하고 있다. 3절은 주님을 경외하는 자가 받는 복이 아내인데, 그는 열매를 많이 맺는 포도나무와 같다고 비유하였다. 신약에서는 예수님이 포도나무요 우리는 가지라고 비유된 바 있고, 예수님께서 첫 기적을 행하신 것도 물이 포도주로 변하는 사건이었다. 현대의 예배에서 성찬식을 거행할 때도 우리는 떡과 포도주를 마시며 예수님을 기념한다. 지역적으로 광야와 마른 지대가 많은 이스라엘은 물이 부족하고 사람들은 갈증을 해결하기 위해서 포도주를 마시는 습관이 오래 전부터 있었다. 그러므로 그들에게 있어서 포도나무, 포도 열매, 포도주는 생명을 보존하는 것이었고 해갈의 기쁨을 주는 귀한 열매였다. 영적으로는 우리가 예수님을 바라볼 때 우리의 영이 살게 되므로, 주께서 우리의 포도나무가 되시고 주의 자녀들은 나무에 달린 가지와 같아 주께서 주시는 힘으로 열매를 많이 맺게 되는 것이다. 포도주가 가진 붉은색은 그의 피를 상징하여 우리는 포도주를 마실 때 술이 아닌, 예수님의 십자가 사건으로 내가 구원받고 하나님의 자녀가 되었다는 믿음의 표현을 하는 것이다. 이처럼 성경에서 귀한 식물인 포도나무로 그

의 아내를 비유한 것은 아내의 복을 극찬했다고 볼 수 있다. 또 3절에서는 아이들이 올리브나무의 묘목과도 같다고 하였는데 올리브나무가 가진 상징적 의미를 알 때, 그 뜻이 더욱 분명해진다. 올리브나무는 하나에서 열까지 버리는 것이 없는 식물이다. 식용으로, 기름으로, 아픈 곳에 바르면 상처를 치유하는 치료제로 쓰이며 번식력이 강한 것으로 알려졌다. 즉 솔로몬은 그가 낳은 자식이 많을수록 좋으며 부끄러움을 당하지 아니할 것이라고 한 노래처럼(127:5) 128편 3절에서도 그의 자식들은 아직 묘목이지만 하나도 버릴 것 없이 다양하게 쓰이는 올리브나무가 될 것이란 비유와 같다. 주님을 경외하는 자가 받는 복이 포도나무 같은 아내, 그리고 올리브나무 같은 자녀의 복임을 알 수 있다. 5절 이하는 주님께서 임재하시는 상징, 시온에서 이러한 복을 내리시기를 빈다는 말과 함께 평생토록 예루살렘이 받은 은총을 보며 사는 것과 자손 대대로 이어짐을 받는 추가적인 복을 빌어준다. 6절 마지막은 이스라엘에 평화 곧 샬롬이 깃들기를 기원하며 노래를 마친다.

성경에서는 가정에 대한 강조와 축복이 결코 적지 않다. 신명기의 출애굽 이후 옛 이스라엘 민족이 아닌 새 이스라엘 민족에게 계명을 다시 주신 것에도 네 부모를 공경하라는 계명(16절), 네 이웃의 아내를 탐내지 말라는 계명(21절)에서도 찾아볼 수 있다. 가정을 지키는 것이 하나님이 주신 계명에 있다는 것은 무얼 의미할까? 그것이 곧 128편, 하나님을 경외하는 사람에게 주시는 복이기 때문에 이웃으로서 다른 사람의 가정을 헤치거나, 스스로 자신의 가정을 헤치는 일이 없어야 함을 알려주는 것이다. 이스라엘 백성들은 성전을 향해 오르며 위와 같은 노래를 불렀고 하나님이 세우신 가정에 내려주신 복을 지키려 하고 또 소망하였음을 본다.

시편 129편 순례자의 노래

그들이 내가 어릴 때부터 여러 번 나를 괴롭혔으나 나를 이기지 못하였도다(시 129:2).

시편 129편의 순례자의 노래에 대한 내용과 구조를 살펴보자. 1절에서는 나라, 이스라엘을 의인화하여 부르고 이스라엘 민족이 하나님께서 세워주신 나라와 민족임을 보여준다. 1절에서 이스라엘의 모든 사람들은 '고백하라'는 명령어를 통해 보듯, 다음과 같이 고백하여야 한다. 2절에서는 이스라엘의 원수가 나오는데 그들은 이스라엘이 어렸을 때부터 신생국가로 서기까지, 또 주요국가가 되기까지 여러 번 잔인하게 박해했다. 2절에 대한 증거를 이스라엘 국가가 서기까지 한 사람 '아브라함'을 부르셨던 창세기 기록을 보듯이, 그는 자신의 땅을 떠나오면서부터 많은 수고를 했고 이방인에게 사기를 당하는 등, 그 길이 순탄하게 시작되지 않았음을 본다(창 23장). 이뿐 아니라 모세오경을 참고하면 이스라엘이 이방 민족에게 당한 고난과 전쟁은 수도 없이 많았음을 쉽게 찾을 수 있다. 3절에서는 원수들이 밭을 가는 사람이 밭을 갈아엎듯 나의 등을 갈았다고 말한다. 사람의 등이 갈리면 어떻게 될까? 몸을 지탱하는 척추가 있는 목과 허리까지만 보더라도 이 말은 죽음을 말한다. 곧 이스라엘을 전멸시키고 흔적조차 없애려 했던 숱한 원수들의 침략과 계략을 신랄하게 비유한 말이다. 4절에서는 그들의 등에 고랑을 길게 내는 전략대로 목적을 이룬 듯했지만 한 사람을, 한 나라를 죽이기도 살리기도 하시는 하나님께서는, 자신이 택하신 민족을 그 상태로 놔두지 않으시고 악인의 사슬을 끊으시며 자유와 해방을 주셨다고 말한다.

4절과 5절 사이는 행을 나눴는데 한숨을 쉬고 가는 듯하다. 5절에서는 그렇다면 과연 이스라엘의 원수가 누구인가에 대한 궁금증을 풀 수 있다. 원수는 곧 시온을 미워하는 사람이다. 시온은 하나님이 계시는 곳, 또는 하나님의 나라를 상징하는 산이므로 시온을 미워하는 자는 곧 하나님의 존재 그리고 임재를 거부하는 사람을 말한다. 하지만 하나님은 자신을 경외하는 자, 이스라엘을 살리시는 분이시므로 그를 대항하는 원수는 수치를 당하고 물러가게 된다. 이스라엘을 진멸시키려는 계략은 하나님 섬기는 나라를 없앰으로 하나님을 그들의 땅에서 제거하려하는 것과 같다고 볼 수 있다. 하지만 6절은 그들의 멸망이 지붕 위의 풀같이 자라기도 전에 말라 버리는 것과 같고, 베고 묶는 일을 하는 사람이 열심히 일해도 품에 차지 않는 결실과 같다고 한다. 즉 그들의 수고가 헛됨을 알 수 있다. 하나님께서 그들의 손으로 하는 일에 복을 주시지 않고 밑 빠진 독에 물을 붓는 것과 같게 하신다고 한다. 8절은 지나가는 행인도 이러한 과정을 보다가 그조차 하나님께서 너희에게 복을 베푸시기를 빈다고 말하지 않을 것이고 자신조차도 그들을 축복한다고 말하지 않을 것이라고 한다. 우리는 하나님이 함께하지 않는 사람, 나라가 당하는 수치를 볼 수 있다. 그들이 하나님을 떠나 사는 것은 둘째 치고 하나님을 섬김으로 곧은 길을 걷는 이스라엘에 대해 언짢다 하고 그들을 올무에 빠뜨리는 일은 하나님께서 그냥 두지 않으신다는 의미로 해석할 수 있다.

순례자들이 이 노래를 부르며 다졌던 마음과 단순히 이스라엘 민족에게만 아니라 영적 이스라엘인 우리가 배울 교훈은 무엇인지 생각한다. 하나님께서는 불의한 일에 고난 당하는 당신을 마냥 지켜만 보지는 않으신다. 만약 하나님을 믿기 때문에 어려움을 당한다면 고난에서 반드시 건지시고 끝내 수치를 당하게 하지 않으실 것을 신뢰하길 바란다. 순례자들도 이와 같은 마음으로 이 노래를 부르며 산을 올랐으리라 생각한다.

성전에 올라가는 순례자의 노래 130편

여호와여 내가 깊은 곳에서 주께 부르짖었나이다 주여 내 소리를 들으시며 나의 부르짖는 소리에 귀를 기울이소서 여호와여 주께서 죄악을 지켜보실진대 주여 누가 서리이까 그러나 사유하심이 주께 있음은 주를 경외하게 하심이니이다(시 130:1-4).

시편 130편은 성전에 올라가는 순례자의 노래의 일부분이다. 과연 이 노래가 성전에 올라가는 자들에게 왜 불리고 왜 하나님께 드리는 노래가 되었는지를 묵상해 보고자 한다. 왜냐하면 성전으로 올라가는 자들이 이 노래를 부르며 마냥 하나님께 기쁜 마음만이 아니고 매우 슬프고 간절하게 하나님을 찾고 부르짖으며 올라갔기 때문이다.

1절의 '깊은 곳'을 표준새번역에서는 '깊은 수렁'이라고 표현하고 있는데 수렁은 땅 속에 파놓은 구덩이 곧 함정으로 이해할 수 있다. 만약 사람이 함정에 빠지게 되면 어떤 반응을 보일까? 일단 그곳은 머물 곳이 되지 못한다. 어떤 위험과 계략에 의해 함정에 빠지면 우리는 당연히 누군가에게 살려달라고 간절히 부르짖게 될 것이다. 더욱이 자신의 힘으로 그곳을 빠져 나올 수 없다면 말이다. 비유로 풀면 영적으로 우리가 깊은 수렁에 빠지게 되거나 침체기를 맞이하게 될 때가 시편 130편의 노래를 부르는 자와 같은 상황으로 볼 수 있다. 시편 기자는 현재 깊은 수렁에 빠져서 스스로 해결할 수 없는 위기를 맞았고 하나님께 살려달라고 간절히 부르짖고 있는 것이다. "하나님! 살려주세요. 제발! 지금 저를 이 수렁에서 건져주세요!" 하고 말이다. 2절은 그 소리가 애원하는 소리로 애처롭게 사정하여 간절히 바라는 마음이라고 부연 설명한다. 3절은 과연 그가 빠진 수렁이 무엇인지 짐작할 수 있는 구절이 되는데 '죄'를 언급하고 있다. 즉 깊은 수

렁은 그가 짓는 죄로써 그 죄에서 해방되고 싶은 마음으로 볼 수 있다. 시편 기자는 자신이 죄를 자행함으로 스스로 올무에 걸려서 자유하지 못하는 상태에 이르렀지만 오직 하나님이 죄를 용서해 주시고 자신을 죄로부터 자유케 해주시기를 간절히 염원하고 있다고 볼 수 있다. 4절에서 그는 이 일을 해결해 주실 분은 오직 하나님 한 분 외에는 없다고 고백하고 있다. 5-6절은 그가 하나님께 기도함으로 주님을 기다리겠다고 고백한다. 죄로 인한 고통과 죄책감과 아픔, 그리고 죄의 행위를 이길 수 있는 힘을 주께서 주시고 또 온전하게 승리할 때까지 그는 주를 기다리겠다고 한다. 그는 다른 사람들의 충고와 조언보다 하나님의 말씀만 기다리겠다고 다짐하는데 그만큼 자신을 고쳐줄 수 있는 분은 하나님 한 분 외에는 없다고 강조한다. 7절은 주님의 성품을 언급함으로 그가 인자하시기 때문에 죄로 인해 애통하는 자를 멀리 하지 않으시고 능력으로 임하실 것을 언급한다. 이스라엘은 3대 절기 중 유월절과 무교절에 성전에 올라갔는데, 유월절의 의미는 우리의 죄과를 넘어가셨다는 의미가 있다. 즉 죄를 사하시는 어린양의 보혈이 우리를 자유하게 하는 것이다.

이런 관점에서 130편의 노래는 시편 기자가 죄로 인해 죽을 수밖에 없는데 예수님의 어린양의 보혈을 의지하며 성전을 향해 올라가는 것이다. 한 걸음 한 걸음 발걸음을 뗄 때마다 그의 마음은 이미 성전을 향하고 어린양의 보혈을 의지하는 것이다. 즉 우리가 주께 나아갈 담대함을 얻었다면 그것은 십자가의 보혈이라는 말씀과 같다.

또한 당신은 어떤 죄로 인하여 마음이 지치고 힘들어서 자포자기할 때 그 마음을 주께 토로하고자 모든 것을 멈추고 교회로 걸음을 옮겨 본 적이 있는가? 나는 비통한 마음으로 주님의 얼굴을 구하고자 성전을 향해 걸음을 옮기고 주의 도우심을 간절히 바라며 기도할 때가 있다. 우리를 도우실 분은 누구인가? 성전을 올라갈 때 이러한 노래도 있고 또 반드시 필요하다.

성전에 올라가는 순례자의 노래 131편

실로 내가 내 영혼으로 고요하고 평온하게 하기를(시 131:2).

이 노래는 다윗이 쓴 4개의 '성전을 올라가는 노래' 중에 하나로 내용과 그 뜻을 찾아볼 것이다. 하지만 나는 그 전에 회개의 정의를 내려보고 이 시편을 사무엘하 24장의 다윗이 인구조사를 했던 죄와 연결 짓고 글을 쓸 것임을 밝힌다. 그 이유는 다윗이 지은 죄에 대해 우리가 알 수 있는 성경 기록이 크게 두 가지이고, 그중 하나는 시편 51편에 이미 기록되어 있기 때문에 시편 131편에 쓰인 큰일에 겨눌 만한 사건 중 하나는 인구조사일 것이라는 추측에 기인했기 때문이다.

다윗은 무엇을 회개하였을까? 그는 크게 네 가지를 회개하고 있다. 그의 교만했던 마음이다. 오만했던 길을 걸은 것이다. 너무 큰 것을 가지려고 나섰던 것이다. 분에 넘치는 놀라운 일을 이루려 했던 것들이다. 우리는 그의 죄목 네 가지를 보면서 그의 죄가 점차 확장되고 있음을 볼 수 있다. 죄의 삯이 사망이라고 하였듯이 죄의 출발은 그의 마음에서부터 시작함을 알 수 있다. 마음과 생각으로 죄를 품었고, 그것은 행동으로 나타난다. 우리는 왕으로서 그가 정치적으로 인구조사를 함으로 하나님을 의지하지 않고 자신의 힘과 능력을 자가 진단했던 사건을 알고 있다. 물론 사무엘하 24장 1절에서는 다윗이 아닌, 이스라엘에게 진노하신 하나님이 다윗을 격동시켜서 이 일을 하게 하셨다고 한다. 다윗의 자행에 하나님의 개입하심이 있었던 것이다. 하지만 10절에서 다윗은 자책하며 '내가 이 일을 행하여 큰 죄를 범했다'고 말함으로써 자신에게 이런 마음이 생기고 이런 일이 벌어진 것에 대한 근본적인 이유는 모르고 있음을 드러낸다. 여기서

잠시 우리는 주께서 진노하신 이유를 좀 더 면밀히 살펴봐야 오해가 없을 것이다. 이스라엘 백성들에게 있다는 말에서 하나님께서 심술을 부린 것이 아님을 알 수 있다. 이미 이스라엘 백성들은 하나님을 잘 섬기는 다윗왕과 상관없이 자신들의 생각과 계획대로 살면서 하나님을 경외하지 않았던 것으로 볼 수 있다. 이는 다윗의 리더십의 문제로 보기보다는, 하나님이 세우신 예언자가 있어도 선지자가 있어도 왕이 있어도 하나님의 말씀을 듣지 않는 완악한 백성들에게 있다고 보았다. 이러한 이스라엘을 고치시려고 다윗의 마음을 충동질하신 것이었다. 하지만 다윗의 회개의 정당성을 따질 때 할 말이 없는 것은 하나님의 은혜가 조금이라도 떨어지면 아무리 신실한 믿음의 사람이라도 인간적 죄의 본성들이 낱낱이 드러나는 것을 알기에 다윗의 회개는 하나님이 보실 때 필연적이고 반드시 해야 할 과정이었다. 즉 다윗이 영적 신앙인으로 위대한 추앙을 받는다면 그것은 하나님의 은혜이지 다윗이 스스로 높일 일은 아니라는 것이다.

2절에서 다윗은 이처럼 하나님이 없이도 잘할 수 있겠다는 신념으로 정치적 홀로서기를 하려 했던, 즉 분에 넘친 큰일을 계획하고 교만했고 오만했던 일을 회개하였다. 그가 용서받고 다 내려놓고 보니 그의 마음은 젖 뗀 아이가 엄마 품에 안겨 있는 가장 편안하고 안전한 상태와 같다고 말한다. 그리고 이스라엘 백성들도 자신이 아닌 하나님을 의지함으로 이와 같은 평안을 누리라고 명령한다. 다윗은 이 노래를 통해 하나님은 우리에게 평안을 주시는 분이지 절대적으로 불안하고 불행하기를 원하시는 분이 아님을 알려준다. 우리는 스스로 세운 많은 계획과 성공에 대한 욕심으로 하나님을 괴롭히고 자신까지 괴롭히는 히스테리적인 삶을 살고 있지는 않는가? 그것이 하나님을 의지하지 않는 교만, 오만, 분에 넘치는 큰일을 하려는 마음에서 비롯된 것이 아니었을지 되묻는다. 하나님은 우리가 평안하기를 진심으로 바라신다.

성전에 올라가는 순례자의 노래 132편

여호와여 다윗을 위하여 그의 모든 겸손을 기억하소서(시 132:1).

1절에서 순례자들은 다윗을 기억해 달라는 노래를 부르고 있다. 하지만 나는 이것이 다윗을 왕으로서 단순히 존경하고 사랑해서 그를 기억해 달라는 기도의 노래로 본다면 피상적 의미에 그칠 수 있다고 생각했다. 물론 다윗은 이스라엘 민족이 하나님이 없이 각자 소견대로 믿음을 따라 행했던 시절에서 돌이켜 하나님을 잘 섬길 수 있도록 개혁한 왕으로서도 큰 의미가 있겠지만 하나님께서 다윗을 향해 약속하신 내용들을 생각한다면 곧 그 약속은 다윗을 위한 약속이 아닌 이스라엘 민족, 나아가서 열방을 위한 하나님의 약속이었다.

과연 그 약속이 무엇이었을까? 11절을 보면, 주께서 다윗에게 맹세하신 약속은 다윗의 혈통으로 난 자가 이스라엘의 대를 이어서 왕이 될 것을 말한다. 그리고 다윗에게 하신 약속은 사무엘하 7장으로 거슬러 올라갈 때 더욱 명확해질 수 있다. 시편 132편 2-5절에서 다윗이 하나님이 이름을 두실 곳, 성전을 건축하기 위해 마음으로 사모하고 실천적으로 애썼던 구체적인 장면들을 보여준 대로 그는 자신은 백향목에 사는데 하나님의 궤가 아직도 휘장 가운데에 있는 것을 보고 마음 아파했다. 그리고 나단 선지자를 통해 들은 하나님의 약속은 그의 집과 그의 나라가 하나님 앞에서 영원히 보존되고 왕위 또한 영원히 견고할 것이라는 확정이었다.

하나님은 약속을 따라서 다윗의 혈통인 솔로몬을 왕으로 세우시고 그가 우상을 섬기며 곁길로 갔을 때에도 사울과 같이 버리지 않고 징

계하심으로 은총을 빼앗지 않으셨다. 솔로몬이 말미에 온갖 우상을 섬겼음에도 승전가를 부를 수 있었던 것은 그가 하나님 마음에 합한 지혜를 구한 것도 있지만 그의 아버지 다윗에게 하신 약속 때문이었다.

6-10절은 마치 다윗이 하나님의 법궤를 찾았을 때의 장면으로 돌아가는 듯하다. 대화의 내용과 소리를 그대로 옮겨놓은 것같이 그가 계신 곳에 들어가서 발등상에 엎드려 절하겠다고 고백하고 있다. 8절은 주께서 권능의 궤에 함께 임재하여 주시기를 간청하고 있고, 9절은 제사장들이 의롭게 일을 하고 성도들도 기쁘게 하나님을 예배하게 하시기를 기도한다. 즉 7-9절은 예배를 사모하는 이스라엘 백성들의 마음과 순례자의 노래라고 볼 수 있다.

13절에서는 시온이 등장하는데 15절에서 시온이 성읍과 같은 의미인 것으로 보아 성전이 있는 터, 곧 예루살렘 전체를 의미하는 것으로 볼 수 있다. 14-18절도 마찬가지로 직접 주께서 말씀하고 계시고 우리는 똑똑히 귀로 그 음성을 들을 수 있는 기법으로 기록된 것을 볼 수 있다. 시온 곧 예루살렘은 하나님께서 계실 곳으로 스스로 원하시고 선택하신 곳이다. 그래서 그 성읍에 가난한 자들도 하나님께 기대어 살 수 있도록 먹을거리를 넉넉하게 하실 것이란 약속이 나온다. 16절은 9절에서 순례자들이 간구한 기도에 응답하신 하나님의 약속이며 17절 또한 10절에 대한 약속이다.

시편 132편을 순례자들이 부르는 노래로 과거사로 볼 때, 하나님의 응답을 확인하고 기억하는 노래이며 구속사적으로 볼 때는 왕이신 예수님을 나타내고 하나님의 주권과 통치가 이뤄지는 하나님의 나라에 대한 약속의 노래로 볼 수 있다.

시편 133편 순례자의 노래

보라 형제가 연합하여 동거함이 어찌 그리 선하고 아름다운고(시 133:1).

본문 133편은 하나님과 나, 하나님과 세상에 대한 이전의 노래와 달리 이웃과 나에 대한 개념에서 출발한다. 나는 예수님께서 우리에게 주신 새 계명, 곧 하나님을 사랑하고 이웃을 사랑하라는 말씀을 따라서 시편 133편을 보고자 한다.

하나님은 우리가 섬길 분이시지만 마냥 두렵고 무서운 분이 아닌 사랑의 대상이시다. 그래서 하나님의 형상을 입은 사람들도 사랑의 대상이 된다. 우리가 이웃을 사랑할 수 있는 다양한 방법들이 있는데 본문 1절에서는 '연합'에 대하여 이야기하고 있다. 교회 용어로서 연합은 둘 이상의 것이 함께 어우러져 하나가 되는 것을 말한다. 성경에서는 부부가 한 몸을 이루는 것을 연합이라고 표현하고, 주님이 내 안에 거하시고 내가 주님 안에 있는 것을 '하나님과의 연합'이라고 말했다. 그런데 또 다른 연합이 있으니 '사람과 사람의 연합'이다.

다윗은 형제자매가 서로 어울려서 함께 사는 것이 선하고 아름다운 일이라고 말한다. 우리가 자신에게만 빠져 있지 말고 주변을 돌아볼 수 있는 눈을 갖는 것, 그래서 사람에게 관심을 갖고 서로가 행하는 선하고 아름다운 일에 동참하고 연합하는 것은 차가운 머리로 이해하는 차원이 아닌 따뜻한 마음에서 출발하는 아름다운 일이다. 그래서 우리는 마음이 공격을 받을 때 자신을 품기에 급급해서 타인을 사랑할 수 없게 되는 현상을 경험하게 된다.

연합의 이해를 더욱 돕자면 그 반대말은 '분열'이다. 분열은 갈라지

고 분리되는 것으로 우리는 생각과 행동이 타인과 일치되지 않아 분열을 겪는다. 하지만 다윗은 모든 사람과 연합을 이루려 한 것이 아니었다. 그가 '형제자매'라고 그 대상을 축약한 것을 보면 하나님 안에서 한 자녀로 묶여진 자들과의 공동체로 그 의미를 제한하고 있다. 실제로 다른 순례자의 노래를 찾아보아도 원수들과 그가 연합하려 하기보다는 스스로 분리되려 했던 것을 볼 수 있다. 다윗은 하나님의 생각에 그릇된 것에 대해서는 도리어 그것들이 분열되기를 기도했다. 하나님을 대항하는 악은 실재하고 존재하는데 이것이 서로 연합을 이루게 될 때는 어둠이 가득 차게 되기 때문이다. 그러나 이것이 곧 세상과 분리되어야 한다는 말은 아닐 것이다. 오히려 '크리스천들은 세상에서 살아가지만 세상에 속하지는 않는다'는 말과 같고 더욱 적극적으로 세상에서 삶을 살아내되 소금과 같이 살아야 한다는 입장이다.

성경에서 기름은 곧 성령을 상징한다고 보는데, 아론의 수염을 타고 옷깃까지 내림과 같다는 말은 성령의 충만함을 나타낸 것이라 할 수 있다. 헬몬은 높은 지대에 위치하여 겨울에는 눈이 쌓이고 봄에는 낮은 곳으로 물줄기를 흘려보내는 산으로서 물이 귀한 이스라엘에서는 축복의 근원과 다름없다. 성령이 물로도 상징되는 것처럼 형제자매의 연합은 성령의 축복과 함께하심이 가득함을 말한다.

동거와 연합의 최종적인 복은 '영생'이다. 곧 연합된 공동체가 하나님께 속한 영원한 기쁨을 누리게 되는 날을 맞이하는 것이다. 그러므로 형제자매가 함께 연합하고 동거하는 아름다운 모습은 천국에서 누릴 영생을 위한 연습이고 그림자라는 것을 알 수 있다. 단순히 크리스천의 삶의 목표가 동거와 연합이라면 이 땅의 어떠한 모양이라도 깨질 수 있는 가능성으로 인해 우리는 길을 잃은 사람들과도 같을 것이다. 하지만 영생이 최종의 복일 때 동거와 연합은 지켜갈 수 있는 힘이 될 것이다. 자, 사랑의 교제를 나누기 위해 형제자매의 삶 가운데로 들어가자.

성전에 올라가는 순례자의 노래 134편

보라 밤에 여호와의 성전에 서 있는 여호와의 모든 종들아 여호와를 송축하라 성소를 향하여 너희 손을 들고 여호와를 송축하라 천지를 지으신 여호와께서 시온에서 네게 복을 주실지어다(시 134:1-3).

순례자의 노래의 마지막 시편이다. 순례자의 노래마다 담긴 내용과 그 의미를 생각할 때 성전이 있는 곳을 향해 한 걸음 한 걸음 오르면서도 그들의 노래가 인생의 가장 세밀한 주제에서 큰 역사적 사건들까지 거침없고 다양하게 노래하는 것을 본다. 그러면서 사람과 사회가 이루는 삶은 하나님의 개입하심이 절대적으로 없을 수 없다는 것을 깨달으며, 복음이 노래하지 못할 것도 없다는 정리를 나름 할 수 있었다. 또한 시편 120편부터 133편까지는 인간들이 겪은 과거사와 하나님이 삶에 대해 미래 약속을 하신 기준으로 다양한 기도와 노래와 시가 쓰였다면, 134편은 오로지 '성전 안에서' 하나님을 예배하는 현재 모습을 보여준다. 즉 순례자들이 산을 오르면서 노래를 불렀다면 134편은 도착지, 곧 성전에 와서 하나님을 노래하는 모습이다.

시편 134편의 내용을 살펴보자. 1절에서 순례자들은 노래할 때 밤에 성전에 서 있다고 표현했다. 단순히 그들의 순례 여정이 밤에 도착한 것으로 예배했다고 볼 수 있을까? 그것보다 다른 의미가 있는 것이 확실하다. 밤에 대한 여러 가능성을 생각해 보자. 첫째, 우리 민족은 아침에 하루를 시작한다고 생각하지만, 이스라엘 전통적 시간 개념은 밤에 하루가 시작된다고 생각한다. 그래서 그들 입장에서 볼 때는 밤에 하나님께 경배하는 것이 하루를 시작하는 의미임을 알 수 있다. 둘째, 예수님께서는 그의 제자들에게 잠들지 말고 깨어 있으라, 그날이

도둑같이 이른다고 말씀하셨다. 즉 영적으로 밤을 맞이하면 우리 영혼이 잠들 수 있는데, 그럴 때일수록 깨어서 주님 오실 날을 기다리고 맞이하자는 은혜로운 해석을 할 수도 있을 것이다. 셋째, 다양한 성경 번역을 따라서 밤에 여호와의 집을 섬기는 종들에게 여호와를 송축하라고 말한 것이다. 한국적인 정서는 철야예배의 개념으로 생각할 수 있을 것이다. 구약적으로 볼 때는 다윗의 장막이 주야로 하나님을 찬양하는 레위 지파를 세움으로써 성전에서 하나님께 올라가는 찬양이 끊이지 않게 하였다는 것을 생각할 수 있다. 또는 다윗의 장막을 모델로 삼아서 현대 교회 안에 24시간 기도 운동 및 예배를 하는 형식도 연상할 수 있다. 넷째, 순례자들이 대표적인 유대 절기를 따라 성전으로 올라간 후 적어도 7일 이상을 머무르며 오로지 성경을 상고하고 기도하고 찬양하는 시간만 가졌을 예배 특성이 나타난 것일 수 있다.

영적으로 잠들 수 있는 어두운 밤이든지, 하루를 시작하는 의미로서의 밤이든지, 또 밤에 주를 찬양하는 상황이든지 그 행위를 볼 때는 손을 들고 적극적으로 하나님을 예배하는 모습을 연상할 수 있다. 밤에는 피곤한 우리의 몸을 쉬게 하는 휴식도 필요하지만 하나님을 예배하는 상황에서는 우리의 몸과 마음과 정신을 주께 집중하고 소망하게 될 때 주님을 찬양하는 의미에서, 우리의 행사를 주께 온전히 맡기는 의미에서 손을 들고 주님을 간절히 바라게 된다.

밤에 주를 찬양할 때 복을 주신다는 3절 말씀은 우리가 예배할 때, 기도할 때 하나님께서 일하시고 복을 주신다는 의미이다. 물론 우리가 복을 받기 위해 하나님을 찬양하는 것은 아니지만 우리가 전심으로 찬양할 때 주께서는 사랑하는 주의 자녀들에게 복을 주신다는 의미로 해석할 수 있다.

올라갔다면 다시 내려가자

이 말씀을 하신 후 팔 일쯤 되어 예수께서 베드로와 요한과 야고보를 데리고 기도하시러 산에 올라가사(눅 9:28).

시편의 순례자의 노래라는 15편 가량에 나오는 내용, 주님의 성산으로 올라가는 내내 하나님과 교제를 나누고, 산에 올라가서도 하나님을 찬양하는 순례자의 말씀을 내내 묵상하다가, 올라갔다면 또 다시 아래로 내려갔을 순례자들의 모습도 있음을 발견했다. 하나님을 찬양하며 예배하던 일정 시간이 지나고 나면 그들은 다시 자신들의 삶의 자리로 돌아갔을 것이다. 순례자들이 산을 오르고 그곳에 머무는 동안에는 하나님이 부어주시는 풍족한 하늘의 약속과 복을 기억하고 받으며 참으로 행복한 시간을 가졌을 것이다. 왜냐하면 주께로 가서 생수를 마시는 자마다 다시는 목마르지 않을 것이고 말씀은 숙고할수록 꿀송이보다 더 달기 때문에, 또 주를 사모하는 자들 안에 두신 기쁨이 포도주와 곡식이 가득할 때보다 더하기 때문일 것이다.

본문에서도 베드로와 요한 그리고 야고보를 데리고 산으로 올라가신 예수님은 아름다운 형상으로 변모하셔서 예수님의 신성을 제자들에게 일부 보여주셨다. 더욱이 그들이 존경하는 엘리야와 모세가 예수님과 함께 이야기하는 장면까지 보여주셨으니 제자들이 얼마나 놀랍고 신비로운 영역에 들어와 있는지 상상해 보라.

그들은 정말 황홀경에 빠졌을 것이다. 이 세상에서는 본 적 없는 것을 그들이 보았기 때문이다. 과연 이것을 무슨 말로 표현할 수 있을까? 그래서 베드로는 자신이 하는 말이 무슨 말인지 모른 채 초막을 지어

엘리야와 모세와 예수님과 여기서 함께 살자고 말했다고 한다(33절). 그들은 산을 오르고 그곳에 머무르면서 가장 아름다운 것을 발견했고 보게 되었다. 만약 나였더라도 그 시간이 너무나 좋기에 그냥 멈춰버리든지 그곳에서 오래도록 예수님과 모세와 엘리야와 살고 싶었을 것이다. 하지만 그들은 다시 내려가야만 했다. 왜냐하면 그들에게는 자신들이 본 것과 들은 것을 바탕으로 앞으로 세상에서 해야 할 사명이 있었기 때문이었다.

실제로 그들은 산에서 황홀한 세계를 만났지만 세상과 환경은 변하지 않았다. 다시 땅으로 내려왔을 때는 귀신들린 사람이 기다리고 있었고 패역한 세상을 볼 뿐이었다(39, 41절). 하지만 주께서는 그들을 보내셨다. 아직은 예수님이 나무에 달려 죽고 사흘 만에 부활하셔야 할 것도 모르는 부족한 제자들이었지만 재차 가르치시고 끝까지 사랑하셨다(44-45절).

순례자들도 하나님을 찬양하는 노래를 부르며 영적으로 부흥하고 재각성하는 귀한 시간을 가졌겠지만 삶의 터전으로 내려갔을 것이다. 자신이 속한 가정으로, 직장으로, 학교로, 공동체로 말이다. 그들은 하나님의 놀라운 은혜로 영혼과 육이 새롭게 되었지만 환경은 변하지 않았기에 겸비하지 않으면 또 다시 무너지고 문제로 인해 고통과 갈등을 겪어야 했을 것이다. 하지만 다시 기억하자. 주께서는 높은 성전 꼭대기에만 계시지 않으신다는 것을. 제자들을 데리고 같이 산을 오르셨던 예수님은 그들을 데리고 같이 산을 내려오셨다. 그리고 예수님의 이름을 그들 가운데 두셔서 승리하도록 지키셨다. 하나님은 영원히 우리와 함께 계신다.

할랄(halal)

> 내가 두려워하는 날에는 내가 주를 의지하리이다 내가 하나님을 의지하고 그 말씀을 찬송하올지라 내가 하나님을 의지하였은즉 두려워하지 아니하리니 혈육을 가진 사람이 내게 어찌하리이까(시 56:3-4).

개역개정판 성경에서 '찬송'이라는 단어가 사용된 건수는 228건이고, '찬양'은 105번이며, '찬미'는 4건이다. 찬송(讚頌)의 한자어는 '미덕을 기리어 칭송한다'는 의미를 지니고, 찬양(讚揚)은 '아름답고 훌륭함을 기리고 드러냄'을 말한다. 또 찬미(讚美)는 '아름답고 훌륭한 것을 기리어 칭송함', '찬송'을 뜻한다. 세 단어의 뜻이 모두 동일한 의미를 지니고 있고 찬양의 드러냄과 찬미의 칭송의 의미도 타인에게 알리어 함께 높이는 의미가 내포되어 있으므로 같은 맥락이라고 볼 수 있다. 또한 영어 성경에서는 우리말의 찬양과 찬송 및 찬미를 'praise'로 번역하여 그 의미를 동일시하고 있다. 즉 넓은 의미로서 세 단어와 praise가 지닌 공통점은 '한 분이신 하나님을 알리고 그분을 자랑함'이라고 볼 수 있다.

그렇다면 성경의 원어인 히브리어에서는 같은 구절의 성경 말씀에 단어들이 어떻게 쓰여 있을까? 그리고 찬양에 대한 미세한 어원의 차이에 대해 더 연구하고 묵상함이 우리에게 줄 영적인 유익은 무엇일까? 일찍이 찬양사역에 헌신한 많은 주의 사람들이 정리해 놓은 연구 자료들이 있고 그 자료들을 통해 우리는 하나님을 더 깊이 알게 되고 찬양할 수 있다. 오늘, 그중에서 가장 높은 빈도를 갖고 있고 최상의 표현으로 쓰이는 '할랄'(halal)에 대해 알아보고자 한다.

할랄(halal)은 '칭찬하고 자랑하는 말'을 뜻한다. 또 할랄은 대중적인

찬양어구인 '할렐루야'에 사용된 단어이기도 하다. '야'는 하나님을 가리키는 지칭어로 '할렐루야'는 '하나님을 찬양합니다'라고 해석된다. 하지만 할랄이 가진 칭찬하고 자랑할 때의 태도는 침착하게 하나님을 찬양하기보다 마치 어리석어 보일 만큼 하나님을 찬양하고 자랑하는 모습을 말한다. 내가 궁금한 점은 위와 같은 할랄은 찬양하는 자의 모습이 감정이 격양된 상태일 것이고 입가는 웃음으로, 눈가는 반짝이며, 큰 기쁨으로 가득 차 있을 것이란 짐작이다. 하지만 할랄이 사용된 시편 56장 3-4절, 10절은 다윗 왕이 가드에서 블레셋인에게 잡혔을 때였고, 102편 18절은 애가로 고난을 당한 자가 마음이 상하여 토로하는 기도 시다. 즉 그들의 감정 상태는 두려움과 염려로 가득 차 있을 때인데도 하나님을 찬양함이 할랄이었다는 점이 주목할 거리다.

이에 대하여 당신은 어떻게 생각하는가? 다윗에게 조울증이 있었던 것일까? 아니면 변덕이 심한 사람이었을까? 하지만 다윗과 같이 믿음의 반석에 굳건히 서서 하나님을 기뻐하고 바라봤던 예배자가 또 어디 있을까? 나는 이에 대해 다음과 같은 정리를 해보았다. 다윗이 처한 상황, 또 102편의 화자 또한 극심한 고난 중에 있었지만 하나님을 바라보고 하늘에 소망을 두었음이 확실하다. 그래서 그는 할랄로 하나님을 찬송할 수 있었던 것이다.

할랄은 환경을 뛰어넘고 하나님을 온 마음과 힘을 다해 기뻐하고 또 기뻐하는 것이다. 그리고 하나님을 마음껏 찬송하는 것이다. 주를 기뻐하라! 이것이 당신의 힘이다.

바락(barak)

> 이르되 내가 모태에서 알몸으로 나왔사온즉 또한 알몸이 그리로 돌아가올지라 주신 이도 여호와시요 거두신 이도 여호와시오니 여호와의 이름이 찬송을 받으실지니이다 하고(욥 1:21).

'바락'(barak)의 사전적 의미는 '축복'이라는 뜻으로 '하나님께 무릎을 꿇다', 또는 '경의를 표하다'의 의미를 가졌다. 오늘 묵상할 욥기 1장 21절의 말씀 중 "여호와의 이름이 찬송을 받으실지니이다"하고 욥이 고백할 때에 이 '바락'이 쓰였다. 욥의 고난을 모르는 신자가 없을 만큼 그의 고난은 예상할 수 없는 날과 시간에 자신의 가장 사랑하는 사람들을 한꺼번에 잃어버려야 했고, 아내마저 욥을 괄시하고 비난하며 곁을 떠났다. 재산은 물론 그에게 남은 것은 아무것도 없었다. 몸에 질병까지 얻었으니 말이다.

그러나 하인을 통해 전해들은 갑작스런 재난 앞에 제일 먼저 그가 취한 행동은 '경배'였다. 하나님을 찬양하는 히브리 단어가 몇 개 있지만 그중에서 바락은 무릎을 꿇고 경의를 표하는 것으로 예배자가 취하는 행동과 마음가짐이 사뭇 다르다. 다른 찬양 행위는 손을 들거나 입을 열어 주를 높이지만 무릎을 꿇는 단계로 나아감은 침묵 속에, 고요함 속에서 주를 만나는 것이다. 이는 마치 '우리의 아름다운 멜로디와 화음으로 연주되는 찬양 중에 거하시는 하나님'이 아닌, '음악 소리는 그쳤고 거친 폭풍 속에 서 계시는 주님'을 마주하게 되는 것과 같다.

우리는 자신에게 질문할 수 있다. 불시에 당하는 재난 앞에서 왜 하필 나냐고 하나님께 따져 물을 것인가? 아니면 욥과 같이 무릎을 꿇고 주께서 주셨으니 주께로 돌아감이 당연하다고 고백할 것인가?

우리에게 바락은 하나님을 향한 깊은 신뢰와 경외함이 없이는 불가능한 찬양 행위이다. 또한 하나님을 마음 깊숙이 사랑하는 자만이 바락을 드릴 수 있을 것이다. 왜냐하면 그러한 자에게는 하나님 한 분이면 진실로 충분하기 때문이다. 마음 깊은 곳에서 우러남으로 무릎을 꿇을 때, 또 아직은 다 이해할 수 없더라도 믿음으로 무릎을 꿇을 때, 결국 성령의 인도를 따라서 우리의 마음은 하나님을 향해 모든 것을 포기한 자의 기도를 드리게 된다. 주님께 일일이 구하고 요구하던 것들에 대한 욕구도 사라지고, 하나님과 나, 둘만 남아 있는 마치 다른 시공간이 존재하는 것과 같이 가깝게 주를 느끼게 될 것이다. 또한 이러한 고난 앞에서 나에게 가장 소중한 것이 무엇인지, 무엇이었는지를 깨닫게 될 것이다.

그러나 한 가지 더, 바락은 주의 구원을 기다림이 함께 포함되어 있음을 짐작할 수 있다. 바락이 사용된 다른 성경구절, 시편 96편 2절에서는 '구원'이 나오고, 시편 103편 2절에서는 '주의 은택'이 나오고 있다. 시편 96편 2절의 구원을 전파하기 원하는 자는 구원함을 경험해 봤기에 알고 사모하는 것이며, 시편 103편의 다윗 또한 "그의 은택을 잊지 말지어다"라는 영혼을 향한 선포를 통해 주의 은택을 입어 왔음을 알게 한다. 정리하면 바락은 상황을 뛰어넘고 하나님을 향해 무릎을 꿇고 경외하며, 주님의 구원하심을 기다리는 찬양 행위라고 할 수 있다.

나는 소망한다. 나의 삶이 주 앞에 바락을 드릴 수 있는 믿음으로 찬양으로 더욱더 성숙해져 가기를. 또한 이 글을 읽는 당신도 그렇게 소망하길 바란다.

야다(yada)

> 백성과 더불어 의논하고 노래하는 자들을 택하여 거룩한 예복을 입히고 군대 앞에서 행진하며 여호와를 찬송(야다)하여 이르기를 여호와께 감사하세 그의 인자하심이 영원하도다 하게 하였더니(대하 20:21).

청소년 시절부터 찬양 팀에서 찬양을 해왔던 나는 교회 공동체에서 두 손을 들고 하나님을 찬양하는 모습을 많이 보아왔다. 자연스레 나도 하나님을 찬양한다는 표현을 하고 싶을 때 두 손을 들어 찬양하곤 했다. 그리고 추운 겨울, 16살이었을 때 청소년 예배와 찬양단 연습이 끝나고 이제 막 교회에 출석하다가 베이스를 치게 된 친구에게서 질문을 받게 되었다. 찬양과 경배시간에 두 손을 들고 하나님을 찬양하는 이유가 무엇인지 말이다. "새나야, 나 궁금한 게 있는데, 왜 찬양 부를 때 손을 들고 부르는 거야?" 라고 말이다. 지금 생각해 보면 그 친구의 눈에는 교회 일에 항상 열심히 참여하였던 내가 믿음이 좋은 친구로 보인 것이 분명했다. 하지만 난 정확히 알지 못했다. 그래서 막 신앙이 자라려고 하는 친구의 영적인 궁금증을 해결해 줄 수 없었다. 내가 두 손을 들고 하나님을 찬양하는 건 늘상 해오던 일이었고 그것은 내게 하나님을 향한 간절함을 표현할 때 나타내는 행위일 뿐 더 깊이 알지 못했다. 당신 또한 두 손을 들고 하나님을 찬양할 것이다. 그런데 왜 그렇게 하는가? 그저 어렸을 적의 나처럼, 다른 신자들도 하니까 하는 것이라면, 성경에서는 어느 상황에서 두 손을 들고 하나님을 찬양했는지를, 또 영적인 의미는 무엇인지를 찾아보길 바란다.

성경에서는 찬양이라는 단어가 넓은 의미로 쓰여 세분화된 히브리 언어를 다 표현해 주지는 못하고 있다. 그중에 두 손을 들고 하나님

을 찬양하는 행위가 곳곳에 등장하는데 이와 같은 찬양 행위를 '야다'(yada)라고 한다. 야다는 창세기 29장 35절, 역대하 20장 21절, 시편 107편에 고루 쓰였다. 창세기에서는 레아가 라헬에 비해 야곱의 사랑을 덜 받는 것에 하나님께서 불쌍히 여기시고 그녀에게 시간을 두고 네 명의 자녀를 주시는데, 그때마다 레아는 '하나님께서 나의 괴로움을 아시고 자녀를 주셨으니 이제는 야곱도 자신을 사랑할 것'이라고 말했다. 하지만 레아는 하나님이 자신을 도우심에 감사는 했어도 그의 눈은 여전히 야곱의 사랑에 목마르고 인정을 바랐다. 35절에 와서야 네 번째 자녀를 갖고 더는 야곱에 대한 언급이 없고 여호와를 찬양하겠다는 레아의 고백이 나오는데 여기에 야다가 쓰였다. 즉 레아는 더 이상 야곱의 사랑을 받아야만 인정받고 자신이 행복한 것이 아님을 알고 자신을 사랑하시고 불쌍히 여기시는 여호와 하나님을 눈을 들어 바라보게 된 것이다. 나는 여기에서, 야곱의 사랑이 귀하지 않다고 말하는 것이 아니라 더 귀한 하나님의 사랑을 알게 된 여인, 두 손 들며 눈물로 하나님의 사랑을 깨달은 레아의 영적 성숙에서 야다의 의미가 무엇인지를 본다.

둘째로 역대하 20장은 여호사밧 왕을 무너뜨리려는 세 나라와의 전쟁 이야기인데 여호사밧이 고난과 역경 앞에서 하나님께 무릎 꿇고 기도했을 때 주께서 이스라엘의 단 한 명의 군사도 싸우지 않게 하시고 승리하게 하신 내용이다. 전쟁 당일 이스라엘 군대의 가장 앞자리에는 거룩한 예복을 입은 노래하는 자들이 앞서서 두 손을 들고 행진하며 하나님을 찬송했다. 생명을 주 앞에 맡기고 적들 앞에서 두 손 들고 하나님을 찬양한 것이다. 그리고 주의 약속대로 이스라엘은 승리한다. 이것이 야다다.

결국, 야다는 하나님의 전능하심 앞에 자신을 항복하고 하나님의 깊은 사랑을 깨달은 자만이 부를 수 있는 찬송이다. 겉모습만 화려한 찬양과는 거리가 먼 찬양이 야다다.

자마르(zamar)

> 내가 여호와께 그의 의를 따라 감사함이여 지존하신 높으신 여호와의 이름을 찬양(자마르)하리로다(시 7:17).

성경에서는 찬양, 찬송 또는 찬미라는 단어를 통하여 하나님을 높이는 행위와 마음을 표현하고 있다. 이를 통해 하나님을 찬양하기 위한 지식을 아는 것도 중요하고 삶으로 하나님을 찬송하기까지가 실제가 된다면 더할나위없이 말씀에 따라 열매 맺는 삶이 될 것이다. 하지만 자세한 해석을 연구하고 알고자 할 때 그중에서 음악으로 하나님을 찬양하는 것이 무엇인지 정확하게 알고 싶다면 히브리어를 추천한다. 본문의 '자마르'(zamar)라는 단어도 찬양에 포함되는 단어이지만 구체적으로는 '악기의 줄을 튕기며 노래하다, 찬양하다'라는 표현을 갖고 있다. 당시에 줄을 튕기며 사용했던 악기가 어떤 모양과 소리, 구조와 현의 개수를 가졌는지는 밝혀진 바 없어서 다 알 수 없지만, 지금에 빗대어 보면 현명악기 군으로 볼 수 있다. 이를 시편 150편 3절에서는 '비파와 수금'이라는 단어로 표현하고 있다. 또 대중음악의 전자악기의 출현으로 일렉트로닉, 베이스 기타도 해당된다.

시편 7편을 읽기 전에 "다윗의 식가욘, 베냐민인 구시의 말에 따라 여호와께 드린 노래"라는 전제(前提)를 볼 수 있다. '식가욘'이라는 말은 히브리어로 '방황한다', '배반하며 간다'라는 뜻을 갖고 있고, 베냐민은 이스라엘의 열두 지파에서 마지막 지파에 해당한다. 또 '구시'는 '폭군'을 의미하는데, 이 사람에 대해서는 처음 언급이 되었고 알 수가 없다고 한다. 그리하여 주석가들은 식가욘을 시편 편집의 한 형식으로

볼지, 자유로운 운율로 볼지, 악기의 일종으로 볼지에 대해서 의견이 분분하다.[22)]

시편 7편은 의로우신 하나님의 성품을 잘 보여주고 있으며, 하나님의 의가 무엇인지 가르쳐주고 있다. 8-16절에 이것이 잘 언급되어 있는데 신약을 통해서 하나님의 의가 곧 예수 그리스도임을 알고 있지만 여기서는 하나님의 크신 사랑과 공의가 함께 공존하시는 분임을 명시한다. 마음이 정직, 성실, 사람의 마음, 양심과 같은 단어를 통하여 하나님의 공의가 기뻐하시는 방향이 무언지 짐작하게 한다.

시편 7편을 통해 얻은 영적 교훈은 우리가 찬송할 때에 하나님의 의로우심을 나타낸 몇몇의 곡을 부를 수 있으며 곡들의 편곡은 하나님의 권능과 능력을 보이기 위해 전자악기, 현명악기 군을 통해 표현할 수 있다는 점이다. 이미 시편 7편에서는 자마르라는 음악 용어를 통해 하나님의 의로우심을 노래하고 있었으니 말이다!

22) 원용국, 《시편 주석》, 호석출판사, 2003, p.129.

테힐라(tehilah)

이스라엘의 찬송(테힐라) 중에 계시는 주여 주는 거룩하시니이다(시 22:3).

본문 시편 22편 3절 말씀은 많은 신자들이 알고 있고 외우고 있을 만큼 많이 기억되는 구절이다. 나 또한 이 구절을 통해 하나님은 이스라엘이 주를 높이는 찬양 안에 거하시며 찬양을 받으신다고 믿고 있다. 하지만 이 구절이 속한 본문 22편, 전문을 함께 묵상하게 되면 그 구절의 의미가 더 깊게 다가올 것이다.

주석가들은 시편 22편을 크게 두 단락으로 나누고 있는데 1-21절까지는 개인적 애가의 시이며, 22-31절은 감사의 시로 나눈다. 또 다윗이 쓴 기도이지만 메시아의 고난과 성취할 영광을 말한 예언적 기도와 시로 본다. 또 '아얠렛샤할에 맞춘 노래'라는 조건에서 히브리어로 번역하면 '그 아침의 그 사슴'이 되고 시편 42편 1절 이하를 일컫는데 악곡(melody)를 지칭한다.[23] 이 42편은 "고라 자손의 마스길에 따라 부르는 노래"라고 나오며, 정리하면, 22편은 당시에 불리던 어떠한 악곡(아얠렛샤할)이 있었고 그 곡조에 맞춰 불린 노래 시라고 할 수 있다.

22편 2절까지의 내용은 하나님의 부재 상황을 심각하게 느끼며 주를 찾는다. 그러다가 3절에서 본문 구절이 등장한다. 이에 어떤 이는 3절에서 부재에 대해 슬퍼하다가 갑자기 하나님을 찬송하기에 감정의 변화를 어떻게 바라볼지에 대한 고민이 생길 수 있다. 나는 이를 다음 구절을 보며 도움을 얻었는데, 화자는 4-5절을 통해 과거에 하나님이 이스라엘 백성을 향해 행하셨던 구원과 도우심을 열거하며 기억하고 있

23) 원용국, 《시편 주석》, 호석출판사, 2003, p. 340.

다. 이는 3절에 대한 믿음과 신뢰에 힘을 실어준다고 볼 수 있고, 이에 따라 3절은 급격하고 일시적인 감정의 변화보다는 거룩하신 하나님께서 이스라엘의 찬양 가운데 거하셔서 여전히 도우실 거라는 믿음의 고백으로 보는 것이 옳다고 생각했다.

"이스라엘의 찬송 중에"라는 단어에서 '찬송'은 히브리어 '테힐라'가 사용된 것으로 테힐라의 어원은 할랄(halal)에 있다. 하나님을 찬양하지만 더 구체적으로는 테힐라가 가진 의미가 '노래'하는 방법을 통해 높이겠다는 뜻이다. 테힐라는 이 외에도 이사야 61장 3절, 느헤미야 12장 46절, 신명기 10장 21절 등에 사용되었다.

시편 22편을 묵상하며 얻은 영적 교훈은 하나님이 멀리 계시고, 침묵하시는 것 같은 어려운 상황에 우리의 삶이 놓여 있을 때에도, 또 더딘 것 같은 긴 기다림에도 3절과 같이 여전히 도우셨던 하나님을 기억하며 믿음의 노래, 신뢰의 노래로 하나님을 찬양해야 한다는 것이다. 베드로후서 3장 9절에는 주의 약속은 더딘 것이 아니라 오래 참으사 아무도 멸망하지 않고 회개하기에 이르기를 원하신다고 하나님의 긴 침묵에 대한 대답을 제공하고 있다.

당신은 하나님을 신뢰할 수 있는가? 그 믿음은 지금까지 하나님과 동행하는 삶을 살아왔던 많은 신자들의 미래에 대한 신뢰로 하나님을 바라보게 한다. 그리고 하나님을 찬양하게 한다. 오늘 테힐라로 하나님을 찬양하라. 입술의 노래로 그분을 향해 믿음의 노래를 드리라. 하나님은 여전히 선하시며 인자하신 분이다.

파이조(παίζω), 우상을 찬양하듯 찬양하지 않는가?

> 그들 가운데 어떤 사람들과 같이 너희는 우상 숭배하는 자가 되지 말라 기록된 바 백성이 앉아서 먹고 마시며 일어나서 뛰논다 함과 같으니라(고전 10:7).

헬라어 '파이조'(παίζω)는 '뛰어논다', '아이처럼 놀다', '장난치다', '춤추며 즐거워하다', '춤추다'의 뜻을 지녔다. 바울은 우상 숭배자들이 뛰어놀며 제사를 지낸다는 말을 언급하고 있다. '기록된 바'를 찾으면 구약에서 우상 숭배하는 자의 모습을 볼 수 있다. 한 예로 이방 민족인 가나안 족속은 죄 없는 자녀들을 희생 제물로 드리는 죄(시 106:38)를 지었고 돌로 새기거나 부어 만든 각종 우상을 섬겼다(민 33:52). 여호와께서는 이스라엘 민족에게 이와 같은 우상 숭배를 멀리 하라고 하셨고 여호와의 전의 우상을 제거하기 원하신다(대하 33:15). 그러나 이스라엘은 이방 민족들의 제사를 받아들여 여호와 앞에 죄를 지었다. 이스라엘은 이방 민족의 방식과 방법을 따라 우상을 숭배했다(렘 3:23). 하지만 신명기에서 우상을 섬기는 방법으로 여호와를 섬기지 말 것을 가르쳤다(신 12:4).

우상을 섬기는 방법은 무엇을 말하는 것일까? 이는 단순히 큰 소리로 외치고(샤바흐, shbah) 즐거워하고 앉아서 먹고 마시는 행위를 무조건 금기시하는 것은 아니다. 한 예로, 다윗과 이스라엘 온 무리는 여호와 앞에 기뻐 뛰놀며 찬양했고(대상 13:8), 에스라는 성회로 모인 자리에서 백성들이 기뻐하며 앉아 먹고 마시게 하였으며(느 8:10), 다윗도 법궤가 돌아온 날에 먹을 것을 나누었다(대상 16:3). 그러면 무엇을 말

할까? 이사야 66장 3절을 보면 알 수 있다. 여호와께서는 진실한 마음이 없이 또 우상을 찬송하는 것과 다름 없이 찬송하는, 중심이 없는 예배를 보신 것이었다. 살아계신 하나님을 우상과 다를 바 없이 생각하고 우상을 섬기듯이 하나님을 섬기는 모습, 우상을 섬기면서 또 다른 우상을 섬기는 것에 불과한 모습에 우상을 섬기는 방법으로 여호와를 섬기지 말라고 가르치신 것이다.[24)]

여호와께 뛰놀며 기뻐하며 예배하는 행위는 성경에서 보여주는 예배 방법이다. 하나님은 우상을 섬길 때도 뛰면서 기뻐하고 축제로 모이는데 더욱이 이와 같은 예배 행위가 온전히 하나님을 예배하는 하나의 방법이 되길 기뻐하신다. 왜냐하면 주께서는 자신의 찬송을 우상에게 주지 아니하겠다고 말씀하셨기 때문이다.[25)] 하지만 우리의 마음이 우상에게 찬양하듯이, 우상을 섬기듯이 하나님을 예배한다면 바울의 말과 다르지 않을 것이다. 하나님을 기뻐하되 전심으로 온 맘 다해 주를 바라보자.

---

24) 이사야 66:3 "소를 잡아 드리는 것은 살인함과 다름이 없이 하고 어린양으로 제사드리는 것은 개의 목을 꺾음과 다름이 없이 하며 드리는 예물은 돼지의 피와 다름이 없이 하고 분향하는 것은 우상을 찬송함과 다름이 없이 행하는 그들은 자기의 길을 택하며 그들의 마음은 가증한 것을 기뻐한즉."

25) 이사야 42:8 "나는 여호와이니 이는 내 이름이라 나는 내 영광을 다른 자에게, 내 찬송을 우상에게 주지 아니하리라."

프동고스(φθόγγος, voice)

> 혹 피리나 거문고와 같이 생명 없는 것이 소리를 낼 때에 그 음의 분별을 나타내지 아니하면 피리 부는 것인지 거문고 타는 것인지 어찌 알게 되리요(고전 14:7).

바울은 고린도 교인들의 방언과 예언에 대한 이해와 차이를 돕고자 악기 소리에 비교했다. 먼저 방언과 예언의 차이를 표를 통해 나타내면 아래와 같다.

	방언	예언
대상	하나님께	사람에게
어떻게	영으로	전달, 해석
무엇을	비밀을	선한 유익을
효과	자기의 덕을 세움	교회의 덕을 세움 타인을 위로, 권면
일반적인 의사소통	알아듣는 이가 없어 통역이 필요	통역이 없이 가능
성격(은사의 방향)	형제들에게(공적인 모임) 방언으로 말하는 것은 알아듣지 못하므로 통역이 없이는 유익이 없음	사랑을 추구하고 신령한 것을 사모하되 특별히 예언 계시, 지식, 예언, 가르치는 것을 형제들과 나눔

말씀을 따라 표를 정리하였다. 은사의 방향이 어떻게 흘러가야 할지 살펴보면 위의 방언과 예언의 쓰임이 다르다는 것을 알 수 있다. 그리고 통역이 없이는 알아들을 수 없는 방언은 마치 생명이 없는 악기 소리가 음의 분별을 나타내지 않으면 무슨 소리인지 알 수 없는 것과 같다고 말했다. 나는 여기에서 '음의 분별'이란 뜻의 정확한 의미가 알

고 싶어졌는데, 공동번역은 "악보대로 분명하게 연주하여 무슨 곡인지를 알게 하는 것"으로 해석했고, 새번역은 "각각 음색이 다른 소리를 내는 것"으로 해석했으며, 현대인의 성경은 "악기가 명확하게 구별된 소리를 내는 것"으로 그 의미가 조금씩 다름을 보았다. 영어권에서는 '구별'이란 단어를 동일하게 'distinction'을 사용했고, '소리'라는 단어를 NIV 성경은 'notes'(음색)으로 해석했으며, KJV 성경은 'sounds'(소리)로 해석했고, NASB 성경은 'tones'(색조)라고 해석했다. 피리나 거문고를 해석할 때도 KJB 성경은 "pipe or harp"로 옮겼고 그 외에는 "flute or harp"로 옮겼다. 해석의 차이가 조금씩 있지만 14장 7절이 방언과 예언의 올바른 사용을 위한 보조어구로 위치하고 있음을 볼 때, 내용의 정확한 의미가 전달되는 데는 무리가 없음을 본다.

한 가지를 더 생각해 보자. 거문고는 현악기이고 피리는 목관악기로 동일한 악기군일지라도 모양새와 소리의 색깔이 전혀 다르고 한 곡조에서 쓰이는 영역도 구별된다. 그렇다면 바울이 말한 의도는 무엇일까? 나는 이를 각 악기들이 곡조에서 가장 어울리는 위치에 놓이고 자신의 쓰임에 따라 알맞는 소리를 낼 때 가장 아름다운 화음을 이루는 것을 일컫는다고 이해했다. 즉 방언과 예언이 있지만 그 위치와 쓰임에 맞게 사용될 때 가장 아름다운 질서를 갖는 것과 동일한 말이다. 악기의 소리를 통해 방언과 예언의 의미를 비교했던 바울의 이야기가 참으로 즐겁다!

휨네오(ὑμνέω, having sung a hymn)

이에 그들이 찬미하고 감람 산으로 나아가니라(마 26:30).

1495-1497년 사이에 레오나르도 다빈치(Leonardo da Vinci)가 그린 〈최후의 만찬〉(The last support)이라는 예술 작품은 마태복음 26장 17절부터 시작되는 예수님과 열두 제자의 마지막 만찬의 한 장면을 그린 작품이다. 우리가 단순하게 이 작품을 본다면 예술적 그림으로 감상하고 의미를 부여하지만 작품의 배경이 성경의 실화이고 만찬이 끝난 후에 대속의 십자가 사건이 시작됨을 안다면 성경적 관점에서는 새롭게 다가올 것이다. 성경에서는 마지막 만찬의 시기가 유월절이 시작되는 첫 날의 무교절인 저녁 무렵이었음을 기록한다.

유월절은 영어로 'passover'이다. 유대인들에게는 최고의 명절이다. 과거에 이집트가 하나님의 백성인 히브리인들을 400년 동안 종살이를 시킨 것에 대해 여호와께서 이집트의 손에서 구원하고자 행하셨던 열 가지의 재앙 중 마지막 재앙을 떠올리는 날이다. 열 번째 재앙은 장자의 재앙인데, 각 집의 좌우 문설주에 어린양의 피를 바른 집의 가축과 사람의 장자만을 주의 사자가 살려주었다. 유대인은 절기를 지킬 때 지금도 무교병을 먹는데, 밤에 히브리인들이 누룩을 넣지 않고 구워 만든 납작한 무교병을 먹어야 했던 것에서 유래했다. 무교병은 속히 애굽에서 빠져나와야 했던 급박함을 상징한다.

무교절에 예수님께서는 떡을 가지시고 축사하시고 또 잔을 가지사 감사 기도를 하신 후 제자들에게 나누어 주셨다. 떡과 포도주는 예수님의 살과 피를 상징하며 그들은 이를 먹고 마신 후 찬미하고 감람 산

으로 올라갔다. 문득, 나는 여기에서 '그들'이라는 지칭대명사가 가리키는 대상이 예수님을 포함한 제자들을 모두 말하는가, 아니면 예수님을 제외한 제자들을 말하는가에 대해 궁금해졌다. 물론 제자들은 찬미하였다. 그러면 예수님께서는 어떠하신가? 물론 예수님이 하나님의 본체이시기에 찬양을 받으시는 이도 예수님이시다. 하지만 27절에서 하나님 아버지께 감사 기도를 하시는 집례자로서의 예수님의 역할을 봤을 때 예수께서도 하나님을 찬양하는 일, 더 극적으로 표현하면 자신을 찬양하는 일에 참여하신다고 말할 수 있는지에 대한 여부다.

예수님이 하나님을 찬양하신 기록이 다른 성경 기록에는 있는가? 한 기록을 보면 예수님이 자신이 곧 하나님이셨지만 한 지도자가 "선하신 선생님이여"라고 예수님을 부를 때 어찌하여 자신을 선하다고 하느냐며 선하신 이는 하나님 한 분 외에는 없다고 하나님과 자신을 구별하신다(막 10:17). 또한 예수님은 하나님께 드리는 기도를 통해서도 계속적으로 하나님을 자신보다 높이며 간구를 아뢰고 있다는 점에서 하나님의 아들로서의 역할에 충실하셨음을 알게 된다(요 17장). 즉 예수님이 떡과 잔을 나누시며 집례하실 때도 제자들과 함께 하나님을 찬미하셨다는 것은 짐작할 수 있는 일이다. 하지만 예수님은 하나님을 자기 아버지라 부르심으로 하나님과 동등한 위치에 계셨음이 확실하다(요 5:18).

성부 하나님과 성자 하나님, 그리고 성령 하나님의 삼위일체(三位一體) 되시는 신비로운 관계는 서로 기뻐하고 축복하고 찬미하는 사랑의 관계다.

휨노스(ὕμνος, hymns) (1)

시와 찬송과 신령한 노래들로 서로 화답하며 너희의 마음으로 주께 노래하며 찬송하며(엡 5:19).

본문의 에베소서는 바울이 에베소 교회에게 보내는 편지로 교회 공동체의 삶에 대한 지침을 잘 알려주는 구절이다. 그중에서도 5장 19절은 어떻게 하나님을 예배하는지에 대해 전하는 중요한 구절이다. 그만큼 시와 찬미 그리고 신령한 노래에 대해서는 다양한 해석들이 나와 있는 상태다. 대표적인 해석은, 시는 시편(psalm)을 말하고, 찬미는 하나님의 영광을(doxology) 찬송함을 말하고, 신령한 노래는 성령의 영감에 의해 만들어지고 불린 노래로 전해진다. 이를 더 확대해석하면 일반적인 은혜를 시로 표현한 찬송과 삼위 하나님을 향해 특별하게 올리는 영광송과 마지막을 복음성가 또는 부흥성가로 보는 견해들이 있다. 하지만 이와 다르게 해석하는 이들도 있는데 시대와 공간별로 나눠 해석하기도 했다.[26]또 다른 해석은 이는 무지한 해석이고 시가 시편을 말하거나 찬미가 찬송가를 말하거나 신령한 노래가 복음가를 말하지 않는다며 두 주장에 대해 반박한다. 이유는 바울이 이 구절을 썼을 당시에는 찬송가가 없었고 더욱이 복음가도 없었기 때문이라고 말했다. 이보다는 교회역사의 흐름과 존 칼빈의 신학사상을 따라서 시편찬송의 회복을 기원했다. 존 머레이 박사의 주장을 따라서 찬미와 신령한 노

---

26) '시'는 성경을 가사로 하여 시대를 뛰어넘고 전 세계에서 불리는 노래, '찬미'는 한 시대의 노래로 인간 창작의 노래이고 공간별로는 시대정신을 노래한다고 해석, 신령한 노래는 한 시대에서도 한 그룹을 중심으로 불리고 즉흥성을 가진 새로운 노래라고 해석하기도 했다. http://blog.naver.com/tongil1209?Redirect=Log&logNo=150117863489

래는 구약의 시편에 대한 또 다른 표현이고, 신령한 시와 찬미와 노래로 해석을 해야 한다고 말했다.[27)]

원어에는 어떤 단어가 쓰였을까? 헬라어 성경에서 '시'는 ψαλμοῖς(psalms)이고, '찬미'는 ὕμνοις(hymns)이며, '신령한 노래'는 ᾠδαῖς πνευματικαῖς(spiritual)로 쓰인 것을 볼 수 있다.[28)] 원어에 충실한다면 시는 말 그대로 시편이 맞고, 찬미는 찬송의 어떠한 모양이든지 포괄하는 성경의 찬송 언어들을 지칭하며, 신령한 노래는 영과 진리로 예배하는 것, 우리의 영으로 찬송하는 것으로 해석할 수 있다.

에베소서 5장 19절은 하나님을 예배하는 자리에서 어떻게 주를 예배할지에 대한 중요한 지침을 주고 있음이 확실하지만 그 의미를 정확하게 해석하는 것과 의미가 통일이 되는 것에서는 일치를 이루지 못하고 있다. 그래서 더욱이 찬양을 하는 사역자들에겐 이론적으로 해결하기 어려운 연구대상이 되리라 짐작된다.

한편으론 이 구절을 어떻게 할지에 대한 중점이 단어의 의미와 해석을 구분짓고 차이만을 드러내느라 모든 의미를 포함하는 넓은 의미로서의 찬양, 찬양으로서의 공통점은 뒷전이구나 싶다. 우리가 하나님을 예배할 때 영과 진리로 예배해야 하듯이 찬양할 때도 영과 진리로 노래해야 할 것이다. 왜냐하면 하나님이 영이시기 때문이다(요 4:24). 그리고 어떠한 형식을 가졌든지 영으로 부르는 노래는 그 대상이 하나님을 향한다는 점이다. 주께 드리는 노래, 진정한 마음과 진리를 따라서 주를 향해 부르는 노래가 하나님이 받으시는 찬양이다.

---

27) http://blog.daum.net/greensss/15969132 〈교회와 신앙〉 2009년 4월 22일 "시와 찬미와 신령한 노래를 부르라" 예장 합동 신학부 '칼빈의 시편찬송가 발표회' 설교문
28) http://biblehub.com/interlinear/ephesians/5-19.htm

휨노스(ὕμνος, hymns) (2)

> 그리스도의 말씀이 너희 속에 풍성히 거하여 모든 지혜로 피차 가르치며 권면하고 시와 찬송과 신령한 노래를 부르며 감사하는 마음으로 하나님을 찬양하고(골 3:16).

골로새서 3장 16절은 바울이 에베소서 5장 19절에 나열한 시와 찬미와 신령한 노래가 동일하게 나오는 구절이다. 골로새서는 바울이 골로새 지역의 교회에 보낸 편지로 교회 내에 기독교적 세계관에 맞지 않는 다양한 사상과 철학을 바로잡기 위한 목적이 있다. 기록에 따르면 그 사상들은 잘못된 철학, 유대적 의식주의, 천사 숭배의 신비주의, 금욕주의와 같다.[29] 이에 따라서 3장 16절은 하나님을 찬양하는 것과 그리스도의 말씀을 온전히 아는 것이 교회 공동체에 얼마나 중요한지 강조한다고 본다. 만약 당신이 하나님을 찬양하는 것만으로도 예배가 성립된다고 말한다면 하나님을 찬양한다는 말에는 더 많은 함축적 의미가 있을 것이다. 즉 하나님을 찬양함에는 '진리의 말씀'도 풍성히 거해야 된다. 또한 바울이 개인적으로는 찬송을 부르는데 무엇을 가지고 어떠한 마음으로 부를지에 대해서 가르쳐줬다고 생각한다. 성경에 나오는 모든 찬송의 언어들은 결국 시편으로 귀결되며(시편을 묵상해 보면 인생의 모든 것, 즉 희로애락으로 전인격적 찬송을 하는 기자들을 우리는 만날 수 있다.) 우리의 마음은 날마다 새롭게, 영으로 주를 노래해야 한다고 본다.

최근 현대 예배 안에 풍성하고 화려하게 자리잡은 음악적 황홀감은 우리의 감정이 하나님께 반응하는 데 큰 영향을 미치고 있다. 그리고 나는 음악이 가진 힘이 얼마나 막강한지 잘 알고 있다. 당신도 가사

29) 《비전성경》, 두란노서원, 2002, 골로새서 통독 가이드

가 없는 연주 음악을 들어본 적이 있을 것이다. 하지만 그 음악들은 무언가를 우리에게 말하고 있다. 창조된 음악들은 작곡가에 의해 선율로 만들어졌다. 작곡가 안에는 내적으로 잠재된 수많은 감성과 이야기들이 있으며, 이를 멜로디에 담아 옮겨놓은 것이 곡이기에 연주 음악들조차도 다양한 감정을 아주 적절하게 말한다고 할 수 있다. 따라서 오늘날의 찬양과 경배라는 예배 형식에 음악이 큰 요소로 자리했고 연주음악이 전해 주는 감정만으로도 충분히 영적인 분위기를 표현할 수 있게 되었다.

하지만 예배는 이것만으로는 부족하다. 단순히 우리의 감정을 표현해내는 것 또는 신비스런 느낌만으로 영으로 예배했다고 할 수 없는 이유는 그 속에 진리가 없기 때문이다. 골로새 교회도 하나님을 예배한다고 했지만 그 속에 진리가 없이 그릇된 사상들로 공동체의 예배를 채워왔기에 바울이 이를 불식시키려고 서신을 쓴 것이었다. 그리하여 3장 16절에는 찬양과 함께 말씀에 대한 강조가 나오고 있다. 한 예로, 나는 Youtube를 통해 다양한 찬양과 경배 형식의 예배를 보고 있지만 이단과 다를 것이 없는 집회들 중에 경배 찬양과 복음가들이 불리고 있음에 충격을 받았다. 이를 보고 교회 안에 들어온 다양한 음악 형식들이 예배의 타락을 조장한다고 말하지만 정확하게는 이단적인 모임들 속에 진리의 말씀이 없기 때문이다. 진리의 말씀이 없는 곳에서는 어떠한 위대한 찬양이 불린다 해도 하나님의 영이 그 속에 거하시지 않는다. 자기 안에 말씀이 없는 영이 하나님을 찬양하는 것은 불가능한 일이다. 말씀에 대한 가장 정확한 정의는 요한복음 1장 14절이다.[30] 그리스도의 장성한 분량까지 예수님을 아는 것에 힘쓰는 일이 하나님을 높이는 찬양을 더욱 온전케 할 것이다.

---

30) "말씀이 육신이 되어 우리 가운데 거하시매 우리가 그의 영광을 보니 아버지의 독생자의 영광이요 은혜와 진리가 충만하더라."

휘파코에(ὑπακοή, obedience)

> 우리의 싸우는 무기는 육신에 속한 것이 아니요 오직 어떤 견고한 진도 무너뜨리는 하나님의 능력이라 모든 이론을 무너뜨리며 하나님 아는 것을 대적하여 높아진 것을 다 무너뜨리고 모든 생각을 사로잡아 그리스도에게 복종하게 하니(고후 10: 4-5).

휘파코에(ὑπακοή, obedience)는 '듣다'(give ear, to listen)에서 유래되어 그 뜻이 '들음', '순종', '복종'이다. 단어가 가진 의미처럼 우리가 하나님의 말씀에 순종하기 위해서는 우선적으로 하나님의 말씀을 들을 때 가능하다. "주님 말씀하시면"이라는 곡에서도 주께서 하시는 말씀을 듣고, 읽고, 경험하며 상고할 때 나의 가는 길을 멈출 수 있고 나아갈 수 있다고 고백하고 있는 것처럼 말이다. 순종하기 위해 하나님의 뜻을 구하고 듣는 것은 영적 성숙을 위한 징검다리다.

또한 고린도후서 10장 5절의 하나님을 아는 것이 우리 안에 온전히 누려질 때 그리스도께 복종할 수 있다. 하나님을 아는 것은 무엇을 말할까? 요한복음 17장 3절을 보면 영생은 유일하신 참 하나님과 그가 보내신 자 예수 그리스도를 아는 것이라고 나와 있다. 하나님과 그가 보내신 예수 그리스도를 아는 것이 인간의 영생과 복종에 직결된다는 성경말씀을 유심히 살펴보자. 우리가 아는 것, 그리고 알게 된 이것은 영으로 비밀을 말함과 같이, 영으로 비밀을 알게 된 것이므로 우리의 힘으로 된 것이 아니다. 오직 하나님의 영으로 된 것이다.

복종하는 것과 하나님을 찬송하는 것은 어떤 관련이 있는가? 우리는 찬송이 어떤 음악적인 영역 안에서만 이뤄지는 것이 아님을 기억해야 한다. 물론 하나님을 찬송하는 방법 중에서 가장 적절하고 좋은 것

이 음악을 사용한 것임에는 이견이 없다. 그러나 찬송이 행위로 나아가야 한다는 것은 무엇을 말하는가? 단지 우리의 입술로, 손을 들고, 무릎을 꿇고 엎드려 경배하여 이를 행위의 다함이라고 볼 수 없다. 삶의 실천적인 행위, 일상에서 실천적인 행위가 또한 하나님을 찬송함으로 이어질 때 그 열매로 알 수 있을 것이다.

이런 점에서 우리는 영으로 참 하나님과 그가 보내신 자 예수 그리스도를 알게 된 비밀은 복종하게 하는 단계로 나아가게 될 것임을 깨닫게 된다. 육신에 속한다면 진정 우리는 이렇게 될 수 없다. 오직 하나님의 능력으로, 오직 거룩한 하나님의 영으로 그리스도께 복종케 하는 것이다. 그러므로 우리는 하나님께 나 자신을 내어드리지 않을 거면서, 하나님께서 나의 유익을 위해서만 존재하시길 바라는 차원에서 주께 찬송하는 고백들의 부족함을 보게 되는 것이다.

찬송은 하나님께 복종하는 것이다. 그분을 영화롭게 하며 즐거워하는 마음은 복종으로 나타난다. 하나님께 온전히 복종할 수 있음은 결코 이룰 수 없는 인간의 망상이 아니다. 우리는 제물이 되신 예수님, 그분의 복종하심을 떠올린다. 주께서는 너희가 이보다 더 큰일도 할 것이라고 말씀하셨다.[31)]

우리가 주님을 믿는다면 영에 속한 사람, 거룩한 하나님의 영에 의해 다스림 받는 사람, 오직 그 안에 거하는 것 외에는 다른 무엇을 거절하는 담대함으로 서 있길 간구하자.

31) 요한복음 14:12 "내가 진실로 진실로 너희에게 이르노니 나를 믿는 자는 내가 하는 일을 그도 할 것이요 또한 그보다 큰 일도 하리니 이는 내가 아버지께로 감이라."

프로스퀴네오(προσκυνέω) (1)

마귀가 또 예수를 이끌고 올라가서 순식간에 천하만국을 보이며 이르되 이 모든 권위와 그 영광을 내가 네게 주리라 이것은 내게 넘겨 준 것이므로 내가 원하는 자에게 주노라 그러므로 네가 만일 내게 절하면 다 네 것이 되리라 예수께서 대답하여 이르시되 기록된 바 주 너의 하나님께 경배하고 다만 그를 섬기라 하였느니라(눅 4:5-8).

예수님은 성령에 이끌려 40일을 금식하시고 마귀에게 시험을 받으신다. 세 가지 시험을 받으시는데 첫째는 금식 후에 주리셨을 배고픔에 돌을 떡으로 만들라는 시험과, 둘째는 마귀가 예수님께 자신을 예배하라는 시험, 셋째는 신의 아들임을 증명하라며 예루살렘의 성전 꼭대기에 세우고 뛰어내리라는 시험이다. 여기서는 둘째 시험에 주목해 보자.

본래 천사였던 마귀는 하나님의 자리를 대신하려다가 타락을 하고 마는데 마귀의 마음에는 항상 하나님과 같이 되려는 악함이 있다. 그가 아담에게 '네가 하나님과 같이 될 것'이란 말로 마귀의 정체와 타락의 이유를 드러내었듯이 예수님께도 자신에게 경배하라고 말하면서 사탄이 옛적에 하나님을 대적하던 모습을 재연하고 있다. 하지만 예수님은 모든 시험을 이기시고 천사들의 시중을 받았다. 예수님이 마귀를 무찔렀던 방법은 '기록되었으되'라는 말씀을 통해 마귀의 시험을 이기셨다는 점이다. 이는 우리 또한 마귀가 시험할 때 대적할 수 있는 영적인 무기가 곧 하나님의 말씀임을 가르쳐준다. 우리도 하나님의 말씀을 분명히 알고 시인하며 가슴에 새길 때 마귀의 영적 공격은 무너지고 만다.

누가복음 4장 7절에서 마귀가 예수님께 자신에게 절하라고 말할 때 사용된 헬라어가 '프로스퀴네오'다. 이 어원의 의미를 살펴보면 프로스퀴네오는 헬라어로 프로(πρός, ~에게)와 스퀴네오(κυνέω)가 합쳐진 단어로 스퀴네오는 '키스하다'(to kiss)의 의미를 지니고 있다. 여기에서 유래된 프로스퀴네오의 뜻은 '~에게 경의를 표하다', '엎드려 절하다', '예배하다', '경배하다', '찬미하다', '절하다' 등을 가리킨다.

마귀는 자신이 감히 상대할 수 없는 이를 시험했다. 마귀는 예수님보다 우위에 서서 예수님의 배고픔을 트집 잡아서 유혹(temptation)했고, 그를 대적(confrontation)했으며 예수님이 하나님의 아들이심을 증명(demonstrate)하라고 했다. 하지만 예수님은 곧 하나님이시므로 자신이 지은 피조물에 불과한 마귀에게 증명해야 할 이유가 없으시다. 그것도 하나님을 대적해 버림받고 쫓겨난 타락한 천사에게 말이다.

육신을 부정하는 것이 아니라 분명 육신이 피곤하고 지칠 때 영적 공격과 침체기를 만날 수 있다. 하지만 예수님이 시험당했을 당시를 추측할 때 육신적으로는 약해도 성령의 감화와 말씀으로 충만할 때 영적 공격에서 넘어지지 않는다. 하지만 육적으로는 밝고 영적으로 어두울 때에 영적 공격 앞에서 우리는 쉽게 무너질 수 있다. 물론 육적으로도 약하고 영적으로도 어둡다면 더욱 큰일이다. 사탄은 우리가 하나님 외에 다른 것에게 절하도록, 예배하도록 마음 중심의 시선을 흐트러뜨린다. 우리 마음에서 가장 소중히 여기는 것이 하나님보다 우선된다면 그것이 우리의 섬기는 대상이 된다는 말이다. 그리고 입술로는 말하지 않았지만, 마음으로는 그것을 예배한다고 할 수 있다. 우리의 경배 대상은 지금 무엇인지 생각해 보자.

프로스퀴네오(προσκυνέω) (2)

집에 들어가 아기와 그의 어머니 마리아가 함께 있는 것을 보고 엎드려 아기께 경배하고 보배합을 열어 황금과 유향과 몰약을 예물로 드리니라(마 2:11).

여기서는 프로스퀴네오의 두 번째 묵상 시간을 가져보려 한다. 프로스퀴네오는 예배하는 것을 말하며 그 행위까지 포함되어 있다. 이는 엎드려 절하는 행위를 가리킨다. 당신은 하나님께 엎드려 절하며 예배한 경험이 있는가? 공적인 현대 예배에서 하나님을 향해 엎드려 절하는 경험을 하기란 쉽지 않다. 대개는 일어서서 성경을 낭독하는 경우를 제외하고 장의자에 앉아 예배를 '한다'. 어떤 이들은 참여가 아닌 참석자로서 예배를 '본다'고 말하기도 한다. 하지만 예배는 보는 것이 아닌 행위로 하는 것이 맞다. 만약 우리가 엎드려 절함으로 하나님을 예배한 경험이 있다면 기도하는 시간에 무릎을 꿇는다거나 찬양하는 시간 중에 하나님을 깊이 경배할 때 엎드리고 절한다. 개인적인 이야기지만 나는 예배의 행위가 엎드려 절함을 알게 되고 난 후에도 이것으로 하나님을 예배하기가 쉽지 않았다. 기억이 나는 건 혼자 있는 시간에 무릎을 꿇고 하나님께 기도하며 찬양했지만 엎드려 절하고자 할 때 제삿상 앞에서 절하던 사람들의 모습이 떠올랐기 때문이었다. 그들이 귀신에게 제사 지낼 때 취하는 행동과 구별할 수 없었던 나였다. 하지만 성경 안에서 엎드려 절하며 하나님을 예배하는 많은 기록들을 보며 자유하게 되었다. 이제는 무릎을 꿇는 것보다 더 깊이 하나님을 예배함을 표현하고 싶을 때 주님 앞에 엎드리고 땅에 얼굴을 갖다 대며 살아계신 하나님을 경배하고 경의를 표한다. 그리고 주 앞에 엎드려 절

할 때 내 영혼에게 하나님의 존재는 더 간절해진다. 작은 나의 영혼은 한없는 그분의 사랑과 현존에 기대며 안정을 누린다.

엎드림에 대한 성경의 기록을 찾아보면 출애굽기 34장 8절에 모세가 여호와 하나님 앞에 엎드려 절했고, 욥기 1장 20절에서 욥이 땅에 엎드려 절했으며, 창세기 24장 52절에서 아브라함의 종이 여호와께 엎드려 절했다. 역대하 20장 18절에서는 여호사밧 왕과 예루살렘 주민들이 여호와 앞에 엎드려 경배했다. 또 마태복음 2장 2절에서 동방의 박사들이 별을 보고 찾아와 예수님께 절하며 예배했고, 누가복음 5장 8절에서 베드로가 예수님께 엎드렸으며, 요한계시록 4장 10절에서 이십사 장로들이, 5장 14절에서는 네 생물이, 7장 11절에서는 모든 천사와 장로들과 네 생물이 보좌에 앉으신 이에게 엎드려 절하는 예배 장면을 보여준다. 이 외에도 예수님이 귀신을 내쫓으실 때 귀신이 예수님을 알아보고 엎드렸으며(눅 8:28) 많은 병자들이 예수님께 고침을 받으려 간구하러 나올 때에도 주 앞에 엎드렸다(눅 5:12).

문득 개신교가 잃어버린 가장 귀한 예배 자세가 엎드림이 아닌가 하는 생각이 스친다. 실제로 유일신 사상으로 뜨거운 신앙을 가진 무슬림들은 감히 알라 앞에 앉아서 예배하기보다 엎드려 절하고 자신들의 얼굴도 숨긴다. 그들의 알라를 믿는 신앙이 옳지는 않지만 엎드려 절하며 예배하는 모습은 우리가 되찾을 예배의 모습이 아닌가 생각해 본다. 언젠가 찬양사역자 키스 그린(Keith Green)이 가르침을 받았던 레너드 레븐힐(Leonard Lavenhill) 목사가 하나님은 당신의 친구(friend)가 아니라고 말한 설교가 떠오른다.[32] 그분은 당신이 섬겨야 할 하나님(God)이라는 사실을 말이다. 우리는 얼마나 하나님을 하나님으로 인정하고 있는가?

32) https://www.youtube.com/watch?v=aBMvWWxll8E

껑충껑충(ἐσκίρτησεν, leaped) 뛰며 주를 기뻐하다

> 보라 네 문안하는 소리가 내 귀에 들릴 때에 아이가 내 복중에서 기쁨으로 뛰놀았도다(눅 1:44).

본문의 "기쁨으로 뛰놀았도다"에서 쓰인 헬라어는 '에스키르테센'(ἐσκίρτησεν, leaped)이다. 이 뜻은 '껑충 뛰다', '도약하다', '가볍게 뛰다', '기뻐서 뛰어오르다', '뛰놀다'의 의미를 지니고 있다. 처녀의 몸에서 잉태될 메시아, 예수가 복 중에 있을 때에 마리아는 역시 복 중에 있던, 그의 길을 닦아줄 세례 요한의 어머니 엘리사벳의 집을 방문했다. 그리고 엘리사벳이 마리아의 소리를 들었을 때 복 중에 있던 세례 요한은 예수님을 기뻐하며 껑충껑충 뛰놀았다.

마리아와 엘리사벳의 수태는 신비로운 일이었다. 처녀의 몸에서 예수님이 나신 일은 의학적으로 설명할 수 없다. 하지만 의학적으로 설명할 수 없는 것이 오히려 예언을 따라 메시아가 오심에 맞는 짝이다. 예수님은 아담의 후손으로 오는 것이 아니다. 아담의 후손이란 최초로 죄를 지은 인간, 그리고 그 씨를 통해 사람들이 번성하게 됨에 따라 인간은 모두 원죄를 갖고 태어나게 됨을 말한다. 예수님은 여기에 속하지 않는다. 바울이 쓴 로마서에서는 아주 잘 대조하여 기록하고 있다.[33]이에 따라 세례 요한이 복 중에서 뛰논 것은 단순한 우연이 아니

33) 로마서 5:19 "한 사람이 순종하지 아니함으로 많은 사람이 죄인 된 것같이 한 사람이 순종하심으로 많은 사람이 의인이 되리라." 로마서 5:15 "그러나 이 은사는 그 범죄와 같지 아니하니 곧 한 사람의 범죄를 인하여 많은 사람이 죽었은즉 더욱 하나님의 은혜와 또한 한 사람 예수 그리스도의 은혜로 말미암은 선물은 많은 사람에게 넘쳤느니라." 로마서 5:12 "그러므로 한 사람으로 말미암아 죄가 세상에 들어오고 죄로 말미암아 사망이 들어왔나니

고 구주로 오신 예수님을 알았던 것이다. 하나님의 주권으로 죄에서 구원과 해방의 시계 바늘이 돌기 시작하는 역사적인 사건에 기쁜 소식을 전할 이로 자신이 선택되었음에 놀라워하며, 세례 요한은 정녕 예수님을 기뻐하며 뛰어 놀았다.

헬라어 '에스키르테센'(ἐσκίρτησεν, leaped)이 쓰인 곳은 누가복음 6장 23절에도 나온다.[34] 인자가 되시는 예수님으로 인해 미움당하고 멀리하고 욕하고 악하다 하며 버릴 때에 우리의 마음은 슬프겠지만 주님이 다시 오실 날에는 기뻐하고 뛰놀게 될 것이라는 말씀에 쓰였다. 이 말씀처럼 세례 요한은 사명을 따라 예수님을 기뻐하며 태어났지만 광야에서 홀로 크며 외로이 외치는 자가 될 수밖에 없었다(요 1:23). 그는 사명을 따라 전했지만 메시아의 소식을 들은 제사장과 서기관과 바리새인들은 무척이나 당혹스러웠을 것이고 예수님을 죽이기까지 그들은 예수를 알아보지 못했다. 마찬가지로 예수님을 믿는 날에 우리의 영은 기뻐 뛰놀며 주를 찬양하지만 그날이 오기까지 예수님의 말씀을 따라 살기에 세상은 그리 호락호락하지 않음을 본다. 예수님을 구주라 믿는 우리에게 누가복음 6장 23절의 말씀은 실제이기 때문이다. 2000년이 지난 이후로 예수님이 다시 오시는 날이 속히 오기를 기다리는 우리의 삶에서 이 말씀을 묵상하니 정녕 이 땅의 것으로 기뻐하는 것과 비교되지 않는 기쁨, 하늘에 속한 기쁨이 무언지 알게 된다.

이와 같이 모든 사람이 죄를 지었으므로 사망이 모든 사람에게 이르렀느니라.

34) 누가복음 6:23 "그날에 기뻐하고 뛰놀라 하늘에서 너희 상이 큼이라 그들의 조상들이 선지자들에게 이와 같이 하였느니라."

시편만큼 찬송하고 시편으로 찬송하라!

할렐루야 여호와의 이름을 찬송하라 여호와의 종들아 찬송하라(시 135:1).

골로새서와 에베소서에 기록된 시와 찬미와 신령한 노래가 무엇을 가리키는지 다양한 해석들을 접하면서 분명 이것이 하나님을 찬양하는 것을 가리키는 줄 알았지만 의견이 분분하다는 말에 정확한 무언가를 알고 싶은 목마름이 있었다.

가톨릭의 종교적 부패에서 종교개혁을 일으켰던 대표적인 인물들이 있다. 마틴 루터, 츠빙글리 그리고 칼빈이다. 사제들의 전유물이었던 기독교가 회중에게도 돌아가면서 말씀의 회복이 어떻게 이뤄졌는지도 살펴보지만 당시에 찬양에 대한 회복도 있었기에 함께 살펴보는 것이 참 중요하다. 잘 아는 대로 루터는 예배를 개혁하면서 자유롭게 하나님을 찬송할 수 있는 길을 열었다. 그는 코랄(Choral)를 만들었는데 과거 기독교의 음악 형식에 구애받지 않고 좀 더 자유롭고 적극적으로 받아들였다는 것이 큰 특징이다. 츠빙글리와 칼빈의 음악적 태도는 함께 다뤄지는데 루터와 다른 입장에 서 있었다. 그들은 음악을 사람의 마음과 영을 혼란시키는 것이라고 보았고 오르간을 사용하는 것 외에는 철저히 금하였다고 기록된다.[35] 특히 칼빈은 개인 감정이나 사상을 표현하는 창작을 금하고 구약성경에 있는 시편만 부르게 했다고 기록된다.[36] 뿐만 아니라 각종 기독교 예술 작품들까지도 모두 폐하였

35) 《교회 성장을 위한 예배와 음악》, 전희준, 미드웨스트, 2006, p. 204.
36) 위의 책, p. 204, 재인용.

다. 감정주의를 우려했던 오늘날의 염려가 그들에게도 여전히 존재했고 그것들을 보고 느끼는 종교적 숭고함, 감정들도 죄악시하여서 우상숭배를 근절한다는 이유로 모든 기독교 예술품을 사장했다.

많은 연구 결과의 큰 맥락 중 하나는 루터가 회중찬송의 모든 모양과 가능성을 열어놨다는 입장과 츠빙글리와 칼빈은 시편가를 잘 회복했다는 평(評)이다. 그런데 여기서 조금 다른 뉘앙스가 있는데 루터가 시편가 외에도 각종 성가들을 회복시켰다는 점에서 이것들이 시편가와 또 다른 영역으로 분리되거나 뜻하는 무엇으로 표현된다는 점이다. 그러나 나는 여기서 한 가지 의문을 던진다. 사실 형식적으로는 다른 장르와 폼(From)이 받아들여진 것이 맞겠지만, 그래서 새로운 무엇이 시작된 것은 맞지만, 어떤 형식일지라도 내용은 시편에서 다뤄진 것들 외에는, 또한 그 이상으로 다른 무엇을 뜻하는 내용들은 찾을 수 없다는 점이다. 큰 틀로 보면 루터가 다양하게 받아들인 내용들도 결국은 가장 오랜 회중 찬송의 표본이자 전부인 시편(psalms, 시)을 뛰어넘을 수는 없다는 입장이다.

시편은 무엇인가? 그 구조를 여기에 다 담기에는 한없이 부족하지만 태초에 대한 언급, 태아가 엄마 뱃속에 있을 때부터 하나님을 찬송함, 삶과 죽음을 아우르는 모든 인간의 영역을 놓고 하나님을 찬송한다는 것에서, 우리의 찬양이 시편을 제외한 다른 무엇으로 노래할 수 있다는 새로운 시도나 도전이 나올 수는 없다는 것을 보게 된다. 그런 점에서 우리는 CCM일지라도 시편가를 넘어서는 내용을 찾을 수 없다는 것이 정확한 표현이 아닐까(CCM은 순전하게 음악적인 스타일 때문에 구분되어야 하는 것이 맞다.) 루터도 츠빙글리도 칼빈도 모두 시편 안에서 일치됨으로 하나님을 찬송하기를 회복했다고 볼 수 있다. 나는 우리가 찬송해야 할 내용이 시편만큼 찬송하고 시편으로 찬송해야 한다고 고백한다. 시편은 사람의 인생을 아우르는 수많은 노래들의 '총집

합'이다. 이것을 넘어서는 다른 찬송의 내용을 앞으로도 찾을 수 없고 비록 새로운 언어로 노래할지라도 그 뜻과 내용은 시편으로 귀결될 것이다.

2

PART

거룩과 경건으로 찬양

거룩한 절기를 지키는 밤의 노래

> 너희가 거룩한 절기를 지키는 밤에 하듯이 노래할 것이며 피리를 불며 여호와의 산으로 가서 이스라엘의 반석에게로 나아가는 자같이 마음에 즐거워할 것이라 여호와께서 그의 장엄한 목소리를 듣게 하시며 혁혁한 진노로 그의 팔의 치심을 보이시되 맹렬한 화염과 폭풍과 폭우와 우박으로 하시리니(사 30:29-30).

하나님께서 그의 백성들의 상처를 싸매시고 맞은 자리를 고치시는 날에 주의 자녀들은 거룩한 절기를 지키는 밤에 노래하듯 할 것이라고 이야기한다. 여기에서 '거룩한 절기'는 무슨 날을 가리키는 것일까? 이스라엘에는 크게 3대 절기가 있는데, 유월절, 무교절, 초막절이다. 그리고 여기서 '밤'이라는 단어가 나온 것을 보니 밤부터 절기가 시작되는 유월절을 가리킨다고 볼 수 있다.

유월절이란 모세 때에 이집트 제국주의 아래 노예생활을 하던 이스라엘 백성들이 애굽을 탈출하던 날을 기념하고 기억하는 것으로 하나님의 일방적인 구원하심을 경험한 사건이 배경이 된다. 마지막 재앙, 즉 장자의 재앙이 애굽 땅을 휩쓸 때 좌우 앞뒤 문설주와 인방에 어린양의 피를 바른 히브리인들은 재앙에서 건짐을 받고 다음날 아침까지는 문 밖을 나갈 수 없었다. 그들은 이집트를 탈출하기 전, 유월절의 '밤'에 발효되지 않은 빵, 쓴 채소, 포도주, 어린양의 정강이뼈를 먹었다. 이러한 의식을 치른 이유는 그들이 당장에라도, 급하게 이집트를 떠날 준비를 한다는 의미가 있었다. 즉 유월절은 밤부터 시작되는 이스라엘의 절기로 유대인들은 지금도 페사흐 세데르(Pessah Seder)라는 저녁만찬을 먹으며 과거의 출애굽 사건을 기념하고 있다.

'밤에 하듯이 노래하고 피리를 분다'는 말은 무엇을 의미할까? 나는

과거의 한 장면 속으로 나의 상상력을 동원해 본다. 이날은 여호와께서 오랜 이집트의 노예생활로 인한 그들의 신음소리와 부르짖는 소리를 들으시고 구원해 내시겠다는 약속이 실현되는 날로서 자유와 해방이 성취되는 날이기에 축제와 같다. 사람이나 가축의 처음 난 것을 모조리 죽이는 장자의 재앙으로 인해 여기저기서 들려오는 울음소리와 괴성은 그들로 하여금 두렵고 떨리게 했지만 또한 히브리인들은 하나님의 말씀에 순종함으로 자신들의 집을 건드리지 않고 넘어가는 자비와 은혜 앞에서 하나님의 강하신 손과 능력을 경험함으로 놀랍기도 하고 다음날이면 해방이라는 생각에 기뻤을 것이다. 그리고 애굽의 신이 진짜가 아니라 자신들이 믿는 하나님이 진정한 신이라는 것을 알게 되었을 것이다. 본문에서는 "이스라엘의 반석 그리고 여호와의 산으로 나아가는 자"들에 대하여 이야기하는데 곧 이 말씀을 깨달은 자들이 아닌가? 하나님이 영원하신 왕이시고 주권자가 되심을 깨달은 자들의 노래, 이것이 본문의 노래다.

하나님은 스케일이 크시다. 그분께서 손을 들어 치시는 혁혁한 진노는 화염과 폭풍, 폭우 그리고 우박처럼 인간의 힘으로 제한할 수 없는 영역에 속해 있다. 하나님의 진노는 무섭다. 그렇지만 진노는 잠깐이고 그의 자비하심은 영원하시다(사 54:7). 하지만 하나님을 기다리지 못하고 애굽을 의지하러 내려간 자들, 거기에 붙어서 끝내 하나님의 뜻을 저버리는 자들은 하나님의 진노를 피해갈 수 없다. 왜냐하면 하나님께서는 당신을 의지하는 자들, 즉 예루살렘에 사는 시온 백성들이 보호 아래 있는 것이라고 말씀하시기 때문이다.

거룩한 행실로 주를 보는 것

> 오직 너희를 부르신 거룩한 이처럼 너희도 모든 행실에 거룩한 자가 되라 기록되었으되 내가 거룩하니 너희도 거룩할지어다 하셨느니라(벧전 1:15-16).

요즘과 같이 인터넷과 TV를 통한 매체에서 쏟아져 나오는 수많은 정보들 속에는 유익한 정보도 있지만 방탕하거나 술 취함을 자랑하는 방송들도 적지 않다. 이러한 시대 흐름 속에서 '거룩함'이라는 단어는 찾아보기 어렵고 그 의미도 천대시하는 경향이 짙다. 뿐만 아니라 내 주변에서나 당신 주변의 기독교인 친구들도 교회에서는 거룩한 예배를 하지만 음악, 방송, 잡지 등에서 쏟아져 나오는 저급한 문화를 즐겨 보고 듣는 이들을 쉽게 찾아볼 수 있다. 또 최근에 나는 개인적인 행사를 치르고 도와주신 분들과 함께 회포를 풀 수 있는 시간을 가졌는데 내가 너무 낭만적인 걸까? 아니면 일반적인 분위기이지만 경험하지 않아서 생소한 것일까? 커피 향이 진한 따뜻하고 예쁜 카페에서 차와 쿠키를 즐기며 대화를 가지려 했지만 매니저들은 커피 마시는 돈이 제일 아깝다며 나를 실내 포차로 데려가는 것이 아닌가. 그들에게 맥주는 술이 아닌 음료수와 같았다. 나는 먼저 교회음악을 하고 있기에 술을 마시지 않음을 말하고 이해를 얻었지만 그들에게 술을 하지 않는 나는 신기한 사람일 뿐이었다. 한 예에 불과하지만 이처럼 신자와 비신자가 함께 사는 세상에서 우리는 어디까지 세상에 속해야 할지 고민하게 된다.

폴 발로쉬(Paul Baloche)가 쓴 "Open the eyes of my heart's"라는 예배곡을 잘 알 것이다. 국내에서는 "내 맘의 눈을 여소서"라는 가사로 번역이 되었다. 위와 같은 세상의 흐름 속에서, 거룩함을 찾아보기 힘든 시대

에 이러한 노래가 불리고 있음은 참 반가운 소식이다. 심지어 교회조차도 거룩함에 대한 가르침을 외면하지는 않는가? 만약 당신이 이 노래를 흥겨운 리듬과 멜로디가 좋아서 즐겨 불렀다면 이번 기회에는 가사도 깊이 묵상하길 권한다. 이 노래의 가사는 우리가 믿는 하나님께서 어떤 분이신지를 알게 해준다. 주께서는 거룩하신 분이다. 그리고 거룩한 주를 믿는 우리가 하나님을 만나고 그분과 사랑의 교제를 나누기 위해서는 주께서 당부하신 말씀을 따라, 주께서 거룩하시니 우리 또한 거룩해야 함을 전하고 있다. 어떤 이들은 거룩함을 상대적으로 해석할지도 모른다. 거룩이라는 무엇이 누군가에겐 거룩하지만 어떤 이에게는 거룩한 일이 아닐 수 있다고 말할지도 모른다. 또한 거룩함은 구약시대에만 적용되어 왔고 신약시대에서는 사랑과 용서의 하나님을 두둔하며 거룩함의 의미를 축소할지도 모른다. 하지만 우리가 믿는 하나님은 언제나 동일하신 분인데 거룩함에 대하여 무게가 달라지겠는가? 그래서 베드로는 '기록되었으되'라는 말을 통해서 그가 말한 거룩함이 구약시대만이 아닌 신약시대에까지 이어지고 있음을 말하고 있다(레 11:44-45).

폴 발로쉬는 노래의 중반에서 왜 "내 맘의 눈을 열어주세요. 주님을 보기 원합니다"라고 가사를 썼을까? 그리고 그것이 거룩함과 어떠한 관련이 있는 걸까? 이런 묵상 중에 나는 이 곡의 배경이 된 다른 구절을 찾게 되었는데 그것이 바로 마태복음 5장 8절이다. 예수님은 산상에서 마음이 청결한 자가 주를 볼 것이라고 친히 말씀하셨다. 거룩한 행실로 마음을 청결하게 지키는 자가 하나님을 볼 수 있다는 말이다. 또 바꿔 말하면 마음을 청결하게 지키는 자는 거룩한 행실로 하나님을 본다고 할 수 있다.

우리는 하나님의 거룩함을 닮아야 한다. 그것이 세상을 살아가는 우리의 방식이다. 그리고 이것이 잊히지 않도록 교회에서, 또 세상에서 계속해서 불러야 한다.

우리가 거룩하신 하나님의 얼굴을 뵈올 때

또 이르시되 나는 네 조상의 하나님이니 아브라함의 하나님, 이삭의 하나님, 야곱의 하나님이니라 모세가 하나님 뵈옵기를 두려워하여 얼굴을 가리매(출 3:6).

거룩하신 하나님의 성품을 표현하고 이것을 노래하는 예배 찬송이 있다. 몇 가지 소개하자면 헨리 스미스(Henry Smith)가 쓴 곡으로 국내에서는 "거룩하신 하나님"으로 번역된 "Give thanks"가 있고 스캇 브레너(Scott Brenner)가 쓴 "온 땅의 거룩하신 주"로 번역된 "Holy is our god"이라는 곡 등이 있다. 하나님의 거룩하심이 주제가 된 곡들이 점점 더 필요해지는 이유는 우리의 삶과 세상 가운데 거룩함을 찾기 어렵기 때문이며, 크리스천들에게는 감정의 얕고 충동적인 것만 미화하는 시대를 거슬러 기억해야 할 하나님의 성품이기 때문이다.

성경을 보면 하나님을 만나 본 위대한 신앙 인물들이 있다. 그중에서 모세와 이사야가 만난 하나님의 모습과 이후에 그들이 취한 행동을 살피면 거룩한 하나님을 입술로만 노래하는 느낌이 아닌 우리 또한 두려움과 떨림이 무언지 조금은 알게 되리라 생각한다. 본문에서는 떨기나무에서 모세를 만나주셨던 하나님과 그의 임재를 경험하고 두려워하여 감히 얼굴을 들지 못하고 가린 가녀린 인간, 모세의 모습을 본다. 이사야 또한 스랍들이 거룩하신 하나님을 찬송하는 모습을 환상 중에 보고 난 후 오히려 화가 내게 미치었다고 말할 정도로 두려워하며 입술이 부정한 자신이, 또 그러한 세상에 살면서 만군의 주를 뵈었다고 고백했다(사 6:3-5). 이사야의 고백은 그분의 거룩한 빛 앞에서 드러나

지 않은 은밀한 것까지도 모두 밝혀지기에 그의 영이 두렵고 떨릴 수 밖에 없었음을 말한다. 또한 그의 말처럼 우리의 입술도 한 입으로 주를 찬송하다가 또 악을 말하는 정함이 없는 자들이다. 만약 우리가 하나님의 거룩하심에 대해 생각할 때 뜨뜻미지근한 심령을 가졌다면 하나님의 거룩하심에 대해 아는 지식이 필요할 것이다. 그리고 우리가 하나님의 거룩하심을 알아갈수록 주께 엎드려 경배함으로 주를 '경외'하게 될 것이다(사 29:23). 그리고 자신을 지켜 세속에 물들게 하지 않고 구별됨을 좇을 것이다(레 20:26). 그 이유는 우리가 거룩하신 하나님의 소유로 그분께 속하였기 때문이다.

하나님이 거룩하신 것이 당신에게 기쁘고 즐거움이 되는가? 현대의 예배 찬양 속에 울려 퍼지는 아름다운 멜로디와 풍부한 화음은 하나님의 거룩하심을 아름답게 하며 우리로 거룩함에 대한 부담을 편안한 것으로 처리하는 안정감을 줄 수 있다. 하지만 역사를 주관하시는 하나님의 거룩하신 성품과 우리에게 행하시고 부탁하신 일들에 대해 건강한 의심을 거친 지성을 겸비한 믿음이 함께 간다면 단순히 음악과 분위기에 심취해서 거룩함을 노래하지 않을 것이다. 그 믿음은 공의로우신 하나님의 선하심과 사랑으로 이끄시고 품에 안긴 세상과 우리의 모습을 보게 하며 그의 노염은 잠깐이고 은총은 평생임을 깨닫게 할 것이다(시 30:5). 그러면 거룩하신 주 앞에 어떻게 나갈까? 시편 43편의 기자는 3절을 통해 하나님의 빛과 진리를 비춰주시며 하나님이 머무시는 거룩한 산으로 이끌어 달라는 기도시를 올린다. 반대로 하나님의 거룩하심 앞에 무서워서 피하고 숨은 사람은 죄인이 된 자신의 모습을 본 아담과 하와의 모습이었다. 만약 하나님의 거룩하심이 우리를 징계한다면 그것은 미움이 아니라 그의 자녀를 사랑하는 아비의 마음임을 기억하자(히 12:8). 하나님의 거룩하심은 아담과 하와를 용서하시고 가죽 옷을 지어 입히시는 사랑이다.

경건하게 사는 자의 노래

무릇 그리스도 예수 안에서 경건하게 살고자 하는 자는 박해를 받으리라(딤후 3:12).

그리스도를 위해서 하는 일은 정말로 행복한 일이다. 이 사실을 깨달은 자는 삶의 힘들고 어려운 순간에도 결코 하나님을 놓지 않기 때문에 자신의 삶이 주로 인하여 행복하다는 기쁨에 감격하여 살 수 있다. 우리가 정말로 예수님을 믿는 것, 그리고 매주 주님 앞에 나와 주를 믿는 그리스도인들과 함께 하나님을 예배하고 성도의 교제를 나눌 수 있는 것은 세상의 그 어떤 가치에도 비교할 수 없는 가장 귀한 것이다. 복음이 진리요, 인생에서 예수님을 만나는 것만이 생명을 얻는 가장 위대한 길인 것을 깨닫는 것은 모든 사람에게 열려 있는 문이 아니기 때문이다. 그래서 내가 주님 앞에 예배할 수 있다는 사실은 정말로 소중하고 또 소중한 일인 것이다. 주님을 믿고 있는 것, 이 죄인이 구속함을 받아 하나님의 자녀로 인치심을 받았다는 감격을 빼앗겨서는 안 된다. 우리가 이것으로 인해 감격의 눈물을 흘린 때가 과연 언제인가? 만약 우리가 이것에 대해 더 이상의 소중함도 영적인 감흥도 느끼지 못하고 있다면 우리 가슴에 최고라고 여겨야 할 자리에 다른 무엇을 대체하고 있는 것은 아닌지 돌아보아야 한다.

주님 안에서 사는 것이 가장 행복한 자들은 경건하게 살고자 한다. 하지만 우리가 세상에 속하였기 때문에 사회와 관계 속에서 이러한 경건의 자세는 외부와 연결되고 나 자신을 보이게 되는 위치에 서게 된다. 때문에 세상의 방법과 이치대로 살아야 인정을 받고 함께 어우러져 살 수 있다고 말하는 입장의 사람과 조직을 만나게 되면 우리는 주

안에서 경건하게 살아야 한다고 배워왔고 지켜왔던 태도와 이해를 과연 어떻게 풀어가야 할지 고민에 부딪히게 된다.

한 의사 선생님은 교수이기도 하고 동료 의사이기도 한 몇몇의 사람들과 함께 저녁 식사를 하게 되었다. 하지만 그들이 교육 현장에 서 있고 강의를 하는 모습과 달리 술 접대의 문화 앞에서는 일반에 지나지 않고 저녁에는 이차로 갖는 모임까지 동행하게 되었으니 말 그대로 교회 문화에서 접해 보지 않는 신세계를 보았던 것이다. 그곳에서 술을 마시지 않고 예수님 이야기하는 것이 좋은 의사 선생님은 무리에 끼기 어려웠고 더군다나 왕따도 당해야 했음을 솔직하게 말했다. 그리고 이런 이야기에 많은 성도들은 동질의식을 느끼며 경건하게 살고 싶지만 세상에서 요구하는 어른들의 소위 집단 놀이에서 이러지도 저러지도 못하는 자신의 모습을 투영시켰다. 그러나 의사 선생님은 참 재미있는 분이기도 했다. 왕따인 자신의 모습이 슬프기보다는 박해를 받는 것이 당연하고 그들이 아직은 예수님의 가치를 모르니 자신을 바보스럽게 볼지라도 기꺼이 그들의 생각을 용납하기로 결정했다고 말했다. 물론 삶과 신앙이 분리되지 않고 사랑으로 섬기는 그리스도인으로서 구별된 모습 때문에 결국 동료 의사들 중 몇몇의 마음을 열게 하고 예수님을 믿게 하는 전도자가 되었다고 간증했다.

우리가 그리스도인으로 살아간다는 것은 남들보다 더 수고로움이 많은 것을 말하고 하나님을 사랑해서 경건하고 살고자 하는 마음이 세상에 대해서는 박해를 받을 수도 있음을 인정하는 것이다. 이러한 사랑의 수고와 구별된 모습을 통해서 예수를 거부하던 사람들이 하나님이 살아 계신다는 희망을 보게 되는 것이다. 세상 속에 뛰어들어 음악으로 직업적 소명을 갖고 살아가는 자들에게도 경건하게 살고자 하는 마음과 태도는 달라지지 않는다. 주님을 사랑하고 그분을 예배하는 기쁨으로 하루하루를 경건하게 살고자 하는 자, 음악을 한다고 하여 결코 이질적인 세계에 사는 것이 아니므로 경건의 삶을 살며 노래를 부르자.

거룩하심을 나타내는 것

이는 너희가 신 광야 가데스의 므리바 물가에서 이스라엘 자손 중 내게 범죄하여 내 거룩함을 이스라엘 자손 중에서 나타내지 아니한 까닭이라(신 32:51).

이스라엘 백성들은 하나님의 인도를 따라 순종하면 사흘이면 지날 수 있는 광야를 40년을 보낼 만큼 하나님을 시험하고 불순종하였다. 그들은 르비딤에 장막을 쳤지만 마실 물이 없어서 모세와 다투고 원망하여 이르되 "애굽에 있었으면 물 때매 고생할 일은 없었을 것인데 왜 우리를 끌고 와서 자녀들과 짐승들까지 죽게 하느냐"며 모세에게 돌까지 던지려고 했다(출 17장) 이스라엘 백성들의 이 같은 죄에 대해서 모세는 왜 여호와를 시험하느냐고 옳은 말을 했는데 이스라엘 백성은 므리바 사건으로 하나님이 계신가 안 계신가를 저울질해 보려 했던 것이다.

이스라엘 민족은 광야를 지나는 동안 단 한번도 진심으로 먼저 하나님께 감사를 드린 행위가 보이지 않는다. 다만 그런 백성들일지라도 하나님께서는 몇 번이고 주의 종들을 통해 품으시고 사랑하셨으며 때로는 징계로 그들을 일깨우기도 하셨다.

하나님께서 완악한 백성들에게 주의 종을 보내실 때 그 역할은 무엇일까? 그래도 주의 종은 하나님의 거룩함을 나타내는 것이다. 하지만 모세는 므리바 사건에서 천하의 모든 이스라엘인이 보는 앞에서 신경질, 곧 억울하고 화나는 감정을 나타내 반석을 침으로 하나님의 거룩함을 드러내지 않았다. 모세는 하나님께 순종하였지만 참지 못한 그의 화는 단순히 기질의 문제로 끝난 것이 아니라 이스라엘 백성들에게 마치 하나님께서 이렇게 행하라고 시키신 것과 같은 효과를 주었을 것

이라 생각해 본다. 늘 모세는 하나님의 뜻을 드러내고 나타내는 위치에 서 있던 사람으로 그가 공헌(公憲)하는 모든 행위는 곧 하나님의 말씀을 대언하는 것이었다. 그래서 그가 성을 내며 반석을 친 행위는 이스라엘 백성들이 보기에는 하나님의 거룩함이 그 정도라는 표현으로밖에 전해지지 않았으리란 점이다. 하나님과는 친밀함도 없고 그분이 누구신지 아직 잘 모르는 백성들에게 모세의 태도는 하나님에 대한 잘못된 오해를 갖게 하는 행동이었으리라 짐작한다. 므리바 사건은 하나님의 거룩함을 드러내지 못한 모세의 잘못이었다. 물론 잘못의 근원은 이스라엘 백성에게 있으며 모세까지 화를 입게 된 경우다(시 106:32). 하지만 므리바 사건, 곧 모세의 행동은 사역자란 직함을 얻고 난 후에 사역자들이 어떻게 하나님의 거룩함을 나타내야 하는지에 대한 교훈을 전해 주고 있다.

가끔 찬양인도자들이 경배와 찬양을 인도할 때에 열심히 노래하고 박수 치지 않는 성도들에게 감정이 섞인 말을 하거나 혼을 내는 경우를 본다. 찬양을 인도하고 있지만 모세가 화를 내며 반석을 세게 내리쳤던 경우와 뭐가 다를까. 이는 옳지 않은 압박이나 강요밖에 되지 않는다. 그런 말을 들을 때 신자들은, 아직 하나님을 잘 모르는 구도자들은 거룩한 하나님의 모습을 보는 것이 아니라 호응해 주지 않아 화가 난 인도자 내지는 거룩하지 않은 하나님의 모습을 볼 뿐이다.

나는 찬양인도자, 찬양사역자들의 언어가 하나님의 말씀의 계시를 선포하는 언어로 회복되길 원한다. 비록 우리 모두가 이스라엘 백성들처럼 하나님의 영광을 잊어버리는 어리석은 백성일지라도 하나님의 거룩하심과 사랑하심이 열려있는 은혜의 때이고 수혜 받을 자들임을 나타내길 바란다.

거룩한 삶

거룩하게 하시는 이와 거룩하게 함을 입은 자들이 다 한 근원에서 난지라 그러므로 형제라 부르시기를 부끄러워하지 아니하시고(히 2:11).

요즘과 같이 아찔하고 어지러우며 음란한 세대 속에서 하나님을 믿는 크리스천들은 어떻게 믿음을 지킬 수 있을까? 더 감성적으로 말하면 어떻게 하나님을 사랑할 수 있을까? 이는 하나님을 닮은 거룩함으로 믿음을 나타내면서 하나님을 사랑할 수 있다.

내가 하나님을 믿었지만 정함이 없던 시절에는 거룩함이라는 단어를 깊이 생각해 보지 않았다. 또 거룩이 하나님의 성품이지만 나에겐 추상적인 것에 그칠 뿐이었다. 때로는 하나님의 거룩함이라는 성품이 나의 죄 된 성질과 반대되어서 나를 버려야 했을 때는 내가 할 수 없는 것을 요구하시는 하나님이 부담스럽기도 하였다. 우리가 거룩함을 지켜가기란 분명히 쉽지만은 않다.

문득 갈라디아서 5장 22-23절에 나오는 성령의 열매를 생각해 보았다. 이는 사랑, 희락, 화평, 오래 참음, 자비, 양선, 충성, 온유, 절제로 아홉 가지다. 거룩함도 성령의 열매 중 하나일 거라 생각하는 이들이 있겠지만 그렇지 않다. 오히려 거룩함은 절제함으로써 거룩한 삶을 살아가고 충성함으로 거룩한 삶을 살아가는 것이라고 말할 수 있다. 즉 거룩하게 하시는 이를 통해(히 2:11) 아홉 가지 성령의 열매를 맺어 가면서 거룩함을 나타낸다.

하지만 어떤 이는 '거룩'을 윤리, 도덕과 동일시하여 생각할 수도 있다. 예수를 믿지 않는 타 종교인들이 지키는 높은 도덕심과 선함을 보

면서 우리는 그들이 거룩해 보인다고 생각할 수도 있다. "내가 거룩하니 너희도 거룩하라"(벧전 1:16)고 말씀하신 하나님의 거룩은 무엇을 말하는 것일까? 제리 브릿지즈(Jerry Bridges)는 거룩을 '죄가 없음'이라고 말했고, 매우 경건한 사람들도 거룩한 삶을 살아내는 데에는 실패할 수 있으며 조금의 흠도 없어야 하고, 순도 100%에 가까운 거룩함은 거룩함이 아니며, 99.44%일지라도 하나님께는 모독하는 말이 될 것이라는 비유를 통해 그 의미를 이해하도록 도왔다.[37] 높은 도덕 또한 하나님의 절대성인 거룩함에는 동일시 될 수 없고 거기에 미칠 수 없다는 뜻이다. 그런데 만약 어떤 이가 자신은 죄가 없다고 말한다면 그는 스스로 속이는 자다(요일 1:8).

구약시대의 제사장과 레위인에게 요구하셨던 거룩함이 신약시대에 이르러서는 찬양사역자들만이 거룩할 것이 아니라 모든 형제에게 미치는 것이 되었다. 주의 일을 하기 때문에, 또는 소명이 거룩하게 구별되었기 때문에 거룩함을 지켜가야 한다는 따위의 개념이 아닌 원초적이고 근원적인 거룩함은 주를 믿는 모든 자에게 해당됨을 다시 재정의해야 하겠다.

거룩함을 어떻게 이어가는가? 제리 브릿지즈는 진리는 아는 지식과 순종, 훈련, 성령의 도우심을 구하고 하나님의 열망함이 거룩한 삶을 이어주는 열쇠라고 책에 설명했다.[38] 그리고 본문처럼 우리의 거룩함을 도우시는 분이 계신다(히 2:11). 주님의 거룩함을 닮기를 열망하고 주의 도우심을 구하라. 성령께서 우리와 함께 계신다.

37) 제리 브릿지즈, 《경건에 이르는 연습》, 네비게이토, 2011, PP. 170-173.
38) 위의 책, PP. 174-183.

쾌락을 사랑하기를 하나님 사랑하는 것보다 더하며 (1)

배신하며 조급하며 자만하며 쾌락을 사랑하기를 하나님 사랑하는 것보다 더하며(딤후 3:4).

쾌락이라는 단어의 뜻은 두 가지가 있다. 첫째는, '유쾌하고 즐거워하다'이고 둘째는, '감성의 만족', '욕망의 충족'이다. 우리가 쾌락이라는 단어를 사용할 땐 두 번째 의미가 빈번히 사용된다. 첫 번째 의미가 부정적인 언어로 사용되지는 않지만 이것도 하나님보다 우선이 된다면 죄의 형질을 가질 수 있다.

디모데후서 3장 1-5절은 말세의 때에 나타날 현상들에 대해서 아주 잘 가르치고 있다. 오늘 묵상할 본문은 그중의 하나인 쾌락에 대한 것이다. 새롭게 발견한 점이 있다면, 바울이 2절부터 4절 앞까지는 단순한 나열에 그쳤다면 쾌락에 대한 부분은 더 자세한 열거를 하였다는 점이다. 본문에서 바울은 하나님을 사랑하지 않고 쾌락을 사랑하는 것에 대해 말하는 것이 아닌, 하나님을 사랑하지만 그보다 쾌락을 더 사랑하는 것에 대해 이야기하고 있다. 그는 비교급을 통해 쾌락에 대한 기독교적 통찰력을 높여주고 있다. 또 이 말은 '하나님을 사랑하는 데 영적인 걸림돌, 올무가 되는 것'이 곧 쾌락임을 밝혀준다.

당신은 쾌락이라는 단어를 떠올리면 무엇이 연상되는가? 하지만 쾌락의 종류는 다양할 수 있다. 그리고 우리 삶에서 어떤 종류의 적당한 쾌락은 삶의 질을 높여주고 스트레스를 해소하게 하며 유쾌하게 한다. 난 이러한 쾌락을 취미, 여가라고 이야기하고 싶다. 그러나 쾌락이 과

하여 중독으로 이어져 삶의 모든 것을 위험에 빠뜨리거나 우리의 영혼을 사냥하고 죄의식을 주고 하나님에게서 떨어지게 할 수도 있으므로 이 모든 것은 쾌락주의에 속한다고 할 수 있다.

몇 년 전, 나는 한 글귀를 통해 취미, 여가라고 누리는 일종의 쾌락이 자칫하면 죄가 될 수 있다는 것을 이해하게 되었고 나의 영적 생활에 보탬을 얻었는데 여기서도 나누고 싶다.

> "친한 친구와는 밤을 지새워 가며 이야기꽃을 피우지만, 하나님과는 친밀하게 대화하지 못합니다. 지금 이 세대의 많은 사람들이 하나님께 반응을 잃은 채 살아가고 있습니다. 하나님과의 관계 속에서 느껴야 할 진한 감격과 흥분은 영화관인 음악회장이나 운동 경기장의 전유물인 것처럼 되었습니다. 그리고 하나님께 드려야 할 박수갈채와 환호는 인간 영웅이나 스타를 위한 것으로 전락해 버렸습니다."[39)]

만약 우리의 많은 여가생활이 하나님으로 인한 기쁨을 대체하고 있다면, 또 바쁘게 배우고 취미를 갖고, 많은 친구들에 둘러싸여 사는 삶이, 거기에서 얻는 만족으로 하나님을 향한 갈망이, 열망이 사그라져 가고 간절하지 않다면 지금 우리는 쾌락을 하나님보다 더 사랑하는 모습인지도 모른다. 그리고 이것은 영적인 삶에 하나님이 적당히 나에게 필요한 정도로만 있어주길 바라는, 내 삶의 전부를 드리길 원하지 않는 부끄러운 모습으로 살아가고 있다는 것이다. 더 나눠야 할 내용이 있지만 중독까지도 이어질 수 있는 위험한 쾌락에 대하여 이어서 묵상한 후 계속 이야기해보자.

---

39) 《하나님이 찾으시는 참된 예배자》, 박정관, 생명의 말씀사 2010, p. 61 재인용.

쾌락을 사랑하기를 하나님 사랑하는 것보다 더하며 (2)

> 배신하며 조급하며 자만하며 쾌락을 사랑하기를 하나님 사랑하는 것보다 더하며(딤후 3:4).

나는 기독교적 관점에서 바라본 쾌락주의에 대한 이해를 찾고 이것이 하나님을 찬양하는 우리의 삶에 어떤 영향을 주는지를 알고 싶다. 쾌락주의의 사전적인 뜻은 쾌락을 가장 가치 있는 인생의 목적이라고 생각하며 자신의 행동과 기준에 우선적 결정을 미치는 것을 말한다.[40] 일반적으로 쾌락주의를 말할 때는 성(性)적 쾌락을 추구하는 것과 동일한 이해를 갖기도 한다. 그리고 위의 일반적 이해를 빌려 쾌락주의를 해석해 보고자 한다.

우리는 쾌락이 심각해지고 또는 병적인 중독으로 이어져서 끊지 않으면, 고치치 못하면 끔찍한 결과를 초래하게 됨을 잘 알고 있다. 그렇다면 이것이 영적으로 우리에게 주는 영향은 무엇일까? 육체의 쾌락을 추구하는 약물, 마약, 성적 남용, 성적 변이 등의 중독 현상들은 우리의 영혼을 침체시키고 낮은 자존감, 좌절과 낙심, 분노 등을 유발해 하나님을 비롯한 세상의 모든 것들을 적대시하게 한다. 그나마 중독인 사람들 중에도 치료와 치유를 받고 싶어하지만 잘 고쳐지지 않고 은폐되는 성향이 짙은 것은 쾌락이 주는 즐거움이 상당히 크기 때문이다. 그래서 죄를 이기려고 도전했지만 또 넘어지고 포기하게 되는 쾌락은 그

---

40) http://search.naver.com/search.naver?where=nexearch&query=%EC%BE%8C%EB%9D%BD%EC%A3%BC%EC%9D%98&sm=top_sug.pre&fbm=1&acr=2&acq=%EC%BE%8C%EB%9D%BD&qdt=0&ie=utf8

들이 가장 사랑하지만 가장 버리고 태우고 싶은 죄이며 유혹이다.

요즘에는 이 죄의 유혹을 사랑으로 둔갑시켜 당당하게 인정하고 성적 변이를 동정하는 추세로 흘러가고 있다. 하지만 성적 변이도 타락한 죄의 열매다. 그리고 건강한 남성으로 건강한 여성으로 돌아가기 위해 끝까지 포기하지 않고 싸워야 할 죄목이다. 그러나 교회조차도 성적 변이를 죄라고 말하지 않거나 말하지 못하고 있다. 세상은 그럴 수 있다. 하지만 교회가 소리를 내지 못하는 것이 더 큰 위급상황이다. 바른 소리를 내지 않으면 그들의 영혼을 잃게 된다. 만약 우리의 몸과 영혼의 어딘가가 망가졌다면 가장 잘 고쳐주시고 치유해 주실 분은 하나님이시다. 그분이 우리를 지으신 창조주이시며 설계자이시기 때문이다.

하지만 중독에서 벗어나지 않으려는 자, 더욱이 죄에 대해 당당하며 오히려 하나님을 업신여기는 사람들이 있다면 그는 자기가 우상인 것이며, 쾌락을 하나님의 영광과 바꾼 것이다. 쾌락주의에 대해서는 로마서 1장 24-29절과 고린도전서 6장 9-10절을 참고한다면 이해가 더욱 분명해질 것이다.

쾌락을 추구하는 우리 마음이 자칫 하나님을 사랑하는 것을 대신할 수 있고 이로 인해 넘어지면, 우리는 하나님을 찬양하는 것과 쾌락주의, 즉 죄의 유혹을 병행하는 정함이 없는 자가 될 수 있다는 사실이다. 하지만 미쁘고 의로우신 주는 우리가 죄를 자백하면 모든 불의에서 깨끗하게 하시며 자유하게 하신다(요일 1:9). 주께 도움을 구하고 하나님을 사랑하라.

다른 복음이 불러질 때 어떻게 할 것인가?

> 많은 사람이 그들을 본받아서 방탕하게 될 것입니다. 그들 때문에 진리의 길이 비방을 받을 것입니다(벧후 2:2, 표준새번역).

본문을 보면 가르치는 자가 얼마나 중요한 위치에 있는지 그들의 가르침을 따라 영향을 받는 백성들이 등장하는 것을 볼 수 있다. 이 본문은 가르치는 자 중에서도 잘못된 예, 거짓교사들의 이야기다. 바울은 그들의 가르침을 통해 우리를 파멸로 이끄는 이단들을 허용하게 되거나 그들을 교회로 끌어들일 수 있다고 말한다.

먼저 복음이란, 그 자체가 이 세상에서 가장 혁명적이고 새로운 사실이다. 하지만 복음을 흉내 내는 거짓교사가 전하고 노래하는 것들은 이전에 듣지 못했던 다른 새로움으로 우리 귀를 솔깃하게 하고 놀랍게 한다. 그러나 그 새로움이 이전부터 전해 오는 복음의 어떤 것을 반박하거나 추가함으로 복음을 왜곡한 것이라면, 그리고 여전히 진리의 복음을 전하는 교사가 있기에 그들이 비방하는 것은 사람인가, 아니면 복음인가? 비방 받는 것이 사람인가, 예수인가? 예수님 자신이 세상으로부터 비방을 받으셨고 또 비방 받으실 것을 예견하셨다. 또 그가 받은 것처럼 우리 또한 미움을 받을 것이라고 하셨다. 우리는 이미 예수님이 말씀하신 대로 복음을 비방하는 자들을 만나게 되지만 진리에 선 자와 달리 거짓교사와 복음의 진리에 이르지 못한 무리에게는 영원한 어둠의 문제로 남아 대가를 치르게 된다.

그들의 특징은 예수를 부인하는 것이다. 예수의 신성을 부인하거나

인성을 부인하거나 다른 것을 더하는 것이 예가 될 수 있다. 그리고 이와 같이 다른 것을 가르침에도 그들을 인정하는 것이 곧 그들을 본받는 것이니 진리의 길이 비방을 받게 된다.

다른 복음을 따르는 무리에게 삶에서 어떤 열매를 맺게 하는가? 본문은 '방탕함'이라고 말한다. 3절의 기록대로 그들의 탐욕이 다른 복음을 전하는 원력이 된다. 방탕함을 본받게 하려면 방탕함을 가르치지 않아서 백성들이 하나님의 말씀을 모르고 방탕한 삶을 살게 되거나 방탕함을 허용하는 메시지로 변질되어야 가능하다. 그렇다면 방탕함은 무엇인가? 세상에서 방탕함을 평가하는 도덕의 기준이 있지만 곧 하나님의 기준과 동일할 순 없다. 하나님의 절대적인 선을 표현하기에 도덕은 낮은 기준이다. 하지만 이 도덕을 무시해도 된다는 의미는 아니며 하나님의 '의'가 율법주의로 전락해서도 안 된다. 세상의 대중음악은 도덕적인 기준이 무너지고 있고 그것이 별 문제가 되지는 않는다. 그래서 방탕함을 자랑하는 것이 최고의 히트곡이 되고 있기에 다른 복음이 주는 가능성과 허용이 세상에 대해 지금 무엇을 노래하게 하는지, 어떤 삶을 살도록 사람들을 이끄는지 돌아볼 문제다. 진정 예수님을 제외하고 새로운 무엇을 이야기해도 그것들이 다른 복음이라는 경각심을 우리는 가져야 한다.

진리의 길을 비방하는 차원의 대중음악의 가사와 퍼포먼스를 볼 때 우리는 무엇을 느끼는가? 그것들과 싸워서 이기겠다는 한 무리가 있고 그것들에 대해 반응하지 않는 무리가 있다. 그러나 그 방식이 세상에 대해 개신교를 극혐오주의자들로 만들게 하기도 하니 우리의 방법에 온유함이 없는 것은 아닌가? 나는 그럴수록 더욱 우리 것을 많이 부르고 사랑하는 것이 가장 좋은 답이 될 수 있다고 생각하는 입장이다. 그리고 돌이킬 수 있는 컨텐츠를 꾸준히 생산해 내는 것이, 여기에 더 좋은 것이 있다는 세상에 대한 행위적인 방안이 될 수 있다고 본다.

청년의 정욕을 피하고

> 또한 너는 청년의 정욕을 피하고 주를 깨끗한 마음으로 부르는 자들과 함께 의와 믿음과 사랑과 화평을 따르라(딤후 2:22).

존 파이퍼 목사는 그의 설교에서 홀로 있는 시간에 컴퓨터 앞에 앉아서 음란물을 찾아보고 탐독할 때에 당신이 주님을 위해 살겠다고 다짐하고 헌신했던 수많은 고백들은 죄의식과 수치심으로 인해 수포로 돌아가고 결국에 포기하게 된다는 이야기를 했다.[41] 수많은 사람들이 주님의 영광을 위해 쓰임을 받고 싶다고 자신의 삶을 드린다지만 이 같은 문제에 걸려 넘어지고 결국 소수의 사람만이 고백한 대로 그 길을 걸어가는 것을 보면 잘 알 수 있을 것이라고 말한다.

비단 말씀사역자들만의 문제가 아니라 찬양사역자로서 하나님을 노래하고 하나님 나라를 위해 복음을 전하면서 살겠다고 다짐하지만 삶으로는 정욕을 이기지 못해서 죄에 자신의 삶을 내어주고 내던진 사람들이 있다. 그들도 스스로 이것이 잘못된 것임을 알지만 쉽게 중독에서 습관에서 빠져나오지 못하고 또 죄의 유혹 앞에서 또 넘어지고 넘어지는 경우들을 볼 때 우리는 간절히 회복을 바라는 울부짖는 그들의 소리에 마음이 아프다. 더러 어떤 이들은 그들의 믿음 앞에 실망하여 뒤돌아서는 경우도 있다.

그러나 그중에서도 언젠가는 주께서 반드시 고쳐주실 것이라는 기대로 또 통회하는 상한 심령으로 주 앞에 나아오는 사람들이 있다면 그들은 반드시 하나님께서 온전한 사랑으로 회복시키시고 새롭게 하시는 경험을 할 것이라고 믿는다.

---

41) https://www.youtube.com/watch?v=SoCj-bZHyVw

하지만 그중에도 죄가 주는 즐거움을 포기하지 않고 하나님을 찬양하는 삶과 정욕을 따르는 삶을 병행하는 사람들이 있다. 물론 우리의 마음은 원하지만 육신이 약한 것을 안다. 하지만 이것을 교묘히 이용하는 마음의 단계, 그래서 사람의 눈을 피하고 하나님은 이해해 주실 것이라는 이기적인 믿음으로 정욕이라는 죄를 대하는 태도는 더욱 주님의 마음을 슬프게 한다. 우리는 여태껏 잘 숨겨 오면서 나름 자신의 사역에 대해서도 인정을 받고 칭찬을 받다가 발각되고 마는 최후의 단계에 대해 경각심이 결코 작으리라 생각해서는 안 된다. 그 같은 경우가 가장 큰 시험거리로 당사자와 믿는 자들의 믿음을 시험할 수 있기 때문이다. 당사자가 겪게 될 가장 큰 고통은 그동안 일궈왔던, 또 진실했던 사역의 일부분까지도 모두 잃게 되는 것이다. 또한 믿음이 약한 자들에게 혼란을 주어서 믿음의 길에서 떠나게 할 수 있다. 하지만 이렇게 눈에 보이는 것들보다 더 큰 대가는 영적으로 오는 상처와 시험들인데 사탄에게 참소(讒訴)할 거리를 주었다는 것이다. 사탄으로 비방할 거리를 제공했다는 것에 대한 영적 숨 막힘은 결코 작을 수 없을 것이다. 무엇보다 하나님과의 관계가 끊어졌다고 생각할 만큼 주께서는 침묵을 하실 수 있는데 그 침묵이 하나님에 대한 수많은 오해로까지 번져서 영적 생명이 위태로울 수 있다.

그래도 하나님은 당신을 사랑하신다. 하지만 그 하나님의 사랑이 언제까지나 짝사랑이 되도록 그대로 둘 것인가? 하나님의 가슴은 어떻겠는가? 하나님의 긴 침묵, 하지만 그것은 다시 꽃을 피우게 하시려는 시작의 전조다. 그 침묵이 영혼의 암 덩어리와도 같은 죄의 문제를 뿌리 뽑으시고 영적 수술을 진행하시는 하나님의 과정이라면 좀 더 이해가 될 수 있을까? 주께서는 결코 그 암 덩어리가 우리의 영혼을 갉아먹는 것을 원하지 않으시기 때문에 큰 고통을 안겨주게 되더라도 사랑하는 주의 사역자를 치유하시는 것임을 잊지 말라.

올무에 걸리지 않도록

> 너는 그들이 조각한 신상들을 불사르고 그것에 입힌 은이나 금을 탐내지 말며 취하지 말라 네가 그것으로 말미암아 올무에 걸릴까 하노니 이는 네 하나님 여호와께서 가증히 여기시는 것임이니라(신 7:25).

여호와께서 택하신 민족을 향해 당부하신 말씀이 신명기 7장이다. 이스라엘 백성들을 택한 땅으로 들이시고 그 땅에 거주하던 일곱 민족이 섬기는 우상, 아세라 목상들을 섬기지 말고 특별히 그들을 불쌍히 여기지 말라고 당부하는데 그 이유는 이방 민족들이 우상을 섬기는 믿음이 꽤나 심각하게 깊었던 모양이다. 그들이 오히려 이스라엘 백성들을 유혹하고 꾀하여 다른 신들을 섬기게 할 것이기 때문이었다(4절). 하나님께서는 이스라엘 백성들이 우상을 섬기게 될 때 그것이 올무가 될 것이라고 선언하신다(16절). 신약시대의 바울이 이방 민족을 향해 목숨을 걸고서도 복음을 전한 것을 생각할 때 구약시대 때 이방인을 사귀는 것조차 금하셨던 하나님의 명령은 쉽사리 이해가 되지 않는다. 하지만 바울이 복음을 듣게 되고 복음을 전하는 자가 되기까지 순전하게 야훼를 섬기는 신앙이 전해져 내려왔기에 가능했다고 본다면 당시의 이스라엘 민족이 우상을 금하고 이방 종교에 물들지 않아야 했던 것은 당연하다. 이는 하나님과 이스라엘 민족의 언약이었고 임무였다고 보아야 한다.

만약 그들이 우상을 섬기게 되어 야훼 신앙이 혼탁해지고 잡신을 섬기는 신앙에 먹히거나 변질되었다면 수적으로 산출할 때 모든 민족 중에서도 가장 작은 민족이 이스라엘인데, 그들의 소멸은 예정된 것이나 다름이 없었을 것이다(7절). 오히려 우상을 섬김으로 나타날 결과는

하나님께서 진노하사 갑자기 그들을 멸하게 하시거나(4절) 이방 민족에게 흡수되거나 둘 중 하나였다. 우상을 섬기지 않고 이스라엘 민족이 하나님을 섬기는 것, 이것이 그들이 영원한 생명을 얻는 길이었다. 또한 하나님의 주권적 선택으로 이스라엘을 성민(聖民)으로 삼으셨고, 육적으로는 이 민족의 혈통으로 메시아이신 예수님이 오실 것이기 때문에 우상을 섬기는 문제는 결코 작은 문제가 아니었음을 알게 된다.

올무에 걸리지 않는 일, 이것은 곧 데살로니가전서 5장 22절의 말씀처럼 "악은 어떤 모양이라도 버리라"는 말과 동일하다. 하나님 앞에서 악은 무엇일까? 우리는 헬라적 사고로 악에 대한 정의를 도덕적 차원에서 내리지만 악은 하나님께 대항하는 것, 하나님과 함께하지 아니하는 것이라는 실체와 현상을 말한다(마 12:30). 대부분 우리는 다른 무언가를 더욱 사랑하게 되어 하나님을 멀리 떠나게 되는 영적 헤어짐 또는 결별의 현상을 마주치게 된다. 하나님을 떠나려고 한 적은 없지만 다른 무언가에 자연스레 마음이 쏠려서 어느새 그것이 마음의 중심을 사로잡고 있는 것, 그래서 하나님이 점점 잊혀져 가는 것, 사람마다 그것은 다르겠지만 말이다. 본문에서는 은과 금을 말하고 있다. 우상에 입힌 은과 금이 아까워서 불태워 버리지 못하고 감춰두고 간직하게 되는 것을 하나님은 엄하게 금하셨다.

우리도 그렇다. 하나님은 미련을 버리라고 하시지만 우리는 아까워서 버리지 못하고 있는 것이 있다. 그것이 이 세상의 기준에 맞춰 바쁘게 살아가고 돈과 명예를 좇는 삶이라면 음악이 가진 힘을 잘못 사용하고 있는 것일 수 있다. 하나님은 우리가 영적 올무에 걸려서 더 곤고해지지 않길 간절히 원하신다.

하나님이 우리를 부르심은 거룩하심이니

하나님이 우리를 부르심은 부정하게 하심이 아니요 거룩하게 하심이니(살전 4:7).

주님께서 우리를 부르신 목적 중 한 가지가 우리를 거룩하게 하시는 것이다. 여호와 하나님이 거룩하시므로 그의 자녀로 부름을 받은 자들도 함께 거룩하기를 바라시는 하나님의 진정하신 뜻이다. 예전에는 우리가 진노의 자녀였지만 이제는 주 안에서 새로운 피조물이 됨으로 주께서 이제는 전과 같이 어둠의 일에 참여하는 자들이 아니라 하나님 편에 선 사람들인 것을 우리가 깨닫기를 원하신다. 예전에는 우리가 빛을 보지 못하고 또 빛을 알지 못하여 어둠의 노예로 그 멍에를 맬 수밖에 없는 노릇이었지만 다시는 그럴 필요가 없고 그러지 않아도 된다는 것을 주께서는 우리가 또한 깨닫기를 원하신다. 하나님의 거룩하심은 우리를 다른 무엇에 다시 얽매이게 하려는 뜻이 아니라 진정으로 우리에게 자유를 주시는 하나님의 좋은 선물이다.

하지만 이 거룩하심을 이루는 일에 있어서 우리의 힘으로는 될 수 없다는 것 또한 진실이다. 나의 힘으로 또는 나의 의로 거룩이라는 목표를 달성할 수 있을 것이란 생각은 큰 착각이고 기독교 신앙의 가장 큰 장애물이 될 것이다. 먼저 우리는 주님의 구속 사역이 거룩할 때 우리에게 임하는 것이라는 착각을 해서는 안 된다. 우리는 대속하신 예수님의 보배로운 피로 인하여 구속의 은혜를 입은 것 외에는 다른 것이 없다. 예수를 믿을 때 우리는 구원을 얻는다. 그리고 주께서는 구원

받은 당신의 백성들을 향해 이제부터는 새로운 피조물로서 더 이상 죄의 멍에를 매지 말라고 이야기하신다. 오히려 주께서는 '나에게 와서 쉬라. 내게 와서 배워라. 내 짐은 쉽고 가벼움이라. 내가 너희를 쉬게 한다'고 말씀하신다는 점이다. 우리는 예수 그리스도께서 우리를 위해 일궈놓으신 구속 사역을 바라보고 믿을 때 주님의 의로 거룩하심을 입고 의롭다고 여김을 받는다.

거룩이라는 것은 하나님의 거룩하심을 그 누구도 본 적이 없기 때문에 우리가 이해할 수 있는 도덕적 차원의 것으로 설명할 수 없는 경지에 있는 것이라고 봐야 한다. 그래서 더욱이 우리는 거룩을 이룰 수 없다고 말할 수도 있지만 이것이 또한 이전의 삶과 다를 바 없다는 피폐성의 오류를 범치 않아야 할 긴장을 갖게 되는 것을 본다.

그렇다면 우리는 어떻게 거룩을 이룰 수 있겠는가? 위에서 말한 대로 주 예수님을 바라보는 것에 대한 함축된 의미를 깊이 알아야 함을 말하는 바다. 오스왈드 챔버스는 하나님 관점에서 우리를 향한 그분의 거룩성의 기대는 예수 그리스도와 하나가 됨으로 예수님을 다스렸던 성향이 우리를 다스리는 것이라고 말했다.[42] 그래서 바울은 그분의 뜻을 저버리는 자는 사람을 저버리는 것이 아니라 그의 성령을 주신 하나님을 저버리는 것이라고 가르쳤던 것이다(살전 4:8).

주님과 하나 되는 삶, 주님의 통치와 다스림을 받는 삶, 주 예수를 바라보고 그분을 사랑하는 마음에 주님의 거룩하심을 닮아가는 우리의 모습이 있다.

42) 오스왈드 챔버스, 《주님은 나의 최고봉》, 토기장이, 2008, 하나님 관점에서의 거룩.

부패할수록 더 주님을 붙잡고 찬양하십시오!

> 주님, 주님의 지팡이로 주님의 백성을 인도하시는 목자가 되어 주십시오. 이 백성은 주님께서 선택하신 주님의 소유입니다. 이 백성은 멀리 떨어진 황무지에 살아도, 그 주변에는 기름진 초장이 있습니다. 옛날처럼 주님의 백성을 바산과 길르앗에서 먹여 주십시오(미 7:14, 새번역).

미가 7장의 말씀은 이스라엘의 부패함을 여실히 보여준다. 그들의 죄악은 어떠한가? "재앙이로다 나여 나는 여름 과일을 딴 후와 포도를 거둔 후 같아서 먹을 포도송이가 없으며 내 마음에 사모하는 처음 익은 무화과가 없도다 경건한 자가 세상에서 끊어졌고 정직한 자가 사람들 가운데 없도다 무리가 다 피를 흘리려고 매복하며 각기 그물로 형제를 잡으려 하고 두 손으로 악을 부지런히 행하는도다 그 지도자와 재판관은 뇌물을 구하며 권세자는 자기 마음의 욕심을 말하며 그들이 서로 결합하니 그들의 가장 선한 자라도 가시 같고 가장 정직한 자라도 찔레 울타리보다 더하도다 그들의 파수꾼들의 날 곧 그들 가운데에 형벌의 날이 임하였으니 이제는 그들이 요란하리로다"(1-4절)라고 기록되어 있다.

하지만 다른 것이 있다면 이스라엘의 죄가 이만큼이나 되지만 주께서 붙잡아주시고 목자가 되셔서 이끌어주시길 간구하고 있다는 점이다. 아무리 못나고 부족할지라도 주님께서 선택하신 소유요 백성임을 알고 있으며 주의 신실하심을 의지해 주 앞에 기도를 드리는 것을 볼 수 있다. 지금은 비록 엎어졌을지라도 구원하시는 하나님이 빛이 되심으로 끝내 광명에 이르고 공의를 보게 하실 것이라고 믿음의 고백을

한다.

미가 선지자는 이스라엘 백성들의 이 같은 죄악을 보았고 대적, 곧 사탄은 밀 까부르듯 그를 조롱했으니 다시 일어설 수 없을 것이라고 말하지만 사탄의 거짓말에 넘어가지 않고 대적기도를 하고 있다(8-10절). 사탄, 그리고 바리새인적인 율법적인 마음으로 죄악에 쓰러져 있는 주의 백성들을 향해 돌을 던지는 일부 신앙의 형태는 예수님이 오신 이유, 누가복음 5장 32절에 기록된 "내가 의인을 부르러 온 것이 아니요 죄인을 불러 회개시키러 왔노라"라고 말씀하신 것에 어긋난다. 또한 마태복음 9장 11-13절에는 "바리새인들이 보고 그의 제자들에게 이르되 어찌하여 너희 선생은 세리와 죄인들과 함께 잡수시느냐 예수께서 들으시고 이르시되 건강한 자에게는 의사가 쓸 데 없고 병든 자에게라야 쓸 데 있느니라 너희는 가서 내가 긍휼을 원하고 제사를 원하지 아니하노라 하신 뜻이 무엇인지 배우라 나는 의인을 부르러 온 것이 아니요 죄인을 부르러 왔노라 하시니라"라고 기록되어 있다.

나의 죄악이 깊어서 더 이상 주께 나갈 수 없다고 여기저기서 속이는 말들이 들려올지라도 주께서는 죄인을, 그리고 병에 시달리는 자들을 고치러 오셨음을 기억하고 주 앞에 담대히 나갈 힘을 얻어야 한다. 부패할수록 더 주님 앞에 매달리고 주님의 치유와 권능을 사모하여야 한다. 부패할수록 더욱 주 앞에 나와 깨끗하게 하시고 새롭게 하시기를 간구해야 한다. 그리고 주를 찬양할 때, 주님 앞에 나의 모든 것을 맡겼을 때 온전케 하시는 주님을 경험하게 된다. 그 후에 우리는 사명을 받는다. 주님의 나라를 위해서, 이제는 주를 위해 살기 위해 무엇을 해야 할지 주께서 가르치시며 그분의 선하신 뜻과 방법을 따라 우리를 이끄시게 된다.

거룩한 자들 모임 가운데에

내가 여호와의 인자하심을 영원히 노래하며 주의 성실하심을 내 입으로 대대에 알게 하리이다 내가 말하기를 인자하심을 영원히 세우시며 주의 성실하심을 하늘에서 견고히 하시리라 하였나이다 주께서 이르시되 나는 내가 택한 자와 언약을 맺으며 내 종 다윗에게 맹세하기를 내가 네 자손을 영원히 견고히 하며 네 왕위를 대대에 세우리라 하셨나이다 (셀라) 여호와여 주의 기이한 일을 하늘이 찬양할 것이요 주의 성실도 거룩한 자들의 모임 가운데에서 찬양하리이다(시 89:1-5).

만약 당신이 찬양사역자로서 어느 집회나 교회음악 공연에 초청을 받았다고 한다면, 무엇을 노래하고 싶은가? 그리고 찬양으로 하나님을 예배한다는 것이 가능할까? 간증을 통해서 거룩한 모임이 이뤄질까? 오늘 이 같은 질문에 대해서, 나는 본문말씀을 통해 넓은 관점을 얻게 되었다. 다윗은 거룩한 자들의 모임 가운데서 크게 두 가지로 하나님을 찬양할 수 있다고 말한다. 먼저는 '주의 기이한 일'을 찬양하고, 둘째는 '주의 성실'을 찬양하겠다고 한다.

세분화해서 주의 기이한 일들에 대한 성경의 언급을 찾아볼 수 있다. 먼저 '기이하다'의 뜻은 '평범하다', '범상하다'의 반대말이고, 비슷한 말은 '기묘하다', '묘하다', '유별나다' 정도가 된다. 영어성경에서는 기이함을 'wonder'라는 단어로 사용했다. 'wonder'는 우리말의 '경이'에 가깝고 두렵고 떨림으로 하나님의 놀라우심에 매료된 것이라고 할 수 있다. 본문에서 '기이한' 이라는 형용사가 사용될 때는 명사인 '행적, 행위'를 꾸며주고 있다. 적용하면 이스라엘 백성에게는 불가사의하기만 했던 출애굽 사건이 실제가 되었을 때, 또 몇 번이고 이스라엘이 적들에게서 지켜지고 구원받았을 때 하나님의 기이한 행적을 경험

했다고 볼 수 있다. 이처럼 기이한 행적을 경험한 선진들이 있고 살아 계신 하나님의 행적은 우리 삶에도 계속 이어져 온다. 즉 '주의 기이한 일을 하늘이 찬양한다'는 말은 의인법으로 하늘 아래에 감춰질 수 없다는 강조법이 사용되었고 이러한 것은 거룩한 자들의 모임 가운데서 전해져야 할 이야기다.

둘째로 '주의 성실'은 때에 따라 변하고 변덕을 부리는 것이 아니며 영원하고 끊임이 없다. 인간이 죄로 인하여 타락하고 멸망당했을 때에도 주의 성실하심으로 하늘 보좌에서 이 땅에 오셨으며 구원하신 것이다. 또한 시편 92편 1절의 말씀처럼 밤마다 주의 성실하심을 주를 찾는 모든 이에게 베풀어주고 계시다. 주님께서는 역사의 중심에서 주의 성실하심을 보이시고 계시며 매일의 일용할 양식과 같이 성실을 베푸시는 좋으신 하나님이시다. 시편 89편 외에도 시편 22편에서도 큰 회중 가운데서 주를 찬송할 것이라는 어절이 나오고 있다.[43]

당신이 주를 찬양한다면, 화려한 연주 기교와 뛰어난 가창력도 중요하지만 무엇을 전할 것인지를 고민하길 원한다. 그리고 하나님이 행하신 모든 일을 말하고 전파하길 바란다. 그리하여 하나님이 높임을 받으시도록, 찬송을 받으시도록 하라. 이것이 찬양하는 자들이 해야 할 임무다.

43) 시편 22:22 "내가 주의 이름을 형제에게 선포하고 회중 가운데에서 주를 찬송하리이다." 시편 22:25 "큰 회중 가운데에서 나의 찬송은 주께로부터 온 것이니 주를 경외하는 자 앞에서 나의 서원을 갚으리이다."

천국의 예배 그리고 거룩

> 웃시야 왕이 죽던 해에, 나는 높이 들린 보좌에 앉아 계시는 주님을 뵈었는데, 그의 옷자락이 성전에 가득 차 있었다. 그분 위로는 스랍들이 서 있었는데, 스랍들은 저마다 날개를 여섯 가지고 있었다. 둘로는 얼굴을 가리고, 둘로는 발을 가리고, 나머지 둘로는 날고 있었다. 그리고 그들은 큰 소리로 노래를 부르며 화답하였다. "거룩하시다, 거룩하시다, 거룩하시다. 만군의 주님! 온 땅에 그의 영광이 가득하시다." 우렁차게 부르는 이 노랫소리에 문지방의 터가 흔들리고, 성전에는 연기가 가득 찼다(사 6:1-4, 표준새번역).

때로 우리는 우리가 예배하고 있는 모습을 보며, 또 우리가 찬양하는 노래들을 경험하면서 하나님을 향한 예배가 무엇이며 그 깊이가 어떠한지를 경험하게 된다. 하지만 이것만으로 하나님을 예배하는 기쁨을 온전히 다 알았다고 할 수는 없을 것이다. 아직 우리는 부활의 소망의 실체를 누리지 못하였고 주님과 얼굴을 마주하고 볼 그날이 이르지 않았기 때문이다. 그래서 더더욱 우리는 주님과 함께하는 아름다운 천국, 거기에서 하나님을 예배하는 기쁨이 어떠할지 상상한다. 그 모습이 얼마나 아름답고 영광스러울지 우리의 지혜로는 상상할 수 없을 만큼 아름다울 것을 알면서도 말이다.

성경에는 하나님을 찬송하고 있는 천국의 예배를 목격한 주의 선지자들이 있었다. 고맙게도 그들은 자신들이 본 것을 기록으로 남김으로써 우리 또한 그 예배의 현장을 그려볼 수 있도록 돕고 있다.

천상의 예배에서는 어떤 내용으로 주를 찬송하고 있는가? 하나님의 뛰어나시고 위대하심을 말이다. 이사야는 스랍들이 하나님을 찬송하는 노래 가사를 듣게 되었다. 그 가사를 보니 '거룩'이라는 단어가 다뤄지고 있다. '하나님의 거룩'을 노래하고 있는 스랍들의 모습을 상상하

면 과연 하나님의 거룩하심이 무엇이기에 그들이 그토록 노래하고 있는가 싶을 만큼 우리가 이해하는 거룩, 우리가 알고 있는 거룩은 정말 얕은 것에 지나지 않는다는 생각이 든다.

많은 찬양 중에서도 우리는 하나님의 거룩하심을 노래할 수 있어야 한다. 그리고 더더욱 세상 속에서 '하나님이 거룩하신 분'이라는 것을 보여주고 나타내야 한다. 하지만 우리의 찬양은 인간 중심, 나 중심의 기준으로 맞춰진 찬양들을 더 많이 부르고 있는 것은 아닌지 돌아본다. 우리는 하나님이 우리에게 베푸신 은혜와 사랑에 감격하고 감사하지만 그분이 곧 거룩하신 분이기 때문이라는 근원적 질문에 대한 답을 가질 수 있어야 한다. 진정 우리가 나 자신에게 집중하는 가사들을 뛰어넘어서 오직 하나님의 거룩하심에 집중하며 그분을 노래하게 될 때 나타날 놀라운 영적 현상과 회복은 무엇일지 가슴이 벅차오른다.

비록 우리는 거룩하지 못한 성품을 지녔지만 하나님의 거룩하심을 노래할 수 있고 그분의 거룩하심에 나를 내어드리고 기대는 것에서 찬양이 시작되어야 한다. 우리가 주님이 어떤 분인지를 제대로 깊이 알게 될 때 하나님께서 우리를 자신의 형상으로 변화시키시고 닮아가게 하실 것을 믿는다.

우리는 이사야가 본 스랍들이 부른 찬양, 하나님의 거룩하심을 노래한 것을 요한계시록에서도 찾을 수 있다(계 4:8). 이사야는 구약의 사람이고 요한계시록을 쓴 사도 요한은 이후의 시대를 훨씬 뛰어넘은 사람이다. 그들이 본 하나님을 예배하는 천상의 예배가 시대와 시간을 초월하고 동일하다는 것이 놀랍지 않은가? 하나님의 거룩하심을 사모하자. 그리고 하나님의 거룩하심을 더욱 우리 예배 가운데서 노래하자.

내게 줄 것이 없는 자에게 주는 것

이것은 성경 말씀에 기록한 바 "그가 가난한 사람들에게 아낌없이 뿌려 주셨으니 그의 의로우심이 영원하다"한 것과 같습니다(고후 9:9, 표준새번역).

바울은 가난한 성도들을 돕는 헌금이 어떻게 다시 자신에게로 돌아오는지를 아주 정확하고 확실하게 말씀해 주고 있다. 그는 가난한 성도들을 돕는 헌금은 곧 심는 사람이 심는 것과 같다고 말한다. 그래서 적게 심는 사람도 있고 많게 심는 사람도 있는데 그에 따라 다시금 거두게 된다고 말한다. 각자가 마음에 정한 대로 하되 아까워하면서 내거나 마지못해서 하는 일은 하나님께서 결코 기뻐하시는 마음이 아니라고 말한다. 하나님은 기쁘게 내는 사람을 원하시기 때문이다. 여기서 우리가 놓치지 않아야 할 점은 하나님이 내게 많이 주시면 베풀겠다는 것이 아니라 마음의 기쁨과 정한 대로 적게도 많게도 가난한 자들을 위해 헌금을 하는 것이 우선이라는 점이다. 왜냐하면 우리가 무언가를 심을 수 있다면 비록 그것이 적더라도 하나님께서 먹을 양식과 씨를 공급해 주셨기 때문이다. 이미 하나님의 은혜를 우리가 받아 누리고 있다는 것을 인정하고 인지하는 것이 먼저라는 말이 맞을 것이다. 정말 은혜를 깨닫게 되면 하나님의 은혜가 아닌 것이 없기 때문이며 그 은혜를 입은 자로서 가난한 자를 생각할 수 있는 마음은 받은 하나님의 은혜를 더욱 영광스럽게 하는 격이 된다. 우리에게 공급해 주시는 하나님의 은혜에 감사하기에 우리는 적거나 많거나 가난한 자들을 위해 구제의 손을 펴야 한다. 이렇게 생각하는 것이 성경적인 원리다.

하나님께서는 우리가 이렇게 가난한 자들을 위해 기억하고 구제의

헌금을 낼 때 그것을 갑절로 늘려주시고 의의 열매 또한 증가시켜 주실 것이라고 바울을 통해 약속하셨다(10절). 자신이 가진 것을 가난한 자들과 나눌 줄 아는 사람에게는 모든 일에서 더욱 부요하게 하시고 후하게 헌금할 수 있도록 하신다.

이 봉사의 결과는 어떻게 나타날까? 가난한 자들의 궁핍함이 채워지고 많은 사람들이 이로 인하여 하나님께 감사와 찬송을 드리게 될 것이다. 신자들이 예수님의 이름으로 구제한 헌금으로 인해 자신의 궁핍함이 채워질 때 수혜를 입은 자는 이를 하나님의 베푸심과 돌보심으로 받아들일 수밖에 없다. 이로 인해 안 믿던 자들과 수혜자들이 하나님께 감사와 찬송을 드릴 것이며 이 봉사의 결과는 하나님께 영광 돌리는 일이 된다(13절).

우리가 사는 시대에 헌금을 놓고 벌어진 교회 재정의 불투명성으로 인해 많은 이들이 교회에 대해 돌아서고 신자라도 일탈하는 현상들이 벌어지고 있다. 분명 우리의 배만 채우는 꼴이 되어선 안 될 것이다. 더 다양한 헌금의 형태를 만들어 내서 헌금을 많이 할수록 복을 더 많이 부어주신다는 묘한 논리로 빠져 나가는 것 또한 오늘 말씀의 본질과는 분명히 다르다고 본다. 헌금의 순전한 마음의 출발은 '복'에 있지 않고 '이미 받고 있는 하나님의 은혜'에 감사함에 있는 것이기 때문이다. 그래서 가난한 자들을 위해 드려진 헌금은 분명히 궁핍한 자들을 돕는 구제의 방식으로 사용되는 것이 하나님이 원하시는 뜻이다. 하나님의 은혜에 감사하여 드리는 헌금에는 하나님을 찬송하는 마음이 담겨 있다. 그로 인해 도움을 얻은 자가 하나님의 도우심에 감사하며 주를 찬송하는 마음을 갖는 것이다.

다른 사람들의 일을 돌보아

각각 자기 일을 돌볼 뿐더러 또한 각각 다른 사람들의 일을 돌보아 나의 기쁨을 충만하게 하라(빌 2:4).

바울은 그리스도 안에서 만나 한 공동체를 이루는 형제자매가 서로 어떻게 대해야 할지 빌립보서에 제시하고 있는데, 본문말씀 2장 4절은 자기의 일을 돌보면서 다른 사람들의 일도 돌보기를 권면하고 있다.

이 말씀이 현대를 살아가는 세상의 지배적인 흐름과는 어떻게 다른가? 그리고 이런 지배적인 흐름에 함께 한 시대를 살아가는 신자들은 어떤 영향을 받겠는가? 나아가서 대안 공동체로서 서 있는 믿음의 공동체는 무엇으로 세상에 예수님의 모습을 전하고 나타낼 수 있을까? 함께 생각해 보고자 한다.

존 파이퍼 목사는 《형제들이여, 우리는 전문직업인이 아닙니다》라는 책에서 "순전한 목회자로서 어떻게 바로 설 것인가?"에 대한 답을 제시하며 사역자로서 우리가 경계해야 할 것들이 무엇인지를 말했다.[44] 물론 이것은 목회자를 위한 책이지만 오늘 말씀하는 "다른 사람들의 일을 돌보아"라는 어절에서 공통될 수 있는 의미는 무엇이 있겠는가? 존 파이퍼 목사는 어린아이의 마음으로, 온유한 마음으로 하나님을 갈망하는 것이 전문직업인의 성향이 추구하는 성향과 다르다고 이야기했다. 철저하게 분업화되어 있고 관료화되어 있는 시스템을 본받아서 자신의 일만을 돌보고 다른 사람들의 일에는 무관심하고 돌아

44) 존 파이퍼, 《형제들이여 우리는 전문직업인이 아닙니다》, 전의우 옮김, 좋은씨앗, 2005, 1chapter.

보지 않는 성향, 거기에 책임이 없다고 하여 '각자 알아서 할 일일 뿐'이라고 냉정하게 사역에 선을 긋는 행위는 예수 그리스도를 머리로 두고 각 지체들이 한 몸을 이루게 된다는 교회론의 본질을 잊은 것과 같다고 볼 수 있다(고전 12장). 몸의 일부 중 어느 한쪽이 아프면 다른 쪽도 아프고 영향을 받게 되어 있다는 것은 당연한 사실이기 때문에 그리스도의 몸 된 교회로 부름을 받은 지체들은 내 몸을 돌봄같이 서로를 돌봐야 하는 것이 맞다.

최근에 나는 사역을 하면서 부서별로 점점 더 분열되어 가고 있는 한 교회를 보게 되었는데 그들 마음 안에는 서로 질투와 시기를 하며 개인성과주의적 성향을 띠는 리더십을 가진 사역자들이 존재했다. 그래서 한 교회를 이루고 있음에도 다른 부서가 부흥되지 못하고 또 이견과 다툼과 난관으로 어려워할 때면 고무(鼓舞)와 기도에 힘쓰지 않고 조소하기까지 하니 과연 교회 공동체가 얼마나 더 많은 상처로 남아있어야 하는지 절망스럽기까지 했다. 그러나 그렇게 한들 그들의 마음은 순간적인 쾌락으로 즐거운 것이 전부였고 점점 더 영적으로는 어두워지고 사역은 성령의 열매가 아니라 곧 육적인 사람의 마음에서 나오는 열매를 맺는 것이 전부였다(막 7:21). 거기에는 완악한 마음의 열매와 높은 눈의 자랑만이 있을 뿐이었다(사 10:12). 이런 것들은 하나님의 사역과는 아주 무관하다.

찬양사역자로서 자기의 일을 돌보는 것도 중요하지만 다른 사람들의 일을 돌볼 수 있음도 기억하자. 그래서 그들의 도움과 수고의 요청이 올 때 우리의 손과 팔을 벌리자. 그래서 주께서 세우신 한 몸이 된 그리스도의 공동체를 힘써 지키자.

생활의 염려

> 너희는 스스로 조심하라 그렇지 않으면 방탕함과 술 취함과 생활의 염려로 마음이 둔하여지고 뜻밖에 그날이 덫과 같이 너희에게 임하리라(눅 21:34).

오늘은 문득 생활의 염려가 나의 마음과 생각을 어둡게 하고 있는 것은 아닌가라는 근심에 휩싸인다. 어떤 이는 요즘 같은 세상에서 염려되지 않는다면 거짓말이라고 답할 것이다. 또 오늘에 대한 염려와 앞으로의 삶에 대한 계획을 도외시한다면 낙오자가 될 것이란 생각에 염려하기를 권장하기도 할 것이다. 그러나 일상을 계획하는 것과 도가 지나쳐서 염려가 되는 것의 차이는 우리 삶의 방식에 영향을 줄 뿐 아니라 영혼을 침체기에 빠지게 할 수도 있다.

본문에서는 방탕함, 술 취함, 생활의 염려가 우리 마음을 둔하게 한다고 말한다. 그러면 어떤 마음을 둔하게 하는 것일까? 뜻밖에 '그날'이라는 어구가 눈에 들어온다. 21장 10절부터는 환난 날의 징조에 대해 말하고 있고, 이어서 34절의 '그날' 또한 '환난이 임하는 날'이라고 말할 수 있다. 즉 예수님이 재림하는 날을 말한다. 본문에서 열거한 세 가지는 영적 세계에 대한 마음을 둔하게 하여 예수께서 다시 오실 날을 준비하지 못하고 징조를 보고도 알지 못하여서 자신에게 주의 날이 도둑같이 임하게 될 것이란 말이다. 즉 곧 오실 주 예수의 날을 기쁨으로 기다리며 속히 오시길 간구하는 주님의 신부들에겐 잔치의 날이 되겠지만 방탕하게 살거나 술 취함에 살거나 생활의 염려로 더 많은 돈과 명예, 성공을 좇아 주님을 섬기는 일은 뒷전으로 돌리고 바쁘게 살던 자들에겐 두려운 날이 될 것이다. 하지만 이보다 더 끔찍한 건 주님

을 섬긴다면서 열심히 사역했지만 주를 위한 일이 아니라 자신을 위해 살아왔던 사람들일 것이다. 결국 나의 만족과 유익이 우선된 사역이었다면 생활의 염려에 대한 또 다른 가면을 쓴 것이 아닐까? 그리고 이건 아마도 변질된 마음이라 생각한다. 순수하게 시작했지만 순전함을 지켜가지 못하면 우리의 사역은 변질되고 만다. 그리고 사역이 '집착'이 될 때, 우리는 이런 우를 범하고 만다. 확실한 것은 내 자아가 죽는다는 말은 하나님 앞에서 내 자아가 죽고 주께서 사시는 것이며, 펄펄 살아있는 자아로는 염려, 불평, 우울, 근심, 슬픔, 짜증, 인내하지 못하는 열매만을 낳을 것이다.

오늘 나의 모습이 그러함을 알고 다시 주께로 나아가길 소망한다. 이유인즉슨 개인 음반 작업을 위한 미디 편곡 및 준비단계에서 많은 일들이 틀어져버리고 꼬여 있음에 열심을 내다가 해결이 되지 않자 어느 순간 집착의 단계로 들어섰음을 발견했기 때문이다. 온종일 컴퓨터 작업에 토끼 눈처럼 빨개진 눈과 장시간 건반 연습과 녹음에 쉬지 못한 어깨는 아프다고 호소하고 내 입 안에는 어금니 안 쪽에서 사랑니가 올라오는 통증도 겹쳐서다. 주를 위해 한다는 선한 동기와 따뜻한 가슴이 메마르고 사역이 집착이 되지 않으려면, 사역이 생활의 염려를 해결하기 위한 일이 되지 않으려면 나의 영은 쉬어야 한다고 말하고 있다.

기도와 말씀을 통해 주님을 바랄 때 우리의 영은 회복된다. 마음을 정결케 하고 구별하여 하나님이 임재하시는 거룩한 산에 올라 주님과의 만남과 깊은 교제로 이스라엘 백성에게 전해 줄 하나님의 말씀인 십계명을 받은 모세처럼(출 31:18), 주님의 성전에 거할 때 영을 회복시키시는 하나님을 경험했던 다윗처럼(시 63편)말이다. 참된 해결책은 하나님과의 사랑의 교제이고 나를 사랑하시는 그분의 노래를 듣는 것이다.

우리의 손을 펴는 것, 찬양의 행위

> 내가 옷자락을 털며 이르기를 이 말대로 행하지 아니하는 자는 모두 하나님이 또한 이와 같이 그 집과 산업에서 털어 버리실지니 그는 곧 이렇게 털려서 빈손이 될지로다 하매 회중이 다 아멘 하고 여호와를 찬송하고 백성들이 그 말한 대로 행하였느니라(느 5:13).

이스라엘 민족 안에서는 성벽을 재건함으로써 하나님을 찬송하는 것 외에도 다른 한 사건이 또 있다. 이는 같은 동족 안에 있는 가난한 자들에 대한 정책의 변화다. 이스라엘 민족은 포로기 동안에 노예생활을 하면서 습득한 방법으로 자신들 안에서도 차별을 두어 누구는 꾸어주고 무리한 이자를 받고, 누구는 노예가 되어 그들의 먹이가 되는 일들을 자행하였다. 군림하는 자, 귀족과 민장이 유다 사람들이었고 나머지는 그들의 경제적 소유를 위한 먹잇감이 되었다. 하지만 노예에게 불만이 없을까? 같은 민족에게 땅을 빼앗기고 큰 빚이 생기고 곡식도 없기에 느헤미야에게 찾아와 억울함을 토로하기 시작한 것이다. 느헤미야는 이를 듣고 울분을 토했다. 하지만 그가 화 난 이유는 단순히 인본주의적인 정치 사고로 '인간 평등'을 외치는 것이 아니었고 도리어 하나님의 백성들이 이래서는 안 된다는 신본주의적 사고로 인간 평등을 외쳤다. 그는 하나님을 경외하는 자들이 이럴 수는 없다고 말했다. 또 하나님을 섬기는 민족이 곧 이스라엘임을 이방 민족들도 다 아는데 이로 인해 그분의 이름이 욕을 먹는다는 것이었다. 즉 하나님을 섬기는 민족이라면 그에 맞게 행동해야 한다고 느헤미야는 가르쳤다.

나는 여기서 하나님을 믿는 신앙이 우리의 삶을 아우르는 정치와 경제라는 현실에서 구체적으로 어떻게 드러나는지를 볼 수 있었다. 그

리고 이러한 정의가 어떻게 하나님을 찬양하는 일과 연합을 이룰 수 있는지도 알게 되었다.

유다 사람들은 느헤미야의 말을 듣고 자신들의 잘못을 뉘우치고 빼앗았던 소유물, 곧 포도원과 집과 감람원과 밭 그리고 돈과 양식, 포도주와 기름의 백 분의 일을 돌려주기로 서약했다. 즉 그들은 하나님 앞에서 사람들이 평등함을 알고 땅과 모든 소유가 그분의 것이니 영원히 자신들의 것이 될 수 없음을 인정했다. 이는 유다 사람들 곧 귀족과 민장이 느헤미야의 말을 들은 것이지만 하나님께 순종한 것이었고 주를 경외한 행동이었다. 상상해 보자. 결국 이 말을 듣고 있었던 온 회중은 누구를 찬양했겠는가? 느헤미야일까? 아니면 자칫 인간 평등 박애주의자로 보일 수 있는 유다 사람일까? 당연히 하나님이시다. 하나님으로 인해 자신들이 자유와 평등을 얻게 되었기 때문이다. 또한 유다 사람들뿐만 아니고 백성들도 함께 경제 소유권에 대해서 서로 부당하게 갈취하는 일이 없었을 것이다.

가난한 자들을 위하여 나라 차원에서 또 공적으로 공의(公義)를 행하는 것은 하나님이 보실 때 옳은 행위다. 또 이것이 하나님을 경외하기 때문에 취하는 행동이라면 더욱이 하나님을 찬양하는 행위가 될 수 있다. 우리는 인본주의적인 시각에서 인간 평등을 추구하기보다 하나님 편에 서있기 때문에 자비와 선행을 시행해야 한다. 인본주의는 가난함에 대해 상대적 이해를 낳기 때문에 절대적인 기준이 될 수 없지만 신본주의는 모든 것이 하나님 것이기에 그 누구의 것도 아니므로 공평하고 정의롭게 서로 나눠줄 수 있게 된다.

하나님을 섬기는 사람으로서 손을 펴는 행위는 곧 하나님을 인정하고 찬양하는 행위임을 잊지 말자.

3

PART

찬양과 경배

한국 CWM의 태동은 어디에서?

주는 영이시니 주의 영이 계신 곳에는 자유가 있느니라(고후 3:17).

신앙을 가진 젊은이들을 중심으로 오늘날의 경배와 찬양에 대한 이해를 물어본다면 어떤 저항과 거부의식보다는 교회음악이 깊은 가사와 폭넓은 음악 스타일로 자리를 잡아야 한다는 생각이 지배적일 것이다. 왜냐하면 1세대 사역자들이 대다수 50대를 넘었다는 시점에서 한국의 CCM은 30년 이상의 역사를 갖게 되었는데 1세대와 차세대사역자들이 불모지 같았던 한국 교회의 찬양 발전을 위해 열심히 섬겨 온 덕분에, 지금의 젊은이들은 찬양의 음악 장르와 스타일 그리고 가사에 대해서 이전 세대보다 훨씬 개방적인 이해를 갖고 교회음악을 바라볼 수 있게 되었기 때문이다.

미국의 경우는 1960년대에 예수 운동(Jesus movement)을 통해서 록 형태를 띠는 현대음악 스타일(CCM)이 생겨난 후로 그 풍토에서 자연스레 영향을 받아서 크리스천 예배음악(CWM)도 태동했다고 보고 있다.[45] 당시에 각종 부흥집회를 위해서 청년을 중심으로 한 합창단과 예배 팀이 결성되었고 예배를 위한 노래를 만든 것이, 아주 쉽게 따라 부를 수 있는 형태로 출발했다. 그런 후에는 CCM을 선도했던 대표 레이블 회사와 아티스트가 예배음악에도 적극적으로 창작과 기획을 하면서 새로운 예배음악 스타일이 멀리 퍼져나가게 되었다고 기록한다.

한국의 경우는 어떠한가? 1960년대에 미국에서 일어난 예배 갱신 운동, 즉 평신도들이 말씀을 공부하고 갈급해하는 운동이 한국에도 일

45) 양동복, 《새로운 대중음악 CCM》, 예영커뮤니케이션, 2000, p.331

어났다는 기록이 있다. 그리고 교회반주라면 오르간과 피아노가 전부라고 여겼던 이 시절에 기타를 들고 이전과는 다른 풍으로 찬송을 부르는 소수의 사람들이 맞물려 등장하게 된다.[46] 그리고 이것이 곧 현대 스타일이 가미된 찬양의 가능성에 대한 기본 토양을 이룬 것이라고 볼 수 있다.

나는 이런 기록을 읽으면서 아무래도 1960년 후반, 당시의 평신도들이 교회 안에서 지도자와 함께 '자치적'으로 말씀을 공부하는 운동과 모임을 경험하게 되면서 성도로서의 건강하고 바른 '자율성'을 찾는 법을 터득하게 되었을 것이라고 보는데 이러한 경향성이 예배 찬양에도 영향을 주게 된 것은 아닌가 생각했다. 이때를 '예배 갱신 운동'이라고 기록한 것으로 보아서는 평신도를 중심으로 한 말씀 공부, 성경공부가 위험한 것이 아니라 성령님의 충만하심과 조명 아래 참된 부흥이 일어난 것이라고 볼 수 있고, 우리는 주의 영이 계신 곳에 자유가 있다는 성경말씀을 떠올릴 수 있을 것이다.

앞으로 우리가 열어가야 할 CWM에 대한 다양한 의문과 문제제기가 토의되고 발전의 양상을 띠려면 과거의 역사를 잘 아는 것이 큰 도움이 된다. 그리고 위와 같이 호기로운 출발이 있었지만 곧 현대예배음악에 대해서도 다양한 논란이 제기되었고 CWM은 CCM과 같이 말씀과 토론이라는 조명 아래 다양성을 두고 이전 것을 따라하고 자신의 것을 창조하면서 훈련되고 깎여오면서 오늘에 이르렀다는 것을 알게 된다. 앞으로의 크리스천 예배음악의 건강한 발전을 위해 우리가 더 알아야 할 것이 또 무엇이 있는지 몇 가지를 더 생각해 보자.

46) 양동복, 《새로운 대중음악 CCM》, 예영커뮤니케이션, 2000, p.580

구원하신 주를 찬양해

여호와는 나의 힘이요 노래시며 나의 구원이시로다 그는 나의 하나님이시니 내가 그를 찬송할 것이요 내 아버지의 하나님이시니 내가 그를 높이리로다(출 15:2).

오늘은 금요철야 찬양을 준비하고자 예배 시간보다 일찍 교회에 갔다. 콘티를 작성하기에 앞서 주제를 생각하는데, 구원에 대한 의미가 떠올랐다. 교회 특성상 장년층이 주를 이루는 철야이기에 찬송가를 선택할 때가 많은데, 그중에서 오음 음계로 구성되어 국악적인 느낌이 다분한 로버트 로우리(R. Lowry)가 작사 작곡한 "울어도 못하네" 라는 곡을 선택했다. 이 가사는 오직 믿음으로 구원을 얻는다는 에베소서 2장 8절 말씀이 주제다. 1절에서 3절까지는 어떤 것으로도 구원을 받을 수 없는데, 4절에서 "믿으면 되겠네" 라는 가사를 통해 구원의 핵심을 잘 짚어 부르게 한다. 1절에서 3절이 역설적인 표현 가사를 썼기 때문에 가사를 묵상하지 않으면 쉽게 이해할 수 있는 곡이 아니다. 덩달아 비트가 빠를수록 그 의미를 충분히 묵상하며 노래한다는 것은 쉽지 않다. 역시 밴드 팀과 함께 연습할 때에 흥을 돋구기에 충분한 쿵쾅 거리는 빠르기와 그에 맞춰 반주하는 젊은 연주자들은 가사를 묵상하며 연주하는 것이 아니라 템포에 따라 연주만 할 뿐이었다. 느끼는 바 연주자들은 감동이 없고 마음 한구석에는 여러 생각들이 잡다하였다. 그러한 연주는 마음과 영이 하나가 되지 못하기 때문에 듣는 이에게 도전을 줄 수 없고 연주하는 자신에게도 시간만 아까울 것이다. 문득 연주와 노래를 멈추고 팀원들에게 가사를 물었다. "이 가사가 무얼 말하고 있나요?" 연습을 멈추고 이야기를 하는 경우가 드물었기에 팀원들

은 당혹스러워했다. 하지만 꼭 짚고 갈 부분이었고 찬양단으로서 가사를 묵상하고 그에 맞는 연주와 노래를 하고 영성을 찾는 것이 참 중요하기에 어색함을 뒤로 하고 질문했던 거였다. 싱어들도 입술로는 열심히 불렀지만 이 곡이 무슨 이야기를 하는지 생각하지 않고 있었고 연주자들도 익숙한 리듬에만 귀를 기울였을 뿐이었다. 나는 가사의 흐름에 따라 구원의 의미를 말했고 성도라면 당연히 믿음 외에는 구원을 받을 수 없다는 기본 교리를 노래한 곡임을 인식하게 했다.

의미를 묵상하며 다시 한 번 노래했을 때 우리의 찬양에는 힘이 있고 확신이 있었다. 이 곡을 마친 후 "나 같은 죄인 살리신"이라는 곡을 불렀다. 이 곡을 통해 죄인 된 자신을 구원하신 예수님으로 인해 눈물 흘리며 하나님께 감사와 감격의 찬양을 드린 성도들이 참 많으리라 생각했다. 우리의 연습은 진지했고 이제는 오늘의 찬양의 주제와 흐름이 무언지 단원들이 함께 공유하게 되었다. 연습을 하다가 2절 가사에서 새로운 의미를 발견했는데 "나 처음 믿은 그 시간 귀하고 귀하다" 라는 가사는 주님을 만났던 순간을 떠오르게 하며 어느덧 시들해진 구원의 감격과 감사에 대한 의미를 재발견하게 했다. 주님을 처음 믿게 된 날, 그날은 나의 인생이 바뀐 날이다. 시간은 물 흐르듯이 흘러가지만 주님을 만난 순간은 나의 영이 새롭게 태어난 날이다. 그날을 우리는 귀히 여기는가? 하지만 문득 이러한 발견이 구원파라는 이단이 강조하는 처음 믿은 날의 날짜와 시간을 강조하는 것과 무엇이 다른가 하는 의심을 했다. 우리가 예수님을 믿게 된 순간은 참 귀하다. 구원파를 의식해서 주 예수님을 믿은 그날의 감격을 부정하는 것은 옳지 못하다. 또한 주님께서는 예수를 믿고 중생을 체험한 것으로 그치는 것이 아닌 성화의 과정으로 날마다 주님을 더욱 닮아가는 삶을 우리에게 원하신다. 구원은 오직 한 길이 되시는 예수님으로 인해 얻으며 성령의 인도 따라 주님을 닮아가는 과정은 율법주의가 아닌 성화다. 우리를 구원하신 주께 찬양을 드리자. 감사의 노래로 나아가자.

내가 무엇을 가지고 높으신 하나님을 경배할까

내가 무엇을 가지고 여호와 앞에 나아가며 높으신 하나님께 경배할까 내가 번제물로 일 년 된 송아지를 가지고 그 앞에 나아갈까 여호와께서 천천의 숫양이나 만만의 강물 같은 기름을 기뻐하실까 내 허물을 위하여 내 맏아들을, 내 영혼의 죄로 말미암아 내 몸의 열매를 드릴까 사람아 주께서 선한 것이 무엇임을 네게 보이셨나니 여호와께서 네게 구하시는 것은 오직 정의를 행하며 인자를 사랑하며 겸손하게 네 하나님과 함께 행하는 것이 아니냐(미 6:6-8).

우리가 성경을 읽고 하나님의 말씀을 묵상하고자 한다면 예언서, 묵시록의 말씀을 더더욱 빼놓아서는 안 된다. 부끄러운 고백이지만 나 또한 성경을 읽고 묵상할 때 읽기에 편안하고 쉬운 것들 위주로 읽곤 했다. 하지만 선지자들의 입을 통해 말씀하신 예언서, 묵시록은 안락하고 편안함을 추구하는 이 세대에, 구미에 당기는 것만을 먹고 쓴 것은 뱉어버리고 싶은 충동을 이기지 못하는 이 세대에, 그래서 균형이 없는 말씀으로 우리 영혼이 병들고 영적 결핍으로 시들어 죽어갈 때, 영혼을 건강하게, 긴장하게, 각성하게 하는 예방책이다. 잠들기 좋아하는 우리의 영이 깨어 있길 원한다면, 선지자의 입을 통해 경고하시는 하나님의 음성을 듣고 마음에 새겨야 한다.

우리가 하나님의 말씀을 많이 묵상하고 이것으로 충분하다고 여길 때 주께서는 행함이 없는 믿음은 죽은 믿음이라고 말씀하신다. 그리고 우리가 TV 앞에 앉아 잇따라 시시덕거리거나 문화생활을 핑계로 하나님과의 교제를 마다할 때 주께서는 은밀한 골방으로, 가장 깊은 곳으로 우리에게 나오라고 부르신다. "너에게 나의 비밀을 알려주길 원한

다. 이전에 네가 알지 못했던 사랑의 깊이로 너를 이끌기 원하며 그 지경으로 넓히기 원한다"고 주님은 말씀하신다.

그렇다. 주님께서는 우리가 더 많은 것을 주 앞에 드리고 더 큰 것을 주 앞에 드렸다는 것으로 자만하고 우리의 신앙이 꽤 괜찮다고 오해하고 있을 때 우리의 신앙을 바로잡아 주셔서 주 하나님, 당신을 잃지 않기를 원하시며 우리가 입술의 열매와 형식과 율법을 따라 잘 지킨 제사로 우쭐할 때 주께서 원하시는 것이 무엇인지 밝혀주신다.

우리는 고민한다. "내가 무엇을 가지고 여호와께 나가고 높으신 하나님을 경배할까?"라고 말이다. 그리고 우리는 착각한다. "내가 하나님께 더 많은 섬김을 하면, 더 많은 것들을 갖다 바치면, 내가 더 많은 찬양과 사역으로 주께 헌신하면 갚을 수 있을까? 내 죄악 때문에, 내 허물 때문에 이렇게 저렇게 하면 하나님이 받아 주실까? 기뻐하실까?" 하며 방황하고 두려워한다. 그러나 이런 마음에서 비롯된 위와 같은 모든 행위는 아직 하나님께서 당신을 얼마나 사랑하시는지 모르는 양자의 마음에서 나온 것임을 기억하라. 하나님은 이런 마음으로 그에게 드리는 것들을 결코 기뻐하지 않으시며 도리어 당신을 품에 꼭 껴안고, "내 안에서 쉬어라. 이제 되었다. 먼저는 이런 것들을 네가 하지 못할지라도 내가 널 얼마나 사랑하는지 보여주고 싶구나"라고 말씀하실 것이다.

아무런 조건 없이 그대를 받아주신 예수님의 십자가 사랑을 먼저 알기를 주님은 원하신다. 그리고 그 사랑에 힘입어 인자를 사랑하고 정의를 행하며 겸손히 주님과 동행하는 걸음이 되는 것, 우리가 인생이요 사람임을 아시는 여호와 하나님께서 원하시는 것은 바로 이것이다.

뜻 모르고 부르던 찬양의 재발견

> 무지한 말로 이치를 가리는 자가 누구니이까 나는 깨닫지도 못한 일을 말하였고 스스로 알 수도 없고 헤아리기도 어려운 일을 말하였나이다 내가 말하겠사오니 주는 들으시고 내가 주께 묻겠사오니 주여 내게 알게 하옵소서 내가 주께 대하여 귀로 듣기만 하였사오나 이제는 눈으로 주를 뵈옵나이다(욥 42:3-5).

이 구절은 하나님의 마음에 합했던 욥과 같은 사람일지라도(욥 1:8) 온전히 하나님을 만나게 되었을 때는 자신이 죄인일 뿐이며 회개하였음을 보게 한다. 하지만 회개하기까지 욥은 극심한 고난으로 인해 자신이 신뢰하고 경배하는 하나님이 어떤 분인지를 세 친구들과 다시 논하며 재조명을 하였다. 그들은 하나님의 광대하심을 측량하고자 했다. 이해할 수 없는 고난이란 장벽 앞에서 하나님의 주권과 이치를 가리는 것이 불가능함에도 욥기 37장 13절에서는 엘리후의 입을 통해 하나님의 사랑에 대한 인간의 이해와 정의를 보여주고 있다.[47)]

공동번역에서는 하나님의 눈에 거슬리면 징계하신다는 말을 통해서 하나님의 사랑과 성품을 짓궂고 폭력적으로 묘사하는가 하면 엘리후가 여호와께서 때가 다 차므로 욥을 만나기까지 다리 역할을 하게 된 것은 분명했지만 그의 정의도 차갑고 무정함에 치우친 하나님을 말하고 있긴 마찬가지다. 우리를 징계하기도 하시며 긍휼히 여기기도 하시는 하나님의 사랑의 기준은 무엇일까? 욥은 끝내 스스로 깨닫지도 알 수도 없는 일을 이야기했음을 알게 되었을 때, 눈으로 주를 뵈옵게 된 후로는 주님의 영광 앞에 자신을 낮추었을 뿐이다.

---

47) 하나님은 그 구름으로 사람을 벌하기도 하시고 땅에 비를 내려 그의 사랑을 보여주기도 하신다(현대인의 성경).

고린도전서 13장 11절에서 바울은 자신이 어렸을 때는 어린아이와 같이 말했고 깨닫고 생각했음을 말하며 커서는 어린아이의 일을 버렸다고 말했다. 욥과 그의 친구들 그리고 엘리후가 어리숙한 말들로 하나님에 대해 이야기하듯, 또 어린아이와 같이 말하고 생각하듯이 우리가 부르는 수많은 찬양들에 감춰져 있고 스스로 알 수도 없고 헤아리기도 어려운 말들은 얼마나 될까 생각해 본다. 우리가 감사해하며 고백하는 은혜, 사랑, 영광 등의 단어들이 하나님을 드러내는 데 사용되지만 우리 가슴에 깨달아지며 세상에 증거가 되고 있는지 되돌아보자. 더 많은 곡을 카피하기 전에 뜻 모르고 부르는 찬양들로 우리의 예배를 채우고 있지는 않은지 돌아볼 때다. 우리가 시간을 내어 말씀으로 깊이 들어갈 때, 예배의 처소로 나아갈 때 하나님의 임재를 더욱 강하게 경험하게 되고 우리의 찬양은 더욱 깊어질 것이다.

그러나 이 땅에서 하나님의 사랑을 깨닫는 것이 전부가 아님을 알고 있다. 바울이 지금 우리가 보는 것들이 희미하지만 그날에는 주님의 얼굴을 마주봄으로 하나님이 나를 온전히 아시는 것처럼 우리도 주를 온전히 알게 될 것이라고 이야기한 것과 같다. 하지만 오늘날 손으로 한 움큼 받아 마신 생수로 해갈의 의미를 알게 되듯이 이 땅에서 영과 진리로 예배하는 순간이 온전히 주를 알게 될 그날의 기쁨과 눈물의 감격을 소망하게 할 것이다.

마음이 상한 자를 위로하는 애가

> 마음이 상한 사람 앞에서 즐거운 노래를 부르는 것은, 추운 날에 옷을 벗기는 것과 같고, 상처에 초를 붓는 것과 같다(잠 25:20, 새번역).

절망스런 사건으로 인해 마음이 상한 개인과 사회에게 들려줄 이야기는 무엇일까? 결핍된 상태의 개인과 사회는 함께 울어줄 자, 곧 친히 질고를 지심으로 고난당하고 슬퍼하셨던 예수님의 이야기에 목마르다. 마르바 던(Marva Dawn)은 《고귀한 시간 '낭비'-예배》에서 자신이 암 진단을 받고 나서 하나님께 초점을 맞춘 찬양이 아닌 기쁜 노래(Happy song)만 부르는 곳에서 예배할 수 없었다고 말했다.[48] 그 뜻은 삶의 고통과 기쁨이라는 감정은 우리 삶에서 동일한 일부인데 고통을 배제하고 기쁨의 노래만 부르는 것은 오히려 사람을, 삶을 속이는 것이고 하나님의 광휘성을 드러내야 할 예배음악이 균형이 없는 신학과 같았다는 말이다.

하나님은 기쁜 자만의 하나님이신가? 아니면 고난받고 있는 자의 하나님도 되시는가? 이것은 굉장히 간단하지만 중요한 질문이다. 요즘 들어 거룩한 하나님의 말씀이 복을 얻는 비결로 축소되고 있는 현실에서 고난은 결코 복이라고 말하지 않는 적잖은 설교를 듣고 있지 않은가? 우리네 인생이 예수님을 닮아가는 과정, 천국의 순례자로서 거쳐가야 하지만 타락한 우리의 심령과 삶의 모든 것들과 마주하게 될 현실에 대해서는 피상적으로 생각하고 있다. 우리는 마음이 상한 자들이 복을 받지 못했거나 저주의 사슬에 매여 있는 자들이라고 단정지을 수 없다. 설사 그들이 당하는 어려움이 죄의 대가와 쓴 뿌리로 인한 것이라도 마음이 상한 채로

48) 마르바 던, 《고귀한 시간 낭비》, 이레서원, 2004, p.131

주 앞에 나오는 자들을 하나님께서는 멀리 하지 않으신다. 우리는 정말 고난을 당하는 이유를 마음이 상한 자들이 겪는 아픔의 원인을 정확히 볼 수 있는 눈을 가졌다고 단정하는 무례한 언어와 행위들을 조심해야 한다. 만약 고난을 당하는 이유가 저주라는 보이지 않는 영적인 힘에 의한 것이라고 말한다면 예수님이 당한 고난을 뭐라고 설명하겠는가? 예수님이 십자가에 달려 죽으셨을 때, 사탄은 잠시 자신이 승리를 했다고 여겼겠지만 그것이 우리 죄를 사하시기 위해 하나님이 일정 기간 동안 허용하셔야 했던 것이라면 예수님은 저주를 받으신 것이 아니라 사망과 저주를 끊으시려고 고난 속으로 들어가신 것이다. 우리의 죄를 위해 질고를 친히 담당하신(사 53:10) 고난 받고 있는 예수를 보라! 고난을 받으신 예수님은 마음이 상한 자들에게 위로와 소망이 된다.

복음가(Worship Music) 중에서 스테시 스웰리(Stacy Swalley)가 지은 "마음이 상한 자를"이란 곡의 가사 속의 화자는 마음이 상한 사람의 무리 중에서 또 한 사람이다. 그러나 노래를 부를 때에 내 안에 일어난 물음은 마음이 상한 자의 상태는 정확하게 무엇을 말하는가다. 이는 후렴 가사를 보면 알게 되는데 마음이 상한 자는 의에 주리고 목마른 자를 일컫는다. 화자는 정의와 공의를 찾아보았지만 찾을 수 없었고 소망했지만 꺾여버린, 기대할 수 없는 현실과 상황에 놓여 있다. 그래서 화자는 고통을 당하면서 동시에 '의'를 갈망하는 것이다. 노래의 원어 가사에서 '의'에 사용된 단어는 'righteousness'로 정직, 고결, 고결한 행위, 공정, 정의를 일컫는다. 성경에서도 'righteousness'를 찾을 수 있는데 예레미야 23장 6절, 이사야 32장 1절에서 사용된 '의'가 동일하다. 두 구절에서 사용된 '의'가 가리키는 말은 구속한 여호와, 즉 장차 오실 예수, 통치하시는 왕을 뜻한다. 스스로 의로움을 이룰 수 없는 세상과 사람들의 상한 마음은 '의'가 되시는 예수로 인해 생수가 넘쳐흐르는 충만함으로 목마름을 새롭게 한다.

말씀을 가르치는 워십 리더

너희는 전파하며 찬양하며 말하라(렘 31:7).

워십리더 내지는 찬양인도자라는 자리는 어떤 자리일까? 노래를 잘 부르고 기타를 잘 치면 설 수 있는 자리일까? 워십리더라는 일을 직업으로 삼고 자신의 길을 걷게 되는 사역자들을 보면 대개 일찍 어려서부터 이 일을 시작했음을 보게 된다. 처음부터 큰 집회와 무대에 선 사람은 없고 자신이 출석하던 교회에서 찬양 팀으로 시작을 한다. 또한 정말 말씀을 잘 알고 신앙심이 깊어서 찬양인도를 시작하게 된 것이 아닌 위에서 언급한 대로 노래를 좀 잘 부르고 기타도 칠 줄 알아서 시작하게 된 것이 큰 이유가 된다.

하지만 어느 순간에는 이것만으로는 꾸준하게 하나님을 찬양할 수 없음을 깨닫게 된다. 자신에게 무엇이 부족한가에 대해 점점 집중하다 보면 말씀의 결핍이 큰 이유라는 것을 손꼽게 되고 가볍게 시작했던 워십리더라는 자리를 전보다 좀 더 복잡하고 깊은 생각과 태도를 갖고 대하게 된다. 그러면서 나타나는 또 하나의 현상이 무엇인가? 자신이 깨닫게 된 말씀이 너무도 귀하고 값지다는 이유로 찬양콘티를 짤 때에 주제로 삼아서 찬양을 인도하다가도 어느 날은 멘트를 한다고 했지만 설교 같은 메시지를 전하는 형식을 띠는 날이 생긴다는 점이다. 그리고 그것이 적정하여서 그 누구에게 불편함을 끼치지 않고 오히려 열심히 찬양하는 데 도움을 주게 되었다면 그 찬양인도자는 설교와 같은 멘트를 점점 더 많은 양으로 자주 하게 된다.

이것을 무엇에 비유할 수 있을까? 마치 사회 초년생이 겪는 좌충우

돌 사회생활 이야기처럼 이제 막 찬양인도를 시작한 인도자들이 겪는 과정도 이와 비슷하다. 양동복은 그의 책에서 다음과 같이 말했다. "자칫 전통적인 교회 의식과 충돌할 우려도 있다. 교회에서는 말씀이 아주 중요한 위치를 차지하는데, 말씀을 잠깐 동안 가르치는 워십리더의 스타일이 전통적인 교회의 예배의식과 충돌해서 갈등을 부를 우려도 있다."[49] 찬양인도자는 뜨겁게 사모하는 마음으로 메시지 형태를 띠는 말씀을 전했지만 이것이 말씀사역자, 기존의 성도들에게는 되려 갈등과 반감을 조장하는 원인이 될 수도 있다는 지적이다. 그리고 나는 이것이 책에만 갇힌 사례가 아니라 실제 다반사로 사역에 존재하는 현실적인 갈등이며 심각하게는 분열이라는 결과를 낳기까지 한다는 것을 알고 있다.

하지만 현대의 CWM의 찬양인도자, 예배인도자들이 발전한 지금의 상황을 보면 그들이 찬양만 하지 않고 찬양으로 메시지를 전하며 멘트를 통해서도 충분히 말씀을 전하는 태도를 취하고 있다는 점이다. 염려했던 것이 더 수그러지고 사라졌다고 볼 수 없고 통합적인 영성, 즉 말씀과 음악성을 겸비한 사역자들이 오히려 등장해서 이 시대에 필요한 말씀이 선포되고 누려지는데 귀한 역할을 감당하고 있다는 사실을 부인할 수 없다.

그렇다면 어떻게 해야 할까? 가장 좋은 답은 '질서'다. 내가 할 수 있지만 하지 않는 것도 하나님이 주시는 지혜의 방법이다. 공동의 목표와 사역을 향해 함께 간다면 말이다. 하지만 홀로 찬양사역을 하는 자들에게 있어서 말씀으로 무장되고 준비될 것은 그들이 해야 할 마땅한 임무이기도 하다. 때에 따라 찬송하고 메시지를 전할 수 있는 지혜가 필요하다.

49) 양동복, 《새로운 대중음악 CCM》, 예영커뮤니케이션, 2000, p. 348 재인용.

말씀이 있는 곳에 입술의 열매도 있어야 한다

> 이스라엘아, 주 너의 하나님께로 돌아오너라. 네가 지은 죄가 너를 걸어 거꾸러 뜨렸지만, 너희는 말씀을 받들고 주께로 돌아와서 이렇게 아뢰어라. "우리가 지은 모든 죄를 용서하여 주십시오. 우리를 자비롭게 받아 주십시오. 수송아지를 드리는 대신에 우리가 입술을 열어 주를 찬양하겠습니다. 다시는 앗시리아에게 우리를 살려 달라고 호소하지 않겠습니다. 군마를 의지하지도 않겠습니다. 다시는 우리 손으로 만들어 놓은 우상을 우리의 신이라고 고백하지도 않겠습니다. 고아를 가엾게 여기시는 분은 주님밖에 없습니다"(호 14:1-3, 표준새번역).

호세아는 이스라엘이 주님 곁을 떠나서 죄악된 길을 갈 때 여호와 하나님의 택하심을 입어 주님의 나팔로 선지자 역할을 감당했다. 그의 이름은 호세아(Hosea)로서 '구원'이라는 뜻을 가졌다. 그의 이름을 따라 호세아는 하나님께서 보이시려는 구원을 이스라엘 백성에게 보이고 가르쳤다. 그는 북이스라엘 왕 여로보암 2세 때 활동한 선지자로, 북이스라엘은 하나님 섬기기를 등한시하고 자기들의 생각에 옳은 길로만 갔다. 그들의 영적인 행악을 호세아는 그의 삶과 가정을 통해 여실히 보여줘야 했는데, 호세아는 창녀인 고멜과 결혼을 하였으나 고멜은 여전히 정결하지 못한 행위로 호세아를 떠나 음행하기를 즐겼다. 그때마다 호세아는 고멜을 데려와 사랑하는 정부(貞婦)로 여겨줬으나 고멜은 호세아의 사랑의 울타리에 거하지 않고 그 사랑을 지루하게 여기길 반복했다. 즉 호세아는 이스라엘을 향한 하나님의 성실한 사랑을 나타내고 고멜은 그 사랑의 진실함을 깨닫지 못하고 방황하는 이스라엘, 그리고 주의 백성들을 상징하는 것이다.

우리는 당시의 이스라엘의 정황(政況)을 살펴볼 필요가 있는데, 여

로보암 2세(북이스라엘 왕 요아스의 아들)는 다방면에서 풍요를 가져온 왕이었다. 국제적으로도 앗수르와 아람이 위축된 상태에서 그는 영토와 세력을 확장하였다.[50] 하지만 그들의 자만은 영적으로 타락의 길을 걷게 하였다. 세력의 확장은 이방 문화와 우상 숭배를 가져와 신실하게 하나님을 믿고 섬기지 못하게 하였다. 그래서 주께서는 도리어 이방 나라를 세워 그들을 치게도 하셨으니(호 7장) 그들을 살게 하는 이가 여호와 하나님이요, 사람이 아님을 알기 원하셨다.

그들은 하나님을 예배하지만 가증스러웠다. 하나님을 믿는다며 제사를 드렸지만 그들의 삶에서 하나님을 사랑하는 흔적은 찾을 수 없었다. 예배는 삶의 중심이 아니라 헛된 것에 불과했고 마음이 없는 허울뿐인 제사로 드려졌다. 소중하고 값진 제사는 시간 낭비에 불과했다. 그래서 호세아는 수송아지를 드리면 자신들의 본분을 다했다고 여기는 백성들에게 하나님이 원하시는 제사는 인애와 하나님을 아는 것이라고 말했다. 입술의 열매, 즉 하나님을 사랑하고 하나님이 가장 가치있음을 깨달은 입술의 고백으로 주를 찬송하기를 원했던 것이다.

하나님의 말씀은 있었지만 하나님을 향한 수평적 고백은 메말랐던 시대가 곧 이때였다. 말씀이 있다 해도 주께 찬송으로 우리의 고백과 간증을 담은 입술의 열매가 없다면 메마르고 생기가 없는 살아있지 않은 제사인 것이다. 그러므로 주의 말씀이 있고 주를 향한 사랑의 고백과 간증도 있는 예배가 되기를 소망하자. 이 둘 중 하나라도 잃는 것은 하나님이 원하시는 예배가 아니다.

50) 가스펠서브, 《라이프성경사전》, 생명의 말씀사. 2006, 여로보암

목적이 어디에 있는가?

여호와께서 너희 때문에 내게 진노하사 내 말을 듣지 아니하시고 내게 이르시기를 그만해도 족하니 이 일로 다시 내게 말하지 말라(신 3:26).

모세는 출애굽한 이스라엘이 가나안 땅으로 들어갈 때까지 사명을 다했다. 물론 모세도 가나안 땅에 들어가고 싶었지만 하나님은 그의 사명이 거기까지였기에 허락하지 않으셨다. 왜 모세가 가나안 땅을 들어가지 못했는지에 대한 이유를 대다수의 사람들은 그가 므리바에서 하나님의 거룩하심을 드러내지 못하고 반석을 세게 내려쳤기 때문이라고 알고 있다. 물론 민수기 20장 10-12절에 위와 같이 기록되어 있다. 하지만 차준희 교수는 신명기에서 또 다른 이유를 하나 더 발견하였는데 신명기 3장 26절이 그렇다. 그 이유는 므리바 사건만이 아니라 여호와께서 이스라엘 백성들에게 진노하심으로 모세로 하여금 가나안 땅을 건너지 못하게 하셨다고 기록되었다고 말한다. 즉 다음 세대만이 가나안 땅에 들어갔는데 1세대의 지도자로서 그에게 공동책임이 있다는 뜻이다.[51)]

모세는 그 땅에 들어가고 싶었지만 이것으로 하나님께 불평하거나 원망하지 않고 순종하는 모습을 보인다. 왜냐하면 하나님께서 더는 그만 이야기하라고 하셨기 때문이다. 하나님께서 하지 말라고 하셨으니 더 이상 토를 달지 않고 하나님의 말씀에 절대 순종하는 모세의 모습은 우리에게 깨달음을 줄 수 있다. 즉 모세는 하나님을 대면하여 보았던 자로 애초에 사역을 시작할 때부터 그의 마음이 있는 곳은 가나안 땅이

51) 차준희, 《모세오경 바로 읽기》, 성서유니온선교회, p. 183.

아니라 바로 하나님의 존재였다는 사실이다. 모세는 가나안 땅에 들어가고 싶었지만 그곳에 들어가지 못하더라도 하나님의 얼굴을 구하는 것이 더 좋은 선택이고 유익이라는 것을 알았다. 모세의 목표는 어떤 대가와 조건이 전제할지라도 하나님과 동행하는 것이 날마다의 목표였기에 하나님의 말씀에 순종하는 것이 기뻤던 사람이었다. 비록 자신이 바라고 간구했던 기도와 하나님의 생각이 달랐을지라도 말이다.

기독교 신앙은 목표가 분명하다. 그 목표는 하나님 그분이 되신다. 그렇다면 우리가 부르는 수많은 노래들, 그리고 수많은 찬양 고백의 목표도 온전히 그분을 위한 것이 되어야 하지 않을까? 모세가 그러했듯이 말이다. 입술로 부르는 노래도 참으로 소중하지만 백 마디 말보다 하나님이 원하시는 바를 따라 내 마음과 생각의 초점을 주님께 두는 것이 우선이라는 생각이 든다.

삶의 목적과 목표를 하나님께 두었던 성경 인물이 또 있다. 다니엘과 세 친구도 "그렇게 하지 아니하실지라도" 하나님께서 말씀하시고 주시는 것이 무엇이든 좋았던 사람들이었다(단 3:18). 그들은 하나님과 지금 내가 동행하고 있는 것, 그분과 교제하고 있는 것, 그분의 음성이 들려오고 깨달아지고 하나님 곁에 머물 수 있는 것에 목적을 두는 사람들이었다.

우리는 하나님을 믿으면서도 수많은 목표와 목적을 가슴에 채우고 살아간다. 이 땅을 살면서 갖는 우리의 계획이 모두 헛되다는 말을 하는 것이 아니라 그러한 삶을 살 때 순간마다 삶의 선택들이 하나님과 함께하는 것에 가치를 둔다면 이보다 하나님을 하나님 되게 하는 것은 없을 것이다. 이것이 바로 그분을 최고의 가치로 두는 격이기 때문이다.

벙어리의 찬송을 받으시는 하나님

내 거룩한 산 모든 곳에서 해 됨도 없고 상함도 없을 것이니 이는 물이 바다를 덮음같이 여호와를 아는 지식이 세상에 충만할 것임이니라(사 11;9).

복음가 중에 민희라가 쓴 "벙어리가 되어도"라는 곡이 있다. 이 곡은 "주여 우리의 죄"를 이라는 첫 가사 제목으로도 알려져 있다. 젊은 세대의 예배에서는 거의 찾아 부르지 않지만 그 이전 세대들에게는, 또 작은 지역 교회들에서는 아직도 불리고 있는 곡이다. 나 또한 지역 교회를 섬기는 찬양사역자로서 이 노래를 들을 때가 있다.

그날은 금요 집회로 늦은 저녁에 모여 목사님과 적은 무리의 성도들이 함께 예배하는 중이었고 이 노래를 불렀다. 난 습관적으로 자연스레 악상을 살펴보았는데 우리의 죄를 위해 십자가 지신 예수님의 고난을 표현하기 위해 조성이 단조로 쓰인 슬픈 멜로디였다. 다음은 가사를 묵상하면서 십자가를 지신 예수님을 따라 우리도 자신의 십자가를 지고 주를 따를 것이라는 성경말씀이 배경인 듯 떠올랐다(눅 9:23). 그러면서 마지막 가사 "벙어리가 되어도 찬양하며 살리라"는 고백이 눈에 선하게 들어왔다. 이전까지 가사가 성경을 바탕으로 쓰인 객관적인 지식에 의거한 신앙고백이라면 마지막 가사는 작사자가 쓴 고백이다. 나는 마음속으로 '벙어리는 소리를 낼 수 없는데……'라고 읊조리며 음성을 낼 수 없는 자가 찬양하며 살겠다고 고백한 것에 대해 더 묵상하고 싶었다. 이유는 찬양신학에서는 대부분의 교회 찬양이 음악을 바탕으로 음성으로 소리치고, 외치고, 노래하는 것으로 하나님을 예배할 수 있다고 이론이 그 안에서만 머물고 있고 한계를 짓기 때문이다. 그러니 음성장애자

는 예배자가 하나님께 드리는 이 같은 행위를 동일하게 할 수 없다. 이들은 외쳐 노래하고 싶지만 소리 낼 수 없는 소수의 예배자들이며 어쩌면 현재의 경배와 찬양 안에서 소외된 자들일지 모른다. 하지만 과연 그럴까? 우리의 찬양신학은 더 깊고 넓어질 수 있다. 말하지 못한다고 노래도 못하고 하나님을 찬송할 수 없다는 편견에 사로잡히거나 무의식적 단정을 지을 수 없다.

그렇다면 성경에서 음성장애를 겪은 이들은 누가 있을까? 에스겔이 일시적 벙어리가 된 것(겔 3:26), 귀신이 들려 말 못하게 된 자, 사가랴가 장차 세례 요한이 될 아이를 낳을 것이라는 천사의 소식을 믿지 못하여 그 일이 성취되기까지 입이 묶여 말하지 못한 상태가 된 것이다(눅 1:20). 물론 하나님은 귀신들려 말 못하는 자를 고치시고 그 입술과 이를 지켜보던 무리의 찬송을 받으셨다(마 16:30-31). 또한 사가랴가 믿음 없는 말을 하지 못하도록 그의 입을 닫게 하시고 성취된 후로는 열어주시어 입술로 주를 찬양할 수 있도록 자비를 베푸셨다(눅 1:68).

이 외에도 찬송가 작시자로 알려진 커싱(W. O. Cushing)이 있다. 목회자였던 커싱은 아내가 죽은 이후로 자신의 언어능력을 상실하게 되는데 절망적인 상황에서 도리어 말할 능력을 상실했지만 주를 위해 헌신하며 살고 싶다고 하나님께 기도했다. 그리고 주의 일을 간구함으로 이후로 300편의 찬송시를 남겼다.[52] 그가 쓴 《기쁜 일이 있어 천국 종 치네》의 마지막 후렴을 보면 "파도 소리 같은 찬양 소리를 천지 진동하게 부르세"라고 썼다. 비록 말할 수 없지만 그의 마음은 천지 진동할 만큼 주를 찬송함을 알 수 있다. 하나님은 노래할 능력이 없는 그에게서 주를 찬송할 많은 시를 입에 넣어 주사 찬송을 받으셨다. "벙어리가 되어도 찬송하며 살리라"의 고백은 마음의 소리를 들으시는 주께서 여전히 기뻐 받으시는 찬양인 것이다.

52) 《21세기 새찬송가해설집 2》, 김영수, 기쁜날, 2009, p. 292.

보혈 찬송 그리고 주의 모든 것

그는 우리 죄를 그의 몸에 몸소 지시고, 나무에 달리셨습니다. 그것은 우리가 죄에는 죽고, 의에는 살게 하시려는 것입니다(벧전 2:24, 표준새번역).

나는 얼마 전에 한 목사님의 초청강의를 듣게 되었다. 목사님은 말씀뿐만 아니라 찬양에도 관심이 많은 분이셨다. 목사님은 두 가지, 경배 예배 형식에 대한 아쉬움을 말씀하셨는데 하나는 외국 곡을 번역하여 부를 때 본 가사를 충실히 담아내지 못하는 해석적인 부분이고, 다른 하나는 요즘 찬양의 강한 리듬과 사운드, 즉 음악적인 부분이 많이 성장했는지는 모르지만 찬양 가사에서 보혈에 대한 의미가 많이 약해졌음을 언급했다. 그러나 두 번째 언급에서 이것이 정확한 정보라면 적어도 근 10년에 걸친 창작곡들의 주제가 된 보혈이 얼마나 언급되는지를 통계와 수치를 통해 알아야 할 것인데 이러한 정보는 없어서 공감하기 어려웠다. 그러나 목사님의 의도를 이해했고 또 다른 문제로 볼 수 있었다. 복음가와 성가곡이 '보혈'이 아무리 많다고 해도 각 교회나 큰 집회에서 결국 무엇을 선곡했느냐에 따라서 예배에 현실적으로 사용되는 곡들이 다양할 수 있다고 볼 때 적어도 그중에 '보혈'이 가장 큰 비중은 아니라는 점에서 언급하셨다면 다른 고민을 해볼 수 있다.

실제로 요즘의 찬양과 경배 형식에서 많은 주제가 되는 내용은, 은혜와 사랑, 친밀함, 교제, 임재와 같은 주제로 '보혈'은 이를 위한 배경으로 깔려 있거나 또 주제의 계단식 발전 과정에 속한다. 그러나 보혈 찬송이 단지 배경으로만 그칠 때 예수의 피, 십자가가 주는 성경적 의미를 우리는 충분히 찬양과 경배 안에 깊이 담아내고 있는지 고

민해야 한다. 왜냐하면 우리가 하나님의 자비와 긍휼 또 은혜와 사랑을 노래할 때 그 확증의 증거가 곧 예수의 피, 십자가 사건이기 때문이다. 우리는 베드로전서 2장 24절과 같이 주가 채찍에 맞음으로 우리가 나음을 입었고 주 앞에 나아갈 담력을 얻었음을 잊지 않아야 한다(히 10:19). 이와 같이 예수의 피가 주는 역사의 실제는 기독교의 가장 중요한 정체성이기도 하다.

계속해서 사고의 지평을 넓혀보자. 보혈 찬송은 우리로 하여금 죄인임을 깨닫게 하고 회개에 앞서서 죄의식을 보게 한다. 그러나 이것이 우리를 영적으로 건강하게 하지만 항상 죄의식에 사로잡혀 있는 것은 하나님께서 원하시는 바가 아니다. 죄의식에 사로잡혀서 더 많은 섬김과 헌신을 한다든지, 죄의식과 채무자의 윤리에 사로잡혀 갚을 수 없는 하나님의 구원 은혜를 갚으려는 마음은 예수님의 십자가 공로가 구원의 완성에 또는 하나님과의 연합에 결함이 있다고 입증하는, 또 다른 얼굴이다. 즉 예수께서는 이미 우리의 '의'가 되심으로 하나님과 우리를 영원한 사랑으로 영속시키셨음에 다른 대가는 필요치 않다.

그렇다면 우리의 찬양 또한 보혈 찬송만이 의미가 있어서 죄와 죄의식에 사로잡혀서 용서와 회개에서만 머무는 것은 아니다. 하나님은 보혈을 통해 주께 속하였고 그분으로 인해 생수의 강이 흘러 나와 목마르지 아니하며(요 4:14) 생명의 떡이신 예수로 인해 우리의 영을 배불리 채워주길 원하시기 때문이다(사 49:10). 즉 하나님과 사랑의 교제를 나누는 단계까지 가야 한다. 선한 목자가 되시는 주는 우리가 하나님께서 예수를 알고 예수가 하나님을 아는 것처럼 우리가 주를 알고 주께서도 우리를 알기 원하신다(요 10:14-15). 주가 나무에 달리심으로 우리로 두려움에서 사랑으로, 형벌에서 자녀가 된 권세를 가진 것을 알기 원하신다(요일 4:18). 보혈 찬송을 가볍게 여기지 말자. 하지만 주께 나아갈 힘을 얻었으니 마음껏 하나님의 모든 것으로 찬양하자.

불 속에서 살아남을 작품 아니면?

어떤 사람이 지은 작품이 그대로 남으면, 그는 삯을 받을 것이요, 어떤 사람의 작품이 타 버리면, 그는 손해를 볼 것입니다. 그 사람은 구원을 받을 것이지만, 마치 불 속을 거쳐서 살아나오듯 할 것입니다(고전 3:14-15, 표준새번역).

예술가라면 작품을 구상하고 완성하는 단계를 거쳐서 창작물을 타인에게 보이기까지 여러 과정을 지나게 된다. 그중에서 음악을 만드는 예술가들에게 작사와 작곡 그리고 음악에 참여하는 다양한 모습들, 편곡와 연주자 섭외, 보컬의 준비, 조화롭게 음악을 섞어주는 믹싱과 마스터링, 그리고 앨범 사진 등 각 요소마다 예술이 아닌 것이 없다. 더 축소시키면 크리스천 음악을 하는 사람들에게 창작의 과정과 결과물은 과연 어떤 의미를 줄까? 또 예술가의 배고픔도 마다 않고 아직까지 그 끈을 놓지 않고 있는 것은 왜일까? 어떤 목적을 위해서인지 말이다.

고린도전서 3장은 하나님의 동역자가 누구이며, 어떤 삶을 사는지를 잘 보여준다고 할 수 있다. 바울은 크게 두 가지 비유를 통해 누가 하나님의 동역자가 될 것인지 알게 하는데, 첫째는 바울과 아볼로가 심고 물을 주었으되 자라게 한 이는 하나님이신 것에서 하나님의 도우심이 없었다면 어떤 결과도 사람의 공덕으로 돌릴 수 없음을 깨닫게 한다.

둘째는 본문인데 지혜로운 건축가와 그렇지 않은 자에 대한 비유다. 바울 자신이 지혜로운 건축가로 비유되면서 그가 한 일은 자신에게 주신 은혜를 따라 예수 그리스도라는 터를 닦았다는 점이다. 그렇게 하지 아니한 자는 예수 그리스도 외의 다른 터를 놓는 자, 예수 그리스도라는 터를 무너뜨리거나 다른 터 위에 이것과 저것을 섞어서 혼란

스럽게 하는 자를 말한다. 당시에는 복음 외의 것에 관심을 두거나 가르치는 자들이 있었고 그들을 지칭한다고 볼 수도 있다. 12절에 보석이나 나무나 풀이나 짚, 이 네 가지는 사람의 업적을 뜻하는데, 주 예수의 날에 과연 이것이 어떤지를 검증할 것이라고 한다. 그 작품이 그대로 남으면 삯을 받고 하나님의 동역자로 일컬음을 받을 것이지만 어떤 작품이 다 타버리면 구원을 얻되 손해를 보고 마치 불 속을 거쳐서 나오듯 살아나올 것이라고 한다.

여기서 '작품'을 다른 성경은 어떤 단어로 사용하고 있을까? 새번역이 '작품'이라고 해석했고 개역개정은 '공적'으로, 개역한글은 '공력'으로, 공동번역은 '기초', 현대인의 성경과 쉬운 성경은 '사람이 세운 것'으로 해석했다. 작품에 대한 포괄적인 해석은 우리에게 주어진 은사와 능력 또는 권위를 갖고서 작게는 창작물로 크게는 평생의 삶을 작품으로 사람이 세운 모든 것들이 포함될 수 있다. 이 말은 좁게는 음악가로서 행하는 작품 활동과 사역이 하나님의 동역자로 불릴 수 있는 순전한 마음과 순종에서 비롯된 것인지를 묻게 하고 넓게는 사람의 인생이 구원받은 것으로 끝이 아니라 하나님의 동역자로 계속하여 세워져 가는 것임을 지적한 것이다.

우리가 세웠던 수많은 사역과 작품들, 그리고 인생의 계획과 성공 그리고 실패까지 불이 임하여 주 예수의 날에 그 업적이 어떤 것이었는가를 검증할 것이란 말을 상상해 보라. 나를 위한 것이었는지, 이기적인 세상의 욕심을 채워주기 위한 희생일 뿐이었는지, 진정 하나님을 위한 것이었는지를 말이다. 지금 우리에게 필요한 건 더 많은 사역과 작품 활동, 인생의 성공보다 방향과 목적이 어디를 향해 가고 있는지를 되짚는 말씀일 수 있다.

세대를 구분 짓는 찬송가?

> 너희가 부르심을 받은 일에 합당하게 행하여 모든 겸손과 온유로 하고 오래 참음으로 사랑 가운데서 서로 용납하고 평안의 매는 줄로 성령이 하나 되게 하신 것을 힘써 지키라(엡 4:1-3).

젊은 세대의 찬양과 경배 시간에 찬송가가 불리는 경우는 드물다. 아무래도 새롭고 신선한 예배곡들이 빠르게 생산되고 넘쳐나는 시대 흐름 속에서 새 찬양을 배우기도 벅찬 상황이 오늘날의 젊은 예배자들의 모습은 아닐까 싶다. 더욱이 아동부와 중고등부의 예배 상황도 찬송가를 부르는 모습은 쉽지 않다. 그래서 이러한 아쉬움을 인지하고 찬송가를 예배 순서에 하나둘 정도 넣고 들려주거나, 부르게 하는 방법을 통해 찬송가를 가르치고 있는 교회학교도 있다. 중장년층에 비하여 연령이 낮은 세대일수록 찬송가를 좋아하기란 쉽지 않다.

하지만 모든 세대의 연합이라는 의미에서 찬송가는 좋은 역할을 발휘할 수 있다. 예배인도자 타미 워커(Tommy Walker)는 찬송가가 모든 세대의 과거의 시간과 현재를 연결해 주며 성숙한 크리스천이라면 나와 맞지 않는다고 하여서 하나님을 찬양할 수 없는 것이 아닌 함께할 수 있어야 한다고 말했다. 특별히 그는 워십(worship)에서 찬송가 사용을 강조하고 있는데 자신의 조부가 돌아가셨지만 생전에 "오 신실하신 주"(Great is Thy faithfulness)를 부르셨을 모습을 그리며 이 찬송을 부를 때 조부가 믿은 하나님을 찬송을 통해 동일하게 느낄 수 있음에 감사하다고 경험담을 나누었다.[53] 나 또한 비슷한 감정을 느낀 적이 있는데, 16세기 가톨릭의 종교 타락과 부패함에서 종교 개혁을 일으킨 마

53) 워십리더 한국판, 2013년 1월호 p. 45.

틴 루터가 쓴 "내 주는 강한 성이요"(A mighty fortress is our God)라는 곡을 부를 때다. 이 곡을 부르며 루터와 성도들은 진리가 회복되기까지 불타는 의지를 태웠을 것이며 그들의 순교가 오늘의 수혜(受惠)가 되어 믿음으로 예배할 수 있게 된 것임을 기억할 때 찬송은 과거와 오늘을 연결시키는 기독교의 가장 귀한 유산임을 실감한다.

만약 어린아이가 열심히 찬송가를 따라 부르지만 무슨 의미인지도 모르고 부르는 모습을 염려하고 있다면 어릴 때부터 하나님의 말씀인 성경에 꿀을 발라 그것을 핥게 하며 하나님의 말씀이 꿀송이보다 더 달다는 뜻을 가르치며 말씀을 교육시키고 있는 유대인의 신앙 지혜에서 당위성을 찾고 싶다. 물론 의미심장한 찬양 구절을 어린아이의 입술에서 부른다고 하지만 다 이해할 수는 없을 것이다. 신앙에도 단계가 있지 않은가? 하지만 갈릴리 바닷가를 단 한번 본 적 없는 아이가 무슨 의미인지 모르고 불렀던 찬송이, 어른이 되어서 예수님이 갈릴리 바닷가를 거니셨던 모습을 상상하며, 또는 그곳을 찾아가서 다시 부르게 될 때 그 기쁨은 겪은 자만이 알지 않을까?

당신이 속한 공동체, 또는 예배 속에서 젊은 세대와 장년층이 다 함께 부르기에 적합한 찬송가는 무엇인가? 나의 경험에서는 "주의 친절한 팔에 안기세", "내 진성 사모하는", "하나님의 나팔소리", "나 같은 죄인 살리신"과 같은 곡들은 모든 세대에 두루 불릴 수 있는 곡들이었다. 이번 기회에 고민해 보는 것도 좋을 것이다.

세레나데를 넘어서

높음이나 깊음이나 다른 어떤 피조물이라도 우리를 우리 주 그리스도 예수 안에 있는 하나님의 사랑에서 끊을 수 없으리라(롬 8:39).

세레나데는(serenade) 늦은 밤에 사랑하는 연인의 창가를 올려다보며 부르는 노래를 일컫는 말로 슈베르트의 세레나데, 또는 모차르트의 돈 조반니가 유명하다. 우리가 영화의 한 장면에서 봤던 것처럼 한 여인의 사랑을 얻고자 자신의 열정을 다해 노래하는 이 사람을 보고 있으면 어느 누구든 감정 이입을 하며 달콤한 사랑을 꿈꾸게 될 것이다. 블레싱턴은 "연애는 프랑스에서는 희극이고 영국에서는 비극이다. 그리고 이탈리아에서는 오페레타요, 독일에서는 1막의 멜로 드라마다"라고 말했을 만큼 남과 여가 느끼는 사랑의 감정은 특별하다.[54] 그러고 보니 세상의 많은 종류의 노래가 있지만 남과 여의 사랑을 그린 노래가 가장 많고 큰 인기를 차지한다. 우리나라의 대중가요에서도 가장 큰 비중을 차지하는 노랫말 가사가 '남과 여의 사랑' 노래라고 발표된 바 있다.[55]

최근에 한 책을 읽었는데, 마이클 비클이 쓴 《하나님을 연인으로 사랑하는 즐거움》이라는 책이었다. 다소 자극적인 제목을 통해서 하나님과 나누는 사랑을 구체화했는데 하나님의 존재를 형이상학적으로만 생각하거나 종교의 신으로만 굳혀 딱딱한 감정으로 신앙생활하는 이

---

54) 〈네이버 지식백과〉 사랑에 관한 명언 (묘비명 · 비문_우물쭈물하다가 내 이럴 줄 알았다, 2009.12.15, 포럼)
55) 이충상, 한국 인기 대중음악의 시대별 특성 분석 : 1960~2000년대 인기 가요 및 가수를 중심으로, 건국대학교, 2013, p.51.

들과 달리 남과 여가 느끼는 사랑의 감정만큼이나 하나님과의 사랑이 실제임을 알려주는 책이다. 책에서는 솔로몬 왕과 술람미 여인의 사랑을 그린 아가서를 집중적으로 다루는데, 우리는 아가서가 솔로몬과 그의 여인의 사랑 이야기에 빗대어 하나님과 그의 백성의 사랑 이야기를 표현한 것임을 잘 알고 있다. 그러고 보면 아가서는 우리를 향한 하나님의 세레나데가 아닐까?

이처럼 하나님을 연인으로 사랑하는 즐거움을 맛보아 알아 평생의 삶을 주와 함께 살고 죽은 사람이 있으니 그가 바로 바울이다. 바울은 그리스도의 사랑이 그를 강권한다고 말한다(고후 5:14). 더욱이 바울은 로마서 8장 39절에서 하나님과 우리의 사랑이 과연 어떠한지를 정의 내려 주었다. 하나님의 사랑은 다른 어떤 피조물이라도 끊을 수 없다고 말함을 통해 연인으로 사랑하는 즐거움보다 더 깊고 높은 사랑으로 우리를 초대하셨음을 알게 된다. 연인으로 사랑하는 즐거움도 맛봐야 하지만 피조물이기에 이별할 수 있고 끊어질 수 있는 연인의 사랑보다 더 높은 차원의 사랑이 존재한다. 그리고 그 사랑을 가져야 한다. 그렇다. 결국 바울이 경험한 신과의 사랑은 남과 여의 사랑보다 더 강렬했다. 그는 남과 여의 사랑의 결정체인 결혼이 하나님을 향한 헌신을 나뉘게 한다는 표현을 통해서도 할 수 있다면 자기와 같이 혼자 지내는 것도 괜찮다고 말할 만큼 그 사랑이 얼마나 깊은지를 표현했다(고전 7:8). 이는 남과 여의 사랑이 하등하고 열등하다는 것이 아니라 남과 여의 사랑이 있으면 좋지만 없다고 해서 불행한 것은 아님을 말하기도 한다. 하지만 없어서 안 되는 사랑이 있으니 '신과의 사랑'이다. 예수 그리스도 안에서 하나님과 우리가 연합하게 될 때 우리를 사랑하시는 하나님의 열심과 하나님을 향한 우리의 열망이 남과 여의 사랑보다 덜할 수 없다는 것을 바울을 통해 우리는 알게 된다.

수직과 수평의 균형을 이루는 CWM(예배음악)

이에 그들이 그의 말씀을 믿고 그를 찬양하는 노래를 불렀도다(시 106:12).

우리는 불과 30년 이상이 된 CWM이 변화되어 온 과정을 살펴볼 필요가 있다. 미국에서 시작된 CWM의 초창기는 간단한 코드 위에 아주 쉬운 멜로디가 있고 성경말씀을 그대로 따와서 가사로 얹어놓은 형태로 존재했다. 처음 출발이 왜 이와 같았을까? 아무래도 개신교는 말씀만이 절대 권력을 갖는 특징을 갖고 성경이 가장 최우선되는 불변의 법칙을 갖고 있다 보니 노래하는 가사에 말씀이 다른 말로 번역이 되거나 해석되는 것도 굉장히 조심할 수밖에 없지 않았는가라는 생각을 했다. 그러므로 성경에 기록된 것을 제외한 다른 무엇도 가사로 등장할 수가 없었고 예배 안에서 부르는 찬양 또한 새로운 시도를 하더라도 가사로서 말씀만큼은 건드리지 않는 것이 좋겠다는 생각이 당시의 지배적인 사고였으리라 짐작한다.

우리는 현재의 CWM이 갖는 다양한 장점 중에 한 가지로 고백적인 가사, 간증적인 가사를 통해서 신자들이 노래할 때 하나님 앞에 자신의 생각과 감정을 더욱 자연스럽고 직접적으로 쏟아낼 수 있는 소통을 마련했음을 이야기할 수 있다. 그리고 이런 관점에서 볼 때 수직적인 가사, 즉 자칫 자신의 인생과는 밀접한 관련이 없다는 생각을 줄 수 있는 말씀의 경직성이 수직만 강조함으로써 초창기 CWM에 내비쳤다고 볼 수 있지 않은가라는 생각을 할 수 있다. 《새로운 대중음악 CCM》의

저자 양동복 또한 당시에 이런 논의가 있었음을 말했다.[56] 그리고 우리는 수평적인 면에서 소홀했던 CWM이 어떻게 발전을 거듭해서 계시와 반응이라는 균형을 이루는 예배음악으로 자리해 왔는지 생각할 수 있게 되었다.

하지만 현재의 문제는 오히려 무엇인가? 말씀이 주는 경직성에 대해 염려한 것이 CWM을 수평적인 가사로만 치우치게 한 또 다른 원인이 된 것은 아닌지 생각할 시점에 이르렀다. 오히려 요즘에는 찬양 가사가 감정과 느낌, 그리고 고백적인 것만이 주류를 이뤄서 하나님이 과연 우리에게 말씀하고자 하시는 것이 무엇일지 여쭙고 들을 수 있는 여유, 시간이 너무나 없다는 것이 오늘날의 또 다른 문제이고 어려움으로 자리 잡았다. 한 예로, 우리는 CWM에서 쏟아져 나오는 노래들마다 '나'라는 가사를 더 많이 찾을 수 있다.

과거에는 철저하게 말씀으로만 이뤄진 수직적인 CWM에서 소통을 찾을 수 없었다면 수평을 이루는 오늘날의 CWM에서는 계시된 하나님의 절대적인 진리와 말씀에 대한 권세를 잃어버리고 있는 것은 아닌지 염려스럽다.

그러므로 미래지향적인 CWM은 무엇이겠는가? 당연히 수직과 수평, 계시와 반응이 조화를 이루는 예배음악이 만들어져야 한다는 해석이다. 이를 위해 음악을 창조하는 작곡가, 작사가는 말씀의 조명을 받으며 가사를 쓰고 삶에서 나온 값진 주님과의 동행, 경험, 갈망, 사모함 등을 담아서 건강한 예배음악을 만들도록 소망해야 한다. 또한 예배인도자는 이런 것들을 어떻게 풀어낼 수 있을지 항상 말씀으로 준비하고 주님 안에 머무는 기도를 쉬지 않아야 한다.

56) 양동복, 《새로운 대중음악 CCM》, 예영커뮤니케이션, 2000, p. 347.

본 회퍼의 신도의 공동생활에서

> 믿는 사람은 모두 함께 지내면서, 모든 것을 공동으로 소유하고, 재산과 소유물을 팔아서, 모든 사람에게 필요한 대로 나누어 가졌다. 그리고 날마다 한마음으로 성전에 열심히 모이고, 집마다 빵을 떼면서 순수한 마음으로 기쁘게 음식을 먹고, 하나님을 찬양하였다(행 2:44-47, 표준새번역).

사도들과 예수님을 믿는 자들이 성령을 기다리며 간절히 기도한 후로 성령의 역사 안에서 이뤄진 부흥에 대한 기록을 읽으면서 나는 이것이 바로 오늘 우리가 추구해야 할 부흥의 완전한 정의라는 생각이 들었다. 오순절 성령 부흥의 핵심 키워드는 무엇일까? 나는 '모두'라는 단어에서 부흥이 일어날 때 드러나는 특징을 찾아보고자 한다. 그리고 이것이 하나님을 찬양하는 관점에서는 어떤 영향을 미치는지도 알아보고자 한다.

성령 세례를 받고 유대 땅에 대대적으로 예수님을 구주로 영접하는 부흥의 역사가 일어나기 시작했다. 그때에 믿는 사람들은 첫째, 모두가 함께 지내는 생활을 시작하게 되었다. 공동체가 형성되고 이러한 조직은 모임보다는 그 이상으로 공동체 의식이라는 전면적인 변화가 시작되었다고 볼 수 있다.

둘째, 모두가 성전에 열심히 모이기를 기뻐하였다. 여기에서 중요한 것은 '한마음으로'다. 아무리 깊은 사랑을 하는 연인이라도, 친구의 우정이라도, 내 피와 살을 나눈 가족이라고 해도 한마음으로 일치되는 것이 얼마나 어려운지는 모두 아는 사실이다. 그럼에도 예수 생명을 나눈 모든 사람이 함께 모여 살면서 한마음으로 일치가 되었다는 점은 놀랍고 또 놀랍다. 과연 한마음으로 추구했던 것은 무엇이었을까? 사

람은 결코 자신이 사랑을 받아보지 못했다면 사랑을 나누기도 어렵고 또 사랑을 나눈다고 해도 영원할 수 없는 한계적 사랑만 할 줄 안다. 하지만 그들 각자의 마음속에 예수님으로 인해 구원받고 영적인 문제에 종지부를 찍고 얻은 유익은 '하나님과의 사랑의 충만함'일 것이다. 더 이상 사람들은 또 다른 누구에게 사랑을 갈구하지 않아도 된다는 것과 사랑을 나누는 사람들이 된다는 점이다. 그래서 서로에게 불만, 미움, 다툼이 없고 충만한 예수님의 사랑으로 서로가 그저 돌볼 대상이 된다.

셋째, 그들은 집마다 빵을 떼면서 서로 나눠 먹을 때도 사랑이 샘솟고 모두 한마음으로 하나님을 찬양하였다. '모두 하나님을 찬양했다'는 말에서 나는 본 회퍼가 한 말이 떠올랐다.[57] 본 회퍼도 공동체가 부른 찬양이 과연 어떤 형태였을까를 고민했고 '모두'라는 핵심 키워드에서 그 의미를 발견했다. 사회를 구성하는 것이 사람이고 사람이 사회를 만들어 낸 것이듯 각자가 고백하는 개인적 찬양, 그것들이 한데 모여 오직 예수님만 찬양하고 목적이 되는 거대한 교회를 이루는 영적인 현상, 그래서 이기적이고 주관적인 '나'라는 상태에 빠져들거나 주목하지 않으며 오직 찬양의 이유가 되시는 하나님 한 분으로 모아지는 것, 그분의 꿈과 추구하는 모든 세계관이 우리를 삼켜버려서 그것이 우리의 꿈이 되고 소망이 되며 찬양으로 드러나는 현상이 초대 교회의 찬양 부흥의 핵심이다.

신도들의 공동생활 속에 드러난 하나님을 찬양하는 모습에서 예수님 한분이면 충만하고 충분한 실제가 누려졌던 것이다. 우리 역시 추구해야 할 부흥은 예수님으로 충만한 영적인 모임이 한데 모아지는 것이다.

57) "함께 노래할 때 들리는 것은 교회의 음성이다. 내가 노래하는 것이 아니라, 교회가 노래한다. 나는 교회의 일원으로서 교회의 노래에 참여할 따름이다. 바르게 부르는 모든 찬송은 우리의 영적 시야를 넓혀 주고, 우리로 하여금 우리의 작은 공동체를 지상의 거대한 그리스도교의 한 지체로 인식하도록 만든다." 본회퍼, 신도의 공동생활, 정지련, 손규태 옮김, 대한기독교서회, 2010, p.66.

아름다운 1분

내가 날마다 주를 송축하며 영원히 주의 이름을 송축하리이다(시 145:2).

현대의 교회들은 찬양과 경배의 형식을 도입하여 각 예배에 적용하고 있다. 대부분의 교회들은 15분에서 20분 사이로 찬양과 경배의 시간을 가지는데 현대의 예배곡들의 편곡을 감안한다면 두 곡에서 세 곡을 선곡할 수 있는 분량이다. 내가 사역하던 한 교회에서는 60분 가량의 예배에서 찬양과 경배가 30분을 차지하기도 했다.

그러나 이만큼 주어진 시간 동안 찬양이 가진 메시지를 충분히 풀어가기에는 시간이 다소 부족하다고 느끼는 예배인도자가 있을 것이다. 그래서 짧은 시간만큼 점점 찬양과 경배를 피상적으로 여기게 되고 흘러가는 것을 경험하면서 곡을 선택할 수도 있다. 나는 한 예배인도자를 보았는데, 이제 막 예배인도를 시작하는 분이었다. 하지만 처음인지라 15분도 부담을 느끼는 듯했다. 한 주간 동안 많은 준비를 했었고 음악적인 면에서 또 이끌어가는 예배에 적절한 언어 사용 등이 서툴렀지만 노력하기에 점점 발전해 가는 모습을 보았다. 하지만 3개월 정도 지나니 15분은 그에게 이미 익숙해져 버렸고 선곡도 교회에 도착해서 예배 10분 전에 하는 것을 보며 결국 그의 예배인도가 시간만 채우려는 것에 지나지 않는다는 인상을 받고 말았다.

물론 지역 교회 안에서 그리고 기성 세대를 중심으로 한 찬양 선곡은 여러 가지 면에서 한계적인 요인들이 많다. 새로운 곡들을 도입하거나 음악적인 기술을 여러 가지 면에서 시도하고 싶지만 기성세대는 이것들이 도리어 익숙하지 않아서 불편해한다. 그래서 청장년 급의 예

배인도자들은 음악적인 목마름을 느끼게 되다가 예배인도를 하면서 느끼게 되는 새로움을 체념하게 되는데 그것이 때로는 피상적인 찬양인도로, 깊이가 없는 찬양으로 흘러가게 된다.

만약 각자가 섬기는 교회에서 찬양의 분량이 '10-15'분 사이라면 역시나 어떻게 인도해 나가야 할지 고민하게 될 것이다. 물론 다양한 방법론이 각 교회의 상황에 따라 제시되어야 할 것이다. 그리고 우리는 어떤 형식과 구조가 가장 좋을지에 대한 고민과 함께 단 몇 분의 찬송을 부를지라도 항상 새롭게 예배하려는 마음가짐을 놓지 않으려는 새로운 마음이 필요하다. 예배인도자가 하나님을 예배하고자 하는 열정을 잃는다면 그 모습은 더 이상 함께할 예배자들에게 도전을 줄 수 없고 하나님께 입술로는 노래하지만 직분을 다하지 못하는 상태가 될 것이다.

나는 '그 예배인도자가 왜 15분을 그저 지나가는 피상적인 입술의 고백으로 여기게 되었을까'라는 고민을 하면서 다양한 이유가 있지만 인도자로서 더 발전하기 위한 생각과 방법을 더 이상 모색(摸索)하지 않은 것이 영향을 주었으리라 생각했다. 또 예배인도를 준비하면서 스스로 기대했던 것들이 채워지지 않으면서 실망하고 손을 놓게 된 것들도 있으리라 생각한다. 또 이 사역을 위해 일정 부분 자신의 영성도 관리해 나가야 할 책임이 있다는 것을 알지 못한 것일 수도 있다.

시간의 제한을 떠나서 찬양과 경배가 추구해야 할 목표는 무엇일까? 단 1분이라도 하나님께 진정으로 찬송하고 싶은 마음의 열망이 중요하다. 그 마음이 수그러들지 않도록 예배에 대해, 찬양팀에 대해, 그리고 자신의 영성 관리를 위해 건강한 발전을 도모하자. 주님을 찬양하고자 하는 진실한 마음이 우리의 1분을 새롭게 할 것이다.

아무리 찬양이 아름다워도

여호와께서 웃사를 치시므로 다윗이 분하여 그곳을 베레스웃사라 부르니 그 이름이 오늘까지 이르니라(삼하 6:8).

다윗은 블레셋에게 빼앗겼던 법궤가 이방 땅에 있으므로 하나님이 블레셋을 계속 치시니 그들로부터 돌려받고 법궤를 예루살렘으로 다시 가져가려 했다. 다윗은 이 일에 정성을 들였다. 하나님을 찬송하기를 즐겨하던 다윗이기에, 또 하나님의 높으심과 위대하심을 가장 잘 표현할 수 있는 것 또한 찬송이기에 그는 온 족속과 함께 악기와 수금과 비파와 소고와 양금과 제금으로 여호와 앞에서 크게 연주하기를 시작했다. 법궤는 곧 하나님을 상징했으므로 그는 온 힘을 다해 찬양하며 이를 기리고자 했던 것이다. 축제의 분위기로 화기애애했을 이스라엘의 법궤 입관식이 상상이 된다. 하지만 그 순간에 웃사가 하나님의 치심으로 죽는 일이 발생한다. 무슨 일이 벌어진 걸까? 웃사가 소가 뛰므로 법궤가 떨어질까 이를 잡은 것이 화근이 되었다. 이로 인해 모든 축제 분위기는 사그라지고 입관식은 끝을 맺지 못하게 된다. 다윗이 얼마나 놀라서 분노했고 두려워했는지 그곳을 베레스웃사라고 지었다고 한다. 다윗은 충격에서 헤어나지 못하고 법궤는 가드 사람 오벧에돔의 집에 머물게 된다.

하나님은 왜 당신을 찬양하고 있는 이스라엘 민족을 보시면서도, 또 법궤가 돌아오는 것을 기뻐하며 정성들여 준비한 입관식을 받지 않으신 것일까? 또 웃사의 행동이 하나님이 치실 만큼 잘못된 것인지 의문을 가질 수 있다. 하지만 그 이유를 알게 되면 하나님의 뜻이 어디에

있는지 우리는 환하게 볼 수 있게 될 것이다. 그렇다. 하나님은 블레셋이 법궤를 훔쳐갔을 때도 그들을 죽이지는 않으셨다. 그 이유는 그들이 하나님의 법과 규칙을 몰랐기 때문이다. 또 오벧에돔의 집에 법궤가 머물 때에도 그는 죽지 않았다. 즉 법궤를 단순히 가지고 있는 것으로 하나님이 징계하시는 것이 아님을 알 수 있다. 그럼 무엇인가?

하나님은 일찍이 법궤를 멜 때는 레위 사람의 고핫 자손만 할 수 있다고 분명히 말씀하셨다. 그 외에는 죽을 것이라고 이미 선언하신 바 있다. 또한 법궤는 하나님의 임재를 상징하며 거룩히 구별된 성물이기에 절대 만져서는 안 된다고 말씀하셨다(민 4:15). 즉 이스라엘은 하나님이 명령하신 법을 두 가지나 어긴 것이었다. 하나님은 그의 말씀을 따라서 이행하신 것이었고 이스라엘은 정성을 들여 입관식을 준비했지만 하나님의 율법을 생각하지는 않았던 것이다. 우리는 이를 통해서 하나님을 찬양하는 것과 말씀을 지키는 것이 별개의 문제임을 알 수 있다. 말씀을 지키지 않으면서 하나님을 열심히 찬양했다고 우리의 할 일을 다했다고 말할 수는 없다. 어쩌면 우리는 착각하고 있는지 모른다. 우리의 찬양이 잘 준비되고 최상급의 음악과 사역자로 준비된 것이면 충분하다는 생각 말이다. 하지만 본문처럼 하나님은 주의 말씀을 앎과 따르는 순종 속에서 찬양을 받으심을 확인할 수 있다.

다윗은 어디에서 일이 틀어졌고 잘못이 무엇이었는지 말씀을 상고(詳考)함으로 알게 되었을 것이다. 그리고 오벧에돔의 집에 복을 내리시는 하나님을 보고 두려움은 거둬진다. 두 번째 입관식에서는 다윗이 하나님의 말씀을 따라 법궤를 레위 자손이 메개하고 이보다 더욱 크게 찬양단을 조직해 모든 이스라엘 민족이 하나님을 예배함으로 성공적으로 일을 마무리한다.

어느 누구에게도 말하지 아니하였다

> 밤에 수행원을 몇 명 데리고 순찰을 나섰다. 하나님이 나의 마음을 움직이셔서 예루살렘에서 일하도록 하신 것을, 나는 그때까지 어느 누구에게도 말하지 아니하였다(느 2:12, 새번역).

이스라엘은 땅과 성지(예루살렘)를 잃었고 성문은 불타버렸다. 그들은 이방 신을 섬기는 민족에게 업신여김을 받으며 극심한 고생을 하였다. 느헤미야는 포로로 잡혀간 이스라엘의 이 같은 처지를 듣고 주저앉아 울고 말았다. 그는 이러한 처지에 놓이게 된 이유를 알고 있었다. 하나님이 세우신 백성이 언약을 어기고 주를 거역하는 죄를 지었기 때문이다. 만약 느헤미야서의 배경을 잘 모른다면 우리는 '사랑과 자비의 하나님께서 어찌하여 자기 백성들이 고난을 당하도록 내버려두신 걸까?' 하는 혼란에 놓이게 된다. 그러나 하나님께서는 이미 모세의 시대부터 이스라엘이 주를 떠나면 맞이하게 될 화(禍)를 일러주셨고 먼저는 주 안에 거하고 주께로 돌아오길 원하셨다(느 1:8-10).

느헤미야는 하나님의 백성이 지은 죄를 놓고 외면하고 부요한 자신의 삶에 젖어 기뻐하지 않았다. 그는 슬픔에 잠긴 채 금식하며 기도하기 시작하였다. 그의 안색은 좋을 수 없었고 왕의 술 관원장의 직무를 행할 때에도 울적한 마음을 가눌 수 없었다.

하나님은 죄로 인한 눈물과 고통에 사로잡힌 느헤미야의 기도를 들으시고 성읍을 다시 세우도록 물질이 공급될 문을 여시고 왕의 마음을 움직여 느헤미야의 청(請)을 듣게 하셨다. 느헤미야는 그의 마음을 움직여 성읍을 재건하게 일하도록 하신 이가 하나님이심을 알고 있었다. 죄를 지어 죽게 될 죄인이라도 그 죽음을 절대로 기뻐하지 않는(겔

8:32) 하나님의 선하신 손길이 그의 마음을 어루만지고 이스라엘을 회복시키시는 것이다.

그의 행실 중 재건을 위한 준비단계에서 주목할 것은 성읍을 순찰할 동안 수행원을 제외한 어느 누구에게도 누설(漏泄)하지 않았다는 점이다. 느헤미야만이 아니고 여호수아도 여리고 성의 함락을 위한 과정에서 백성들의 입을 닫아 침묵하게 하고 이렛날에 큰 소리로 외치게 하는 장면이 묘사된다(수 6:10). 이 모든 것이 하나님의 선하신 계획이고 복되고 좋은 일임에도 왜 그들은 외부에 대해 일시적 침묵을 한 것일까? 기한과 때가 있는 하나님의 일을 사람의 말이 거스르게 하는 영적 방해와 공격의 올무를 낳을 수 있기 때문이다. 우리의 입을 닫게 하실 때 하나님의 긴 침묵은 선하신 계획을 일구어 가시며 우리는 온전히 하나님의 손에 모든 일의 성패(成敗)를 맡기는 참된 내면의 자유와 평안을 경험하게 된다.

우리는 너무나 많은 말을 하려고 하지는 않는가? 리처드 포스터는 하나님이 행하시는 일과 육체적, 정서적, 심리적, 정신적인 모든 산만함이 가사(假死) 상태에 놓여야 할 중대성을 잘 설명했다.[58] 하나님의 선하신 뜻이 전해지도록 우리의 소리를 낮추고 그분의 음성에 귀를 기울이는 것, 침묵은 우리 삶의 예배에서, 형식을 갖춘 예배에서 그 의식과 상징은 중요한 의미를 던진다. 하나님의 거룩하심과 선하심에 우리의 소리를 침묵하고 주께서 말씀하며 행하시게 하라.

58) 리처드 포스터, 《영적 훈련과 성장》, 권달천, 황을호 옮김, 생명의 말씀사, 2006, p. 151.

어떤 종류의 음악이 얼마만큼 필요한가?

그 종류대로 만드시니 하나님이 보시기에 좋았더라(창 1:11-25).

《신앙의 눈으로 본 음악》이란 크리스천 음악 필독서를 읽다가 "어떤 종류의 음악이 얼마만큼 우리에게 필요한가?" 라는 질문을 던진 저자의 말에 문득 생각에 잠겼다.[59] 물론 세상의 모든 음악의 종류를 따진다면 수천 가지가 될 것이다. 그러나 여기서는 교회음악이란 제한적 틀에서 생각해 본다.

교회음악도 시대에 따라 그 모습이 달라져 왔다. 짤막한 서술로 언급하자면 서양음악에서 빠질 수 없는 중세음악은 그리스도교 중심으로 발전해 왔고 음악의 사용법은 시편가, 찬가, 그레고리안 성가, 폴리포니 등으로 그 기록을 살피면 가사와 음악 사용 여부가 훨씬 제한적이었음을 알 수 있다. 1517년에 마틴 루터(Martin Luter 1483~1546)의 종교개혁을 시작으로 사제의 전유물이었던 교회음악이 민중화되면서 점차 교회음악은 보편성과 다양성을 띠게 된다. 마틴 루터는 콘트라팍툼(contrafactum)이라는 기법을 교회음악에도 적극 활용하여 세속음악의 형태를 지닌 선율과 멜로디를 들여왔고 기독교적 가사로 개사하여 부르게 하였다. 코랄(chorale)이 그 대표적이고 대중적인 교회음악이 되었다.

위의 내용은 기독교(구교, 신교, 동방정교회)가 공통으로 가지는 역사다. 21세기인 우리시대의 교회음악은 기독교이며 그중 개신교이고 교

59) 헤럴드베스트,《신앙의 눈으로 본 음악》, 하재은 옮김, ivp, 1995, p.182.

단까지 세분화된다면 어떤 종류의 음악이 얼마만큼 필요한지에 대한 결정은 아주 다양해질 것이다. 개혁주의 입장에 서 있는 교회들은 분명 찬송가 외에도 오늘날의 예배음악(CWM)과 동시대적인 크리스천 음악(CCM)도 넓은 의미로 교회음악의 종류에 포함시킬 것이라 생각한다. 그러나 현대의 교회음악이 전파 속도가 빠른 매체의 발달과 음악 기술의 발달로 이미 기독교에 대중화되어 있음을 염두에 두면 교단과 교파를 허무는 화합의 기능을 지닌 교회음악이 또한 이것들이다. 현재 예배음악과 현대 동시대적인 크리스천 음악은 삼위일체가 되시는 하나님을 믿는 모든 기독교인을 연합하게 하는 시간과 공간을 초월하는 성질을 지녀 그 성과와 존재성을 부인하기 어렵게 되었다.

현대의 다양화된 교회음악의 종류를 따진다고 할 때 첫째, 음악을 구성하는 모든 요소가 어떤 장르를 이루고 있으며 둘째, 가사(메시지)는 어떠한지를 나눠서 소제들을 찾을 수 있다. 어떤 이는 예배의 목적, 교회 절기와 행사 등의 기능을 따라 종류를 나눌 수도 있다. 또 소제의 제한이 없어 세상과 교회공동체를 아우르는 목적이 훨씬 넓고 뚜렷할 수 있는 현대 동시대적 크리스천 음악(CCM)은 음식의 별미와 같이 교회음악의 제한성과 형식을 뛰어넘어서 변화무쌍하기까지 하다. 음악의 형식을 놓고 종류를 어디까지인지 제한하려는 입장은 음악이 심신에 미치는 불건전성과 거룩성에 대한 문제로 귀결되지만 어떠한 장르를 선험적 악으로 단정짓는 것(예를 들면, Christian rock 음악)은 오히려 성경적이지 않고 스타일의 문제, 개인의 취향의 문제일 수 있다.

음악이 얼마만큼 우리에게 필요한지에 대해서는 음악을 아우르는 예술이 '창작의 세계'임을 볼 때 상상력이 지닌 무한한 창조성이 최대로 발휘될 때가 아닌가 싶다. 시대를 따라 크리스천 예술 음악인들이 자신의 소명을 확인했다면 새로운 교회음악을 계속적으로 창작할 것이고 교회에서는 새 노래와 함께 기존의 교회음악이 불려질 것이다.

영성이 우선일까, 음악이 우선일까?

> 그리스도의 말씀이 너희 속에 풍성히 거하여 모든 지혜로 피차 가르치며 권면하고 시와 찬송과 신령한 노래를 부르며 감사하는 마음으로 하나님을 찬양하고 (골 3:16).

대학 시절, 한 자매의 고민을 들었다. 그녀는 음악과 영성에 있어서 무엇이 우선되어야 하느냐란 질문에 답을 할 수 없었다. 교회에 가서 전도사님께 고민을 털어놓으면 당연히 영성이 먼저라고 말했고, 대학교 실용음악 교수님을 찾아가 물으면 음악이 먼저라고 말해서 혼란스럽다는 말이었다.

몇 년 전 나는 외부에서 활동하는 전문 예배찬양 사역 팀의 모집 공고를 보고 면접을 보러 갔었다. 예배인도자와 이야기가 잘되었고 당일부터 교회 실용음악을 전공한 팀원들과 연습에 들어갔다. 하지만 나는 크게 실망할 수밖에 없었다. 그들의 음악은 전문적이었다. 하지만 연습 내내 끊임없이 핸드폰을 뒤지고 말씀을 나눌 때에는 꿀 먹은 벙어리가 되는 모습에 그들이 원하는 것은 음악이었을 뿐 하나님을 예배하는 예배자의 지식과 나눔에 대해서는 무지했다. 당일 연습 이후 저녁 집회가 시작되고 함께 섬기다가 찬양이 끝난 후엔 팀원들의 모습이 보이지 않았다. 설교가 시작될 때 그들은 맨 뒷줄에 나란히 앉아 핸드폰을 볼 뿐이었다. 기도시간에는 같이 앉은 팀원과 큰 소리로 잡담을 나눌 뿐이었다. 찬양을 다 부르면 팀원들의 역할은 끝인 걸까? 예배인도자는 더 이상 그들의 예배를 관리하지 않았고 뜨겁게 가슴을 쳐가며 자기의 기도만 할 뿐이었다.

한 가지 더, 한 예배 팀의 인도자로 가게 되었는데 그들은 음악적으

로는 비전문적인 팀이었다. 하나님에 대한 마음은 지쳐 있었지만 진실했다. 마음밭의 토양이 좋아서 말씀을 뿌려주면 그들은 '아멘' 하고 받아먹었다. 하지만 그들의 연주는 변하지 않았다. 더 새로운 것을 원하지 않았고 어려워했으며 귀찮아했다. 그렇게 몇 달을 지내며 새로운 곡을 나누어도 찬양은 배우지만 음악적인 고민은 하지 않았다. 음악적인 역량을 늘리려는 필요성도 없었다. 음악에 대해 의지도 없고 투자도 하지 않는 단원들의 분위기는 생기가 없는 찬양 팀으로 이어졌고 공교히 연주할 수 없는 불편함은 찬양과 경배 시간에 여러 모양으로 부정적인 결과를 낳았다.

마지막으로 중고생이 예배 팀으로 구성된 찬양 팀을 만날 기회가 있었다. 그들의 음악을 향한 열정은 뜨거웠지만 소리만 시끄럽고 리듬과 솔로는 엉터리였으며 전혀 소리가 배합되지 않았다. 또 하드록만 추구하면서 모든 예배곡을 하드록으로 편곡하니 그들을 바라보는 중장년층의 눈빛은 어떠했을까? 그들에게는 하나님을 아는 지식, 찬양에 대한 지식도 부족했다. 성경을 읽지 않으며 기도하지 않는 찬양 팀에게 강단은 잘하지도 못하는 음악의 욕심을 채우려는 무대에 불과했다.

나는 위의 세 가지 실제 경험담을 나누면서 각 팀에 어떤 적절한 처방이 맞는지를 묻는다. 영성과 음악은 둘 다 중요하며 한쪽으로 치우친다면 우리의 공적인 찬양, 예배는 균형을 잃을 수밖에 없다. 우리가 하나님을 앎이 우리의 예배를 진실되게 하고 뚜렷하게 한다. 그리고 음악적인 성숙이 찬양의 자유로움을 준다. 말씀의 진리 위에 서서 악기를 연주하며 노래하는 것이 하나님이 기뻐하시는 원리다.

예배, 공간의 중요성

또 그가 영감으로 받은 모든 것 곧 여호와의 성전의 뜰과 사면의 모든 방과 하나님의 성전 곳간과 성물 곳간의 설계도를 주고(대상 28:12).

입동(立冬)에 들어서면서 날씨가 다소 쌀쌀해졌고 교회들마다 입동 준비를 서두를 것이다. 큰 교회마다 계절과 상관없이 난방시설이 잘 되어 있어 크게 준비할 것이 없지만 작은 교회들은 선풍기와 에어컨을 창고로 보내고 난로와 히터를 꺼내는 흔한 풍경을 보게 된다. 현재 섬기고 있는 교회는 편리한 시설과 인테리어를 갖춘 교회가 아니기에 이와 같다. 그리고 11월에 접어들면서 예배당을 따뜻하게 하기 위해 온풍기를 틀기 시작했다. 다만 온풍기가 찬양대와 가까운 거리에 위치해 있으니 몸은 따뜻하겠지만 노래하는 사람의 목에는 좋지 않은 상황에 놓였다. 예상대로 찬양대 순서에 노래할 때 히터로 인해 입을 열 때마다 목이 마르는 현상이 벌어졌다. 나 또한 적은 무리인 대원들의 소리로 인해 지휘를 하며 노래도 겸해야 하는 경우가 있는데 높은 음을 내기가 어려웠고 건조한 성대로 인해 소리를 지속하기가 배로 힘이 들었다. 찬양이 끝나고 난 뒤 아쉬움이 많이 남았다. 무엇보다 앞으로 온풍기의 위치가 변경되지 않으면 매주일 발생할 문제로 더욱 염려가 되었다. 물론 하나님은 부족한 우리의 환경과 상황을 아시며 중심을 아시는 분이시기에 충분히 기뻐하시리라 믿지만 말이다.

요즘의 교회들은 건축할 때 교회의 상황과 독특성을 잘 배려해 위와 같은 문제가 없지만 다 갖추지 못한 교회가 훨씬 많다. 또한 교회마다 찬양이 중요하고 필요하다는 것을 알지만 찬양을 위해 필요한 구조와

시설에 대해서 교회가 모르거나 미처 생각하지 못한 문제들이 있다. 위와 같은 경우도 노래하는 이들의 고충으로 그치기 부지기수다.

왜 노래할 때에 성대가 마르면 좋은 소리를 낼 수 없을까? 그리고 이것이 찬양사역에 있어서 어떤 영향을 주는가? 먼저 성대(聲帶)는 호흡기 계통으로 분류되어 후두에 위치하고 있는 발성기관이다. 성대는 좌우 대칭을 이루어 V형태를 띠며 점막 주름으로 이루어져 있다. 점막 주름은 성대가 진동하는 현상에서 자극을 줄이기 위해 자연적으로 작은 침샘을 통해 분비되는 물질을 통해 항상 물기가 있듯 촉촉한 상태를 유지하게끔 되어 있다. 성대는 흡기(吸氣) 때에 들이마신 숨이 점막 주름에 자극을 주어 이완되어 열리게 되고 호기(呼氣) 때에는 좁아지게 된다. 하지만 흡기 때에 높은 열을 동반한 숨을 마시게 되면 점막 주름이 마르게 되어 진동을 통해 나오는 소리가 갈라지거나 쉰 소리가 나오게 되는 것이다. 구강이 건조하게 되면 침샘 또한 분비가 적어지는 것이다. 노래하는 사람에게 항상 물을 많이 마시라는 이유도 인두(咽頭)강의 건조증을 막기 위한 것이다. 이러한 환경에 노출되면 아무리 좋은 실력을 갖춘 가수라도 기지를 발휘하기가 힘들고 심적 부담감이 긴장감을 주어 몸의 스트레스를 부추김으로 육신의 약함이 사역에도 악영향을 미치게 된다. 몸이 악기인 가수에게는 평소에 관리하는 것뿐만 아니라 주어진 환경이 그날의 컨디션 조절에 영향을 미치기 때문에 항상 목과 몸의 상태를 유연하게 하는 대안이 있어야 한다. 물론 좋은 소리가 만들어지고 하나님을 온전히 높여 찬양한다는 말에 곧 적절한 환경 조성만이 답은 아니다. 공교롭게 하나님을 찬양하라는 성경 말씀을 위해 노래하는 이들을 위한 적절한 환경 조성이 이뤄진다면 이는 교회 차원에서 혜택을 받아 누린다는 말보다 적실성을 찾은 것이라고 봐야 하겠다. 만약 당신의 교회가 이와 비슷한 환경이라면 찬양대가 노래할 때만이라도 온풍기를 꺼놓거나 다른 소리를 차단하도록 봉사자들에게 부탁할 수 있다. 더욱 적합한 환경에서 하나님을 찬양할 수 있도록 말이다.

예배가 시작되는 곳

하나님은 영이시니 예배하는 자가 영과 진리로 예배할지니라(요 4:24).

주일 아침, 요즘엔 찬양을 인도하지 않고 있다. 교회 차원에서 찬양 인도자로 세우려는 한 성도님이 한 순서를 맡게 되었기 때문이다. 그는 인도를 해본 경험이 적고 서툴렀기에 더 많은 기회가 필요하다고 진단하고 목사님의 의견을 따라서 선뜻 인도자의 자리를 나누었다. 나는 찬양대의 지휘를 맡고 있기에 주일 아침 일찍 교회에서 대원들을 만나 곡을 연습한다. 덕분에 찬양 팀의 연습도 볼 수 있다. 인도자로 선 성도님은 한 선교단체에서 나온 앨범을 들으며 기타 코트를 따라서 연주하고 있었다. 잠깐이었지만 교회의 스피커로 흘러나오는 선교단체의 경배와 찬양곡들은 아름다웠고 나의 영이 하나님께 반응하기에 충분한 동기를 제공했다. 나는 '아무래도 예배 선곡도 앨범에 실려진 순서대로 진행되겠구나' 하고 생각했다.

경배와 찬양이 들려오고 예배가 시작되었다. 하지만 얼마 못가서 예배인도자는 당황했고 나 또한 당황할 수밖에 없었다. 무슨 일이 벌어진 걸까? 사실 전문 예배 팀들이 내놓은 앨범과 영상을 보고 예배 콘티 순서를 그대로 따라하거나 맞추는 경우에 앨범과 영상에서 느껴지고 보이듯이 인도자가 기대하고 생각한 그림대로 멋진 예배가 되는 경우가 드물다. 이유는 무엇일까? 정말 중요한 것은 "그냥 좋으니까" 또는 "내가 은혜 받은 곡이니까"가 아닌 말씀에 대한, 또는 찬양에 대한 깊은 묵상과 무릎을 꿇는 기도에서 참된 예배가 시작되기 때문이다. 하나님과 친밀한 교제 없이, 충분한 사귐이 없이 찬양 예배를 깊은 단계까지 인

도할 수 있는 인도자는 없다. 성령 충만함이 각 사람 위에 임하는 예배의 인도자가 되고 싶은가? 그렇다면 전문 예배 팀들이 가지고 있는 외양적인 면보다 찬양 팀이 어떻게 훈련되고 인도자는 스스로 어떻게 훈련하고 있는지를 살피는 것이 훨씬 좋은 양분을 얻는 길이다.

내가 대학원에서 공부할 동안에 매주 한 전문 찬양 팀의 사무실에 찾아가서 그곳에 있는 분들을 만나고 예배에 대한 과제와 이야기를 나누며 알게 된 점이 있다. 그들은 꾸준히 함께 고전적인 신앙서적을 읽고 나누며 예배에 대한 생각을 넓히고 있었으며, 찬양 팀원들만 예배하는 소그룹 예배 모임을 통해 하나님을 향한 사랑이 깊어져 가도록 신앙을 지켜가고 있었다는 점이다. 인도자들은 말할 것도 없이 개인 예배생활을 게을리하지 않고 삶의 에너지 충전을 하나님의 사랑과 말씀에서 얻어가고 있음을 볼 수 있었다.

나는 지금 찬양인도자들이 영적 생활을 어떻게 이어갈 것인지를 이야기하고 있다. 다만 이것이 음악적 기술과 상관없이 진행되는 것을 말하지도 않는다. 공교히 연주한다는 의미는 찬양 팀에게 그리고 인도자에게는 언제나 놓쳐서는 안 될 항목이며 훈련 없이는 그저 얻을 수 있는 선물도 아니다. 그러므로 연습해야 하는 이유가 여기에 있다. 서로의 연주 호흡이 잘 맞음으로 예배 상황에서 곡들이 바뀌는 구간마다 자연스럽게 음악적 처리를 할 수 있는 기술을 갖는다면 우리의 예배음악은 훨씬 매끄러운 예배 찬양이 될 것이다. 하지만 기억했으면 좋겠다. 단순히 앨범에 발표된 곡과 영상들을 따라서 자신의 교회에서 부른다고 똑같이 은혜로운 예배가 될 것이란 생각은 착오라는 것을 말이다. 예배는 하나님과의 진정한 사귐에서 시작된다.

예배란 무엇인가?

영생은 곧 유일하신 참 하나님과 그가 보내신 자 예수 그리스도를 아는 것이니이다(요 17:3).

어느 날, 찬양단을 위해서 늘 기도해 주시고 후원해 주셨던 권사님의 가정에 단원들이 모여서 즐거운 점심식사를 하였다. 사역지를 옮기고 다들 오랜만에 만나는 얼굴들이라 그런지 반갑고 새록새록 함께 사역했던 추억들을 회상하며 즐거운 시간을 가졌다.

서로 연주 실력이 부족하여 틀리는 부분이 있어도 훼방하고 무시하는 것이 아닌 격려하고 연습할 때도 서로 동행하고 기다려주는 팀이었기에 그때의 기억을 떠올리면 여전히 행복한 미소가 절로 나왔다. 인도자로서 한 가지 아쉬운 것이 있었다면 예배에 대해서 더 깊이 나누지 못해서 연습이 때로는 음악적 기교와 화려함을 추구하는 데서 멈추고 탈진상태에 빠진 듯 바쁜 나날의 연속이었다는 점이다. 한 교회를 대표하는 찬양단으로서 단원들이 예배에 대한 폭넓고 깊은 은혜를 경험하지 못한다는 것은 교회의 예배에 큰 부담을 안겨줄 수 있다. 물론 서로가 늘 열심히 했기에 성실함으로 찬양단은 튼튼하게 세워져 왔지만 만약 예배에 대한 의식과 경험이 더욱 성령님 안에서 깊었더라면 주께 더 가까이 나갈 수 있는 시간들이 되었으리란 회의심이 들었다. 개인적으론 아쉬운 생각에 잠긴 채 교제하기에 바쁜 터였는데 악기를 연주하던 한 자매님이 찬양단 부장님께 "부장님, 예배가 뭐예요?" 하며 다음과 같은 질문을 불연듯 하였다. '아차!' 하며 인도자로서 나눠주지 못했던 것들에 대한 아쉬움이 남았었는데 자매님이 몇 년이 지난

후에 그것을 묻는 순간이었다. 사실 그 자매님은 교회에서 일을 가장 많이 했던 자매였던 터라 부장님과 나는 더욱 놀랄 수밖에 없었다. 하지만 순식간에 다른 말들에 묻혀서 그 자리에서는 시원스런 대답을 해주지 못했다. 그리고 집에 돌아가는 길에 못내 아쉬웠고 찜찜했다. 시간을 내어 함께 이야기했으면 좋으련만, 자매님이 다른 스케줄로 더는 시간을 낼 수가 없었기에 다음을 기약해야만 했다.

우리 중에도 그 자매님과 같은 상황에 처한 경우가 있을 수 있다. 교회에서 일도 많이 하고 헌신과 봉사, 헌금도 많이 하지만 정작 예배가 무엇인지 말하고자 할 때는 하나님을 인격적으로 만난 경험, 불같이 체험한 경험이 없어서 몇 년의 시간이 지나도 늘 똑같은 영적인 상황에서 제자리걸음일 수 있다. 남들이 보기에는 믿음도 좋고 기도도 많이 하는 것 같은데 정작 본인과 하나님의 관계에는 친밀감이 없고 나의 하나님으로 고백할 수 있는 무언가가 없다는 말이다.

에스겔 37장을 보면, 이사야 선지자가 골짜기에 심히 말라 있는 뼈가 있는 환상을 보는 장면이 나온다. 그리고 여호와께서 마른 뼈들에게 '말씀'을 주셨을 때 그 뼈들에 힘줄을 두고 살을 입히고 가죽으로 덮고 생기를 넣으니 살아나는 모습이 나온다. 여기에서 마른 뼈들은 영적으로 잠든 상태를 말하고 생기는 하나님의 영을 뜻한다. 결과적으로는 마른 뼈들이 살아나서 여호와가 과연 누구인지를 알게 된다고 말씀한다(6절). 이 말씀은 참 하나님과 그의 아들을 아는 것이 영생이라는 말씀과 일맥상통한다고 볼 수 있다(요 17:3). 예배를 계시와 반응, 또는 만남이라는 단어들로 표현하지만 이는 다른 말로 하나님과 그의 아들을 '나의 주님'으로 고백하는 참된 신앙과 믿음이 표현되는 행위라고 말할 수 있다.

예배음악의 과대, 과소평가

너희 의인들아 여호와를 즐거워하라 찬송은 정직한 자들이 마땅히 할 바로다 (시 33:1).

최근에 나는 세계적으로 CWM(찬양과 경배 스타일의 예배음악)을 주도하고 있는 외국의 대형교회가 어떻게 보면 건강하지 않은 모습으로 점점 변질되어 가고 있는 것은 아닌지 염려하게 되었다. 물론 단정지을 수는 없어서 그 교회의 이름을 밝히지는 않겠다. 하지만 그 교회가 이런 영적 난관에 봉착하게 된 이유가 오히려 그들에게 큰 힘을 키워주게 한 매개체로 존재했던 CWM의 과도한 사용, 즉 이것을 너무나 의지하여서 사역의 균형을 잃어버리게 된 것은 아니냐는 의문을 현재로서는 제기하게 되었다.

그 교회는 매주 6,000명이 넘는 젊은이들이 예배를 드리러 온다. 그러나 예배하는 실황을 보면 교회의 느낌이 아닌 마치 콘서트 장을 방불케 하는 모습을 띠고 있다. 물론 예배하러 온 사람들은 질서정연하게 줄을 길게 늘어서서 자신이 들어갈 순서를 기다리는데 이것만 보고 단순히 콘서트를 보러 오려고 한 것이 아니냐는 억지 주장을 하려는 것은 아니다. 예배당을 들어가면 어두컴컴한 조명과 빛의 향연에 매료가 될 수밖에 없는데 강단이라고 하는 무대에는 크리스천 뮤지션들이 제각기 개성과 다양화된 모습으로 서서 예배음악을 연주하고 노래하기 시작한다. 그들의 연주는 너무나 뛰어나고 보컬의 목소리는 신비롭고 아름답기까지 해서 영성을 겸비한 아티스트 내지는 사역자라는 강한 인상을 주게 된다. 각종 음악 장르들은 예배하러 온 젊은이들의 가

슴을 울리기도 하고 웃게도 하는 등 감정의 피날레의 끝을 경험하게 해주는데 여기서 많은 젊은이들이 다시 한 번 이 예배에 오고 싶어하게 만드는 충분한 이유를 제공한다고 볼 수 있다.

자, 나는 눈에 그저 보이는 객관적인 현상을 가지고 이것이 예배라는 전제를 걸었다. 과연 이것이 정당한가? 우리는 눈에 보이는 현상만 갖고 영적인 모든 현상을 설명할 수 없다는 사실을 잊지 않아야 한다. 정말 내가 여기서 말하고자 하는 것은 단순히 눈에 보이는 이런 모습들로 인하여 오히려 우리가 CWM을 너무 과대평가하거나 또 반대로는 과소평가해서 다른 무엇들을 잊어버리고 있는 것은 아닌지 생각하고자 하는 것이다.

초창기 미국 CWM의 발전 과정에서 논의된 것이 있다. 그중 하나가 찬양과 경배가 예배로서의 기능을 하게 되면서 어떤 경우에는 이것을 최상의 것이라고 여기는 위험이 존재했다는 사실이다.[60] 이것만을 최고로 여기므로 다른 예배 형식들은 괄시하고 무시할 수 있다는 말이다. 이것이 곧 CWM을 과대평가한 것인데, 이것만으로 예배를 다했다는 생각이 우리를 더욱 깊은 말씀의 세계에서, 또 일상에서 만나는 하나님의 현현성에 문제를 줄 수도 있다는 지적이 충분한 호소력을 갖는다. 또 다른 하나는 과소평가하는 것으로 이런 위험성들 때문에 CWM이 제 기능을 다할 수 없도록 견제하는 일련의 방법들을 말한다. 하나님과의 관계를 회복하고 친밀하게 하며 소통으로서 충분한 활력과 권세를 갖는 예배음악으로 작용되기를 거부하는 태도들에 대해서 우리는 예배음악으로 누릴 수 있는 축복을 스스로 저버리고 있는 것은 아닌지 생각해 볼 수 있다.

60) 양동복, 《새로운 대중음악 CCM》, 예영커뮤니케이션, 2000, p. 347 재인용.

예배인도자의 자격을 채비하기 전에

> 만일 은혜로 된 것이면 행위로 말미암지 않음이니 그렇지 않으면 은혜가 은혜되지 못하느니라(롬 11:6).

이 주제를 나누기 전에 나는 먼저 두 가지 전제를 내놓는다. 첫째, 젊은 크리스천 세대들에게 찬양과 경배의 예배 형식이나 현대의 기독교 음악은 낯선 기독교 문화가 아니다. 오히려 이들은 발전된 기독교 문화 풍토에서 자라났다. 그리고 어릴 때부터 경험했기에 나이가 들어서도 찬양 속에서 하나님을 예배하고 경배하는 행위, 또 그런 음악을 듣고 나누는 것은 계속될 것이다. 둘째, TV에서도 음악과 예술에 대한 새로운 접근을 시도하면서 많은 오디션 프로그램이 생겨나고 이에 어릴 적부터 음악가나 예술가, 엔터테이너를 꿈꾸는 젊은층이 더욱 많아진다고 할 때 한 시대의 문화와 그 분위기에서 사람이 성장한다는 것은 무시할 수 없다. 마찬가지로 요즈음 기독교 음악계 역시도 예배 인도자, CCM 가수와 같은 크리스천 음악 예술가들이 직업으로 선망됨을 볼 수 있다. 대학가에서는 계속적으로 크리스천 음악 전공이 개설되고 그 외의 교육원과 학원가에서도 교회음악을 가르치는 교습이 생겨나는 등, 크리스천 음악계의 잠재적인 시장은 크고 전공자들도 늘어가는 추세다. 최근에는, 정규 과정을 밟지 못했을지라도 소정의 학업을 인수하면 찬양 인도 자격증을 주는 절차도 있으니 말이다.

하지만 이런 인도자 자격증을 갖추고, 정규 과정을 이수하여도 찬양 인도를 할 수 있는 가장 기본적이고 본질적인, 심지어는 상황과 환경에 따라 유일하기까지 할 수 있는 절대기반은 무엇인지 생각해 보

자. 뛰어난 은사가 있고 그것을 잘 갈고 닦아 개발하여도 '하나님의 은혜'라는 관점을 잊는다면 소정의 공로라도 우리 자신에게 영광을 돌리게 될 것이다. 절대적으로 은혜란, 우리가 자격이 있어서 정당한 절차와 대가를 따라서 하나님께 구원을 얻은 것이 아닌, 은사를 받은 것이 아닌, 철저한 하나님의 선물을 말한다. 즉 내가 그 능력을 구하고자 노력을 해서 얻은 것이 아닌 거저 주어진 것이 은혜다. 은혜 앞에서는 정당한 권리조차 주장할 수 없게 되는데, 용서한 자와 거저 용서를 받은 자, 은사를 주신 자와 거저 은사를 받은 자만이 존재한다. 예를 들어, '한 주를 하나님과 친밀한 시간을 지냈다고 하여 예배를 인도할 자격이 충분한가?' 또 '하나님과 친밀한 시간을 보내지 못해 죄의식에 빠져 예배 인도를 하면 안 되는가?' 와 같이 이러한 조건을 통해 타당한 자격을 찾으려는 끊임없는 시도는 하나님의 은혜를 헛되게 하는 것이다. 물론 관계의 친밀함은 우리의 영을 건강하게 하고 하나님과 소통하는 기쁨을 누리지만 나의 노력이 은혜를 은혜 되게 하지는 않는다. 우리가 기능적인 자격 조건에만 집중하고 기본적이고 절대적인 하나님의 은혜를 잊게 되면 사람의 시야에서 따지는 높은 기준과 구미에 따라 사역의 출발선에 서게 될 것이다. 그리고 '은혜'라는 영적인 영역을 점검할 수 없고 찾을 수 없는 자격 요건은 심각한 영적 해이를 낳고 자신의 욕심을 채우는 사역이 될 수밖에 없다.

나는 예배인도자가 갖춰야 할 많은 영적 조건과 자질에 대한 이야기보다 가장 기본적인 '하나님의 은혜'에 대하여 생각해 보았다. 다른 어떤 것들이 충분조건이 되기 전에, 하나님의 은혜가 모든 사역의 지각(知覺)의 기초가 될 때, 우리는 자신에 대하여 겸손할 수 있으며 또 누군가를 세워줄 수 있는 사역자가 될 수 있을 것이다.

예배 찬양 콘티 그 일회성

> 제자 중 하나로서 예수를 잡아 줄 가룟 유다가 말하되 이 향유를 어찌하여 삼백 데나리온에 팔아 가난한 자들에게 주지 아니하였느냐 하니 이렇게 말함은 가난한 자들을 생각함이 아니요 그는 도둑이라 돈궤를 맡고 거기 넣는 것을 훔쳐 감이러라(요 12:4-6).

예배는 평생에 지속되지만 매주 한 번뿐인 찬양예배를 위해 인도자들은 찬양 콘티를 늘 작성한다. 전임사역자라면 매주 3회 이상의 콘티를 작성할 것이다. 곡의 주제와 흐름, 빠르기, 조성(key) 등을 포함해 편곡까지 고려하며 작성을 하면 그 수고는 배가 될 것이다. 어느 한 젊은 교수님은 자신이 예배인도를 하면서 콘티를 위해 그 자리에서 곡 선정에만 2시간 이상을 꼼짝도 하지 않고 투자했다는 말을 들었다. 찬양인도자로서 한 주간을 지내며 어떤 곡을 선곡할지, 성령님이 내면에 지혜를 주심으로 곡 선정의 어려움을 덜게 되면 그만큼 마음이 편안하다. 그러나 항상 그렇지도 않는 것이 하나님께서는 다양한 방법으로 우리에게 지혜를 주시고 말씀해 주시기 때문이다. 그래서 예배인도자들은 다른 예배인도자들이 미리 작성해 놓은 콘티를 참고하기도 한다. 또 요즈음은 찬양집이 일정 부분 선곡을 돕기 위해 잘 편집되어 출판물을 참고하기도 하다. 가장 좋은 콘티 작성이 있다면 무엇이라고 생각하는가? 어쩌면 성령님의 인도하심이 어떻게 풀려지는가에 대한 이해와 경험을 묻는 것일 수 있다. 나는 찬양가사가 가진 메시지와 신앙고백이 한데 어우러져 각 교회만의 특징 있고 기름 부으심이 있는 찬양이 불릴 때라고 생각한다.

나는 예배인도를 시작하며 3년 정도가 흘렀을 때 매번 5개에 달하

는 찬양 콘티를 작성하는데 지칠 때도 있었다. 매주 작성해야 할 분량이 많았기에 쉽게 하고 싶은 맘이 들기도 했다. 이런 유혹을 사역자라면 누구나 경험해 봤을 것이다. 달리 보면 내일이면 사라질 일회성의 예배와 찬양에 개인 시간을 투자하고 기도하며 성령님의 도우심을 기다리는 이유가 무엇일까? 무엇보다 우리가 정성을 들이는 헌신, 봉사가 전혀 아깝지 않을 타당한 이야기가 필요하지 않을까? 만약 이것이 우리에게 계속 힘들게 느껴지고 무료해진다면 오래 사역을 지속하거나 건강한 사역을 할 수 없을 것이다. 나는 그 이유를 우리 각자로서는 하나님이 그 무엇보다 가장 좋기 때문이고 기독교인의 통속적 언어에 불과할지라도 가장 핵심적이고 정확한 답도 우리가 하늘에 소망을 두고 사는 삶이기 때문일 것이다. 우리가 가치 있게 여기는 것들이 하늘에 속한 것이기 때문이다. 만약 우리가 저 하늘에 소망을 두지 않는다면 이 모든 것은 무의미할 것이다.

본문처럼 만약 누군가가 가룟 유다의 말처럼 그 시간과 노력을 선교나 구제 헌금에 쓰면 더 좋았을 것이라고 말한다면 당신은 무엇이라고 대답하겠는가? 또 일찍부터 찬양사역자의 길을 가는 젊은이들에게는 음악이나 성경 볼 시간에 밖에 나가서 자기계발에 투자하고 경제력을 갖추라고 말한다면 어떨까 한다. 하지만 이런 합리적이고 실용적으로 생각되는 말과 생각이 귀한 예배를, 또 신앙을 흔적 없이 사라질 일회성으로 전락시키는 사고방식이다. 우리가 예배하면서 경험하는 하나님은 그 무엇과 바꿀 수 없고 비교할 수 없는 고귀한 축복이다.

오늘 더 하나님을 찬송합시다

하나님께서 솔로몬에게 지혜와 총명과 넓은 마음을 바닷가의 모래알처럼 한없이 많이 주시니, 솔로몬의 지혜는 동양의 어느 누구보다도, 또 이집트의 어느 누구보다도 더 뛰어났다. 그는 어느 누구보다도 더 지혜로웠다. 예스라 사람 에단과 마홀의 아들 헤만과 갈골과 다르다보다도 더 지혜로웠으므로, 그의 명성은 주위의 모든 민족 가운데 자자하였다. 그는 삼천 가지의 잠언을 말하였고, 천다섯 편의 노래를 지었고, 레바논에 있는 백향목으로부터 벽에 붙어서 사는 우슬초에 이르기까지, 모든 초목을 놓고 논할 수 있었고, 짐승과 새와 기어다니는 것과 물고기를 두고서도 가릴 것 없이 논할 수 있었다. 그래서 그의 지혜에 관한 소문을 들은 모든 백성과 지상의 모든 왕은 솔로몬의 지혜를 들어서 배우려고 몰려 왔다(열왕기상 4:29-34, 새번역).

솔로몬의 지혜는 유명하다. 그리고 그가 이 땅에서 누린 부귀영화는 솔로몬 이전과 이후로 대신할 자가 없을 만큼 위대했다(왕상 10:23). 그런데 그뿐만이 아니고 그의 아버지 다윗의 재능을 물려받은 것인지, 아니면 그의 지혜가 뛰어나서인지 어쩌면 이 둘 다에 속할 만큼 음악적 재능도 가지고 있었다. 그가 평생에 쓴 곡만 해도 1005편이나 되었기 때문이다. 다작을 한 작곡가로 알려진 모차르트가 600여 곡을 작곡한 것으로 알려져 있다. 또한 바흐와 동시대를 살았던 텔레만(Telemann)은 2000곡 이상을 작곡했다고 알려져 있다. 또한 우리나라의 김연준은 가곡을 1000여 곡에 가깝게 작곡했다고 알려져 있다. 이처럼 작곡가로서도 1005편의 곡을 쓴다는 것은 클래식과 일반 대중음악계에서도 기록으로 남을 만한 수치다. 곡을 많이 작곡할 수 있다는 것도 모든 사람에게 주어지는 것이 아니다. 또한 솔로몬은 스바 여왕이 선물한 백단목으로 합창단원이 쓸 수금과 거문고도 만들게 했는데 이 같은 백단목은 유다 땅에서 본 일이 없는 것으로 하나님을 찬송하

는 일에 있어서 솔로몬은 최고급, 최상급의 것을 주께 드리기를 기뻐했던 음악가였다(대하 9:11).

우리는 시편을 지은 사람을 다윗으로만 알고 있는 경우가 더러 있는데 시편을 묵상하다 보면 솔로몬이 지은 노래가 있음을 보게 된다. 시편 72편이 그렇다. 또한 아가서(Song of Songs)가 솔로몬과 술람미 여인의 사랑 이야기이고 솔로몬이 쓴 책이라고 보는 견해가 지배적인 것도 그렇다. 물론 솔로몬은 지혜의 시를 더 많이 쓴 것으로 알려져 있다. 잠언과 전도서가 그가 쓴 성경이기도 하지만 말이다.

그러나 솔로몬은 1005 편의 노래를 짓고 또 하나님을 찬양하며 예배하는 자였지만 말년에 왕으로서 그가 하나님을 섬기던 모습은 그리 아름답지 못했다. 그가 아름답고 가장 화려할 때 지었던 수많은 노래들 중에서 하나님을 찬송했던 곡들은 세월이 지나 빛바랜 추억처럼, 지나간 첫사랑처럼 더 이상 솔로몬 왕에게 아무 의미가 없는 곡들이 되지는 않았을지 생각해 본다. 무엇이 솔로몬으로 하여금 이방 신을 섬기게 만들었고 그것들에 절하게 만들었는가? 그가 이방 왕들의 딸들을 자신의 왕비로 맞이할 때 그녀들이 함께 가져온 갖가지 돌로 깎고 부어 만든 우상을 가져오면서다. 솔로몬은 하나님을 사랑한다고, 여전히 섬기고 있다고 말했지만 그의 행실은 하나님께로부터 점점 멀어져 우상을 섬기기를 허락하고 자신도 거기에 절을 하기도 하며 하나님의 가슴을 아프게 했다. 솔로몬의 말년을 보며, 과거에 얼마나 많은 곡을 썼고 불렀고 또 하나님을 찬양했는지보다는 오늘 하나님을 찬송하는 것에 의미가 있음을 발견하자.

우리의 예배가 굿하는 것과 무엇이 다를까?

> 네 하나님 여호와께서 네게 주시는 땅에 들어가거든 너는 그 민족들의 가증한 행위를 본받지 말 것이니 그 아들이나 딸을 불 가운데로 지나게 하는 자나 점쟁이나 길흉을 말하는 자나 요술하는 자나 무당이나 진언자나 신접자나 박수나 초혼자를 너의 중에 용납하지 말라 무릇 이런 일을 행하는 자는 여호와께서 가증히 여기시나니 이런 가증한 일로 인하여 네 하나님 여호와께서 그들을 네 앞에서 쫓아내시느니라(신 18:9-12).

박수나 무당들은 제의(祭儀)를 통해서 신 내림을 받는다. 그들의 언어대로 말하자면, 정말 신이 임하게 될 때 인간의 육체로서는 할 수 없는 불가능한 일을 보이며 신이 임한 것을 증명한다. 그들 옆에서 박수가 신을 접할 수 있도록 돕는 반주자들이 있는데, 풍물에 쓰이는 악기를 갖고 시시 때마다 그 흥을 돋우거나 고조시켜 굿이 잘되도록 한다. 최근에 나는 태평소를 부는 남자 분을 알게 되었는데 그분도 굿을 하는 곳에서 반주를 하여 쌈짓돈을 모으곤 한다고 말했다. 왜 그러한 일을 하게 되었는지 스스로 말하기를, 원체 술을 좋아하는 사람이고 가끔씩 이상한 환상과 귀신, 환청을 듣는 것으로 인해 한 번씩 굿 하는 곳에 가서 태평소를 불고 와야 한다고 말했다. 자신이 신기가 있는 사람이기에 그런 일을 해야만 괴롭지 않더라는 말이었다. 하지만 분명 그분도 귀신들에 의해 괴롭힘을 당해서 태평소를 불고 와야 화를 면하고 정신도 맑아지는 것 같은 기분을 경험하는 일 자체를 반가워하지 않았고 요즘엔 가지 않는다고 말했다. 예수님을 믿는 사람으로서 그의 이야기에 나는 무척이나 그 영혼이 불쌍하고 안타까웠으며 복음의 능력을 전하고 싶었다. 그래서

거룩한 하나님의 영인 성령에 대해 이야기해 주었다. 물론 그분은 갑작스런 복음을 받아들이기 어려워했고 오히려 매체에서 속속들이 반영되는 교회의 문제들로 화제를 전환하며 메시지를 피해갔다. 그것이 마지막이었고 그분의 소식을 지금은 듣지 못한다.

문득 귀신을 찬양하는 남자 분을 만나고 하나님을 찬양하는 나를 보면서 영적 세계의 일에 쓰임 받는 사람들이지만 극도의 다른 두 길을 걷는 자라는 것에 놀랐다. 우리의 찬양이 굿을 하는 박수나 옆에서 반주하는 음악인들과 무엇이 다른가? 어떤 이들은 우리가 뜨겁고 격하게 감정을 몰입하여 부르는 찬양에, 그와 더불어 세게 치는 박수에, 또 뜨겁게 목이 쉬어가며 소리 지르는 기도에, 굿을 하는 무당에게 신이 임하듯 하나님의 영이 임한다고 생각하고 있지는 않을까? 그렇다면 우리가 이러한 이해를 갖고 예배하고 찬양했는데 내 안에서 뜨거운 무언가를 경험했다고 한다면 아무 문제도 없는 것일까? 바른 이해가 아니었을지라도 마음이 진실했다면 받으시리라 생각한다. 왜냐하면 하나님은 우리가 아직 죄인 되었을 때에 우리를 사랑하신 것처럼 우리가 다 알지 못할 때도 도우셨기 때문이다. 그러나 그분은 우리 안에 성령으로 함께 계셔서 바른 이해를 갖고 주님을 예배하도록 이끌어 가실 것이다.

하나님께서는 스스로 자신을 제외한 다른 영에게 길흉을 묻고 도움을 얻고 신을 접하는 행위를 아주 철저하게 금하시며 싫어하신다. 그리고 제사 의식에서 사용되었던 더러운 행위들도 금하신다. 우리의 예배와 찬양이 다른 이유는, 굿을 하는 것처럼 이방 종교와 같이 길흉을 면하게 해달라고 하나님께 비는 것이 아니라 우리를 지으신 목적, 하나님을 찬송케 하기 위함이다. 또 하나님의 선하심과 인자하심을 경험하도록 친밀한 연합으로 부르셨기 때문이다. 우리를 지으신 창조주, 그의 자녀로 부름 받은 신자, 또 예수님의 정결한 신부로 우리는 하나님을 찬송한다.

유행가에 쓰는 리듬을 감히 어디에 갖다 붙여!

그의 이름의 영광을 찬양하고 영화롭게 찬송할지어다(시 66:2).

요즈음의 사역은 주일 오후 찬양예배를 마친 후 섬기는 교회의 여성 중창단을 지도하고 피아노 반주를 하는 일이다. 나 자신에게도 예배음악만이 아닌 클래식 피아노 연주에 대한 이해가 넓혀지는 계기가 되어 감사한 일이다. 더불어 여성 중창단을 통해 직분을 가진 성도님들이 찬양의 가사를 묵상하며 새 찬양을 배움으로써 신앙이 성숙하고 성도의 교제가 이뤄지고 있으니 감사하다.

오늘은 3중창으로 편곡되어 피아노가 연주되는 "이 험한 세상"이라는 복음성가를 부르기를 결정하고 연습을 하였다. 각 파트별로 연습이 진행되었고 서로 입모양과 소리를 맞추기 위한 의견이 오고갔다. 노래 전반부의 한 소절에서 2박으로 된 3잇단음표가 나오는데 박자 안에서 리듬을 정확히 맞추는 데 어려움이 있었고 리듬을 그대로 살려 연습하자는 입장과 좀 더 편하게 노래하도록 임의로 리듬을 바꾸자는 입장이 있었다. 서로 다른 의견 중에도 배려하며 연습하려는 모습에 감동이 되었다. 그 순간 어느 한 분이 그 리듬은 유행가에서 자주 듣는 건데 복음성가에 어울리지 않게 갖다 붙이냐고 말했고 거룩한 교회음악을 하는데 유행가의 리듬을 써선 안 된다는 것이었다. 흠칫 그 의미를 생각하니 현대 크리스천 음악을 전공한 나로서는 적절한 대답을 해야 한다는 생각이 스쳤다. 과연 유행가에 쓰는 리듬과 성가에 쓰는 리듬이 따로 정해져 있는 걸까? 그래서 유행가에서 쓰이는 리듬은 사용

하면 안 되는 것이고 만약 사용한다면 교회와 하나님의 거룩성에 문제를 주는 것일까? 교회와 하나님의 거룩성을 염두에 두는 마음은 좋지만 잘못된 거룩성도 있음에 선부른 판단을 해선 안 된다. 마치 불(fire)이 가진 힘이 어떻게 사용되느냐에 따라 위험해지기도 하며 유익해지기도 하는 법인데 잘못 사용된 예만 아는 격이기 때문이다.

이는 오히려 본질에 대한 물음이며 곧 음악이 하나님의 것이냐, 세상의 것이냐 하는 문제로 바라봐야 한다. 음악이 하나님의 것이며 리듬도 그 범주에 속한다고 할 때 어떤 리듬이든지 하나님을 찬양하기 위해서 사용될 수 있다고 봐야 한다. 우리가 하나님을 찬양한다고 했지만 정리되지 않은 정보들이 실재하는 현장을 볼 수 있었고 이는 하나님이 우리에게 허락하여 주신 음악이라는 도구를 적절하게 사용하지 못하고 있는 것이었다. 사실 유행가 리듬이라고 여기는 것의 기준은 굉장히 모호한 편견이다. 리듬이라는 것은 어떤 장르를 정해 주는 기본 바탕이 되긴 하지만 어떤 음악이 유행을 했는지, 또 유행하는지에 대해서는 시대적으로 차이가 있으며 또한 퇴물처럼 여겨지는 리듬이라고 해서 그것이 수준 미달의 것이라고 하기에는 사람들의 취향이 제각각이기 때문이다. 그래서 어느 누구에겐 유행가 리듬처럼 들리는 음악도 다른 이에게는 어떤 목적을 위한 최선의 방법으로 사용될 수 있게 된다. 결과적으로 나는 유행가 리듬이라고 여겨졌던 것을 왜 사용해도 되는지에 대한 이해와 함께 여성 중창단이 그 리듬으로 바꿔 부르기로 정하였다.

찬양이 있는 곳에, 또 음악이 있는 곳에는 이처럼 음악의 사용 여부가 어디까지인가를 놓고 이야기가 나오는 것처럼 다양한 문제제기가 생길 수 있다. 찬양사역자로서 우리가 만나는 성도들과 열린 대화로 적절한 대답을 내줄 수 있는 준비가 우리에겐 필요하다.

은혜 받으려고 찬양하는가?

이 백성은 내가 나를 위하여 지었나니 나를 찬송하게 하려 함이니라(사 43:21).

청소년 시절에 주일이면 꼬박 교회에서 하루를 보낸 나는 강단에서 설교하시는 목사님과 외부 초청으로 오셨던 강사님들의 설교를 자연스레 들어왔다. 목사님들마다 다르겠지만 대다수의 목사님들은 설교가 끝난 후에 성도들에게 "목사님, 오늘 설교에 은혜 받았습니다"라는 말을 들으면 좋기보다는 더 불편하다고 한다. 이유는, 자신은 하나님의 말씀인 성경을 갖고 이야기한 것인데, 그중 은혜가 되는 것이 있고 안 되는 것이 있겠느냐는 의도였다. 은혜 받았다는 말이 칭찬과 격려로 받아들여지면 좋지만 그 소리를 어느 성도에게도 듣지 못한 날은 왠지 더 신경 쓰이고 침울해지며 성도의 눈치를 보는 데 사로잡힌다는 것이다. 맞는 말이다. 설교 준비로 많은 시간과 에너지를 쏟는 설교자에게 위와 같은 인사가 격려와 위로로 전달되면 좋겠지만 무분별하게 사용하는 '은혜'라는 단어가 과연 누구로부터 오는지 생각한다면 은혜를 말할 때는 감사해야 할 대상이 사역자가 아닌 다른 인격체에게 향해야 할 것이다. 은혜는 하나님이 주시는 것이며 사람은 누구도 은혜와 부흥 따위를 만들어 내거나 흘려보낼 수 없다. 이 은혜는 하나님을 향한 갈망과 말씀이 온전하게 전파되는 곳에 근원자이신 하나님께서 부어주신다는 정당성이 발휘되는 것이며, 그렇지 않다면 사람이 조작하고 만들어 낸 값싼 은혜가 존재할 것이다.

이처럼 부어주시는 은혜가 있다면 이미 누리고 있는 은혜가 있다. 자격 없는 우리가 구원받아 하나님을 예배하고 찬양할 수 있는 것이

값없이 받은 하나님의 은혜다. 어느덧 찬양을 인도하는 예배인도자들 사이에서도 단골로 등장하는 멘트가 있으니 '찬양할 때 은혜 주실 줄로 믿습니다!'와 또는 은혜 받기 위해 찬양하는 태도다. 과연 우리는 은혜를 무엇이라고 생각하는가? 하나님을 찬양한다면서도 무언가를 받고 얻어가려고 하는 말을 '은혜'라는 단어로 둔갑하여 표현하는 것은 아닌 것 같다. 그러나 찬양의 참된 정의를 안다면 찬양이란 복 주심을 바라며 하나님을 찬양하기보다 하나님의 '하나님 되심'에 순전한마음으로 주를 높이는 것, 주를 위한 것이 되어야 함이 맞다. 물론 하나님은 우리에게 필요한 것을 공급하시는 분이며 오늘을 사는 하루도 하나님의 은혜로 된 것이다. 그것을 부인하는 것이 아니라 하박국 선지자의 고백처럼 오직 여호와로만 기뻐할 수 있는지에 대해 생각하자는 것이다. 만약 오늘 찬양을 인도하는 인도자에게 성도들이 은혜받았다는 현상들이 보이지 않을지라도, 또 자신에게 어떤 영적인 사인이 오지 않고 마치 성령께서 침묵으로 일관하시는 순간 같을지라도 느낌만이 아니라 진리 안에서 주를 찬송한다면 주 안에서 기다릴 수 있어야 한다. 그렇다. 조건적인 찬양이 아니라 창조주 앞에 마땅히 경배해야 할 피조물의 찬양 말이다. 그곳에 어떤 이유가 있는가? 날 지으신 주 앞에, 날 구원하신 그 사랑에 감사와 감격만이 있을 뿐이다.

결국에 선하신 주는 온전히 주를 찬양하는 그곳에 함께하시고 자비와 은혜를 베풀어 주신다. 하지만 은혜 받으려고 찬양하자는 말, 찬양하면 은혜 받는다는 말을 쉽게 하지는 않길 바란다. 은혜는 하나님이 주셔야 받는 것이고, 또한 찬양은 이미 하나님의 은혜로 구원받은 자들만이 부를 수 있는 특권이기 때문이다.

이단의 가르침 그리고 복음주의 찬양

> 내가 네 행위와 수고와 네 인내를 알고 또 악한 자들을 용납하지 아니한 것과 자칭 사도라 하되 아닌 자들을 시험하여 그의 거짓된 것을 네가 드러낸 것과(계 2:2).

우리는 분명 예배에 대한 정의를 넓은 관점에서 봤을 때 찬양만으로도 하나님을 예배할 수 있다고 말한다. 많은 찬양사역 단체들의 라이브 앨범 집회 실황을 볼 때에도 말씀이 찬양 안에 속하여 메시지로 전달되고 있는 것을 볼 수 있지 않은가? 하지만 조직 교회 안의 찬양과 말씀이 융합된 다른 형식의 예배에서 전해지는 설교의 영향력은 찬양의 의미와 진실성을 좌지우지할 수 있는 실권을 쥐고 있음을 본다. 더 쉽고 간략하게 말하자면 만약 교회의 찬양은 복음주의 안에 있는 곡들로 채워지지만 메시지가 이단 집회에서 하는 내용이나 다를 바 없다면 당신은 어떻게 하겠는가? 그곳이 복음주의 교계 안에 속한 교회 모임일지라도 메시지의 진실성 여부의 미비로 인해 찬양은 이단이 전하는 메시지의 보조 역할밖에 되지 않는다. 만약 당신이 이단 모임과 다를 바 없는 메시지가 전해지는 곳에서 말씀의 진리에 굳건히 서지 못하고 분별없이 뜨겁게 하나님을 찬양하는 일에만 집중한다면 당신의 열심이 악한 무리의 가르침에 도움을 주고 힘을 실어주는 데 기여하고 있음을 속히 깨달아야 한다.

나는 우리가 사는 시대가 그 어느 때보다 많은 이단들의 잘못된 교리와 가르침이 성행하고 있기 때문에 찬양하는 곡을 보고서 교회의 안정성을 확인하기보다는 전하는 메시지의 중심이 어디에 있는지를 분별해야 함을 말하고자 한다. 너무나 가슴 아픈 일이지만 내가 찬양으

로 섬긴 곳에서 조용히 교회에 들어와 순하고 무지한 성도들에게 이단 교리로 가르치고 양육하려던 목사가 발각되었기 때문에 찬양하는 자들이 얼마나 말씀 안에서 깨어있어야 하는지를 말하고 싶다. 생각해 보라. 당신이 보혈에 관련한 찬양들을 열심히 부르고 십자가의 은혜와 사랑을 고백하였는데 설교가 예수님의 피로 죄 사함을 얻은 새사람에 대해서 우리의 피는 더럽고 오염이 되었으므로 수혈을 받아야만 깨끗해진다며 이를 '예수님의 피로 수혈 받는다'고 표현하는 보혈의 의미를 미묘하게 바꿔놓는 이단의 가르침을 말이다.[61]

기존 성도들의 성경의 무지함을 언급하거나 공격하면서 우리와는 다르고 이전에 들어보지 못했던 새로운 것들로 헌신적인 가르침을 주겠다는 자들이 있다면 그들의 친절함과 상냥한 봉사정신에 흔들리지 말고 메시지의 진실성을 보라. 만약 잘못된 가르침이 전해진다면 하나님을 향한 당신의 진실한 찬양이 악한 무리들에게 이용되도록 침묵해선 안 된다. 우리는 자신의 '아니오'라는 한마디로 교회 안에 일어날 내분과 분란을 두려워하지만 하나님은 이미 요한계시록의 에베소 교회를 통해 어떤 것이 옳은 행동인지 답을 주고 계심을 알기를 바란다.

교회를 사랑하는 수많은 이름 없고 작은 찬양사역자들의 신실한 부르심과 응답으로 주님의 몸 된 교회 공동체는 지켜지며 세워질 것이다. 그리고 주 예수의 날에 이미 당신을 통해 영광을 받으신 하나님은 더욱 크게 영광 받으실 것이다. 언제나 우리를 포기하지 않으시고 버리지 않으시는 신실하시고 영원하신 하나님을 찬양한다. 할렐루야.

---

61) 건강한 복음주의는 이것을 '거듭남'이라고 말한다. 비유든지, 실제 의미든지 절대로 '수혈 받는다'는 말을 쓰지 않는다. 이는 이단 교회로 지목된 변승우 목사가 쓴 책에서 발견되는 성경 교리다.

주를 사랑한다면

> 너희가 나를 사랑하면 나의 계명을 지키리라 내가 아버지께 구하겠으니 그가 또 다른 보혜사를 너희에게 주사 영원토록 너희와 함께 있게 하리니(요 14:15-16).

예배음악(CWM)과 현대 대중음악의 특징 중 하나는 하나님께 사랑을 고백하는 가사가 참 많이 있다는 점이다. 그리고 이러한 가사는 성경구절이거나 시편 찬송시인 경우가 많다. 한번은 노랫말 중에 새롭고 신선하게 다가온 가사를 찾아 기억을 해두었더니 성경말씀을 읽다가 그곳에서 발췌된 것임을 알게 된 경우가 있었다. 이처럼 찬송시를 쓰는 작사가들이 영감을 얻고 창조의 에너지를 얻는 원초적 공급지는 성경말씀이다.

문득 성경에 나오는 사랑 고백을 따라서 신앙을 고백하지만 이 고백에 대해 우리는 얼마만큼 깊게 생각하고 있는지 묻게 된다. 《예수를 바라보자》라는 책에서 유기성 목사님은 성도들과 함께 찬양을 부르기 전 우리가 부르는 찬송가에 대한 진정성에 대해 물었을 때 아무도 노래를 시작할 수 없었다고 한다.[62] 입술의 고백으로만 그친다면 우리의 찬양은 의미가 없을 것이다. 예배 속의 찬양에서는 사랑한다고 말하지만 일상에서는 예수님을 바라보지 않고 세상의 일에 바쁘기만 하다면 정말 우리가 주를 사랑하는 것일까?

또 다른 경우도 있다. 입술로는 부르지만 무슨 의미인지 도무지 모르고 부르는 노래들이다. 만약 하스데반 선교사님이 쓴 "십자가의 길 순교자의 삶"이란 곡에서 "주의 순결한 신부가 되리라 내 생명 주님께

62) 유기성, 《예수를 바라보자》, 규장, 2014, p. 85.

드리리"라는 부분을 불러야 할 때 '우린 정말 내 생명을 주께 드릴 수 있 는가? 우리는 주님의 순결한 신부인가?' 라는 물음을 던지게 되며 오히려 우리의 영적 처지는 침묵할 수밖에 없으리라는 생각이 앞선다. 그렇다. 예수님은 '너희가 나를 사랑하면 내 계명을 지킨다'고 말씀하고 있다. 하나님은 립 서비스(lip service)로 덧발라진 찬양의 제사보다 하나님을 아는 것과 그의 계명을 지키는 순종을 기뻐하신다. 예수님은 이러한 세대들을 향해 백성들이 입술로는 나를 공경하지만 마음은 멀다고 말씀하신다.[63] 그리고 이는 외식(外飾)하는 자들, 사람의 계명을 받아 마음은 떠나 있는 무정한 예배자들임을 말씀하신다. 우리는 지금, 우리의 찬양이 영으로 드려질 수 있도록 무엇이 재정비되어야 할지 돌아봐야 한다.

하나님을 사랑하는 깊이가 깊어져 갈수록 우리는 하나님의 뜻이 무엇이든지 온전히 주께 자신을 맡기게 됨을 경험하게 된다. 그런 의미에서 버틀러(C. F. Butler)가 쓴 "내 영혼이 은총 입어"라는 찬송은 참 중요한 영적 메시지를 전해 준다. 슬픔 많은 세상이지만 주님께 소망을 두고 사니 천국의 기쁨이 누려지고 주 예수와 동행하니 그 어디든지 하늘나라임을 깨닫는 놀라운 은혜를 알게 한다.

주님을 사랑한다면 그의 계명을 지키고 싶어지는 것이 자연스런 영의 반응일 것이다. 그리고 그렇게 되도록 도우시는 하나님의 도우심을 바라는 우리가 되길 소망한다.

---

63) 마가복음 7:6 "이르시되 이사야가 너희 외식하는 자에 대하여 잘 예언하였도다 기록하였으되 이 백성이 입술로는 나를 공경하되 마음은 내게서 멀도다." 이사야 29:13 "주께서 이르시되 이 백성이 입으로는 나를 가까이 하며 입술로는 나를 공경하나 그들의 마음은 내게서 멀리 떠났나니 그들이 나를 경외함은 사람의 계명으로 가르침을 받았을 뿐이라."

주를 찬양하는 이유

이스라엘아 들으라 우리 하나님 여호와는 오직 유일한 여호와이시니 너는 마음을 다하고 뜻을 다하고 힘을 다하여 네 하나님 여호와를 사랑하라(신 6:4-5).

하나님은 스스로 계신 분으로 유일하신 분이다. 우리에게는 낳아주시고 길러주신 아버지와 어머니가 있고 풀과 나무도 씨앗이 심겨야 자랄 수 있다. 씨가 훨훨 바람을 타고 날아가서 어느 대지에 안착한다 해도 그 씨가 스스로 생겨났을 확률은 화산이 폭발하여 잔재들이 스스로 건물 모양으로 멋지게 자리 잡을 수 있는 능력과 흡사하다. 즉 이런 경우의 확률은 제로이기 때문에 더욱이 이처럼 아름다운 지구가 완벽한 기후와 생활환경을 갖췄다는 점에서 우리와 지구는 피조물이란 창조론이 아니고서는 그 답은 정확할 수 없다. 그분 외에는 스스로 존재한 것이 없다. 이것이 하나님의 정의다. 그래서 주님은 유일한 분이기도 하시다. 만약 하나님께서 스스로 자신을 계시해 주지 않으신다면 피조물인 우리 중에 누구도 하나님을 초월적인 영역을 인지할 수 없는 것이다. 아담과 하와를 지으신 하나님은 그들을 창조하신 후 복을 주실 때에 자신을 계시해 주심이 내포되어 있다(창 2:27-28). 그래서 기독교 신앙의 첫째는 '계시'로서 임하신 여호와 하나님, 우리에게 찾아오셔서 스스로 자신을 계시해 주신 하나님을 믿는 것이다.

찬양과 경배에서 우리가 하나님을 찬양하는 다양한 이유가 있다. 우리가 하나님을 찬양해야 하는 이유는 무엇일까? 이미 앞에서 나는 이것들에 대해 글로 적어보았다. 여기에서는 조금 다른 접근을 해보고자 한다. 예를 들어, "나를 향한 주의 사랑"이라는 곡을 부를 때 우리

는 자신을 사랑해 주시는 하나님의 신실하고 때로는 달콤하기까지 한 사랑이 참으로 좋다. 사랑을 받아 본 사람이 사랑을 줄 수 있다는 말처럼, 하나님께서 먼저 우리를 사랑하셨기 때문에 우리는 영원한 사랑을 알게 되었다. 그 사랑을 깨닫게 될 때, 경험하게 될 때 위의 찬양의 후렴처럼 주를 찬양하는 내 모습을 보고 비웃는 사람들마저도 함께 주를 노래하는 구원의 감격이 싹틀 것이다. 우리가 하나님을 찬양해야 하는 이유가 여기에 있다. 하나님께서 우리에게 찾아오셔서 자신을 '계시' 해 주셨고 그제야 하나님을 인식하고 '반응'할 수 있는 우리의 태도, 여기에 찬양의 근원적 이유가 있다. 우리의 반응은 곧 찬양이다. 하나님을 인정하고 높이는 태도다.

한편으로는 하나님이 우리를 사랑해 주시기 때문에 주를 사랑한다는 말에서 올 수 있는 오해의 소지가 있는 것은 아닌지 생각해 본다. 정말 날 사랑해 주기 때문에 사랑하는 것이라면 때론 하나님이 나에게 침묵하신 것만 같고 인생의 어려운 시기를 지나게 될 때는 하나님의 사랑이 의심이 되고 잘 느껴지지도 않을 텐데 여전히 믿음을 잃지 않고 하나님을 사랑할 수 있는지에 대한 의구심이다. 이때에 사랑의 하나님을 노래하는 근원적인 배경이 어디에 있어야 하는가? 매일 바뀌는 불완전한 느낌과 감정에만 의지하는 것보다 진리인 말씀을 붙잡는 것이 필요하다. 또한 만약에 하나님이 내가 원하는 소원을 잘 들어주는 것이 사랑의 이유가 된다면, 주님의 '십자가를 지고 나를 따르라'고 하신 어려운 예수님은 원하지 않는 것이 아닌가? 하나님을 향한 사랑 노래가 그분의 넓고 깊고 크심을 인정하고 신뢰하는 성숙한 사랑노래가 되길 소망한다.

중국을 향해

하나님이여 민족들이 주를 찬송하게 하시며 모든 민족들이 주를 찬송하게 하소서(시 67:3).

오늘은 학원에서 보컬레슨을 한 것이 인연이 되어서 오랫동안 알고 지내왔던 학생을 만나서 같이 점심을 먹게 되었다. 오랜만의 만남이라 여간 반가운 게 아니었고 현재 다니고 있는 학교 이야기, 음악 이야기를 서로 주고받으며 유쾌한 만남을 가졌다. 항상 중요한 선택의 기로에서 조언을 부탁하며 만남을 청해 왔던 학생은 역시나 소식을 전해왔다. 현재 속해 있는 찬양 팀이 중국에 있는 찬양 팀과 조인(join)하면서 사역 터가 중국의 광저우로 옮겨지게 되는데 자신도 함께 가게 되었다는 소식이다. 한족을 중심으로 찬양사역을 하게 될 것이고 팀원들이 공동체 생활을 시작하며 사역을 위한 지원비는 팀 내에서 지원을 받게 된다는 이야기였다. 또한 적어도 3년 이상을 중국에서 지내게 될 것이라고 말했다. 나 또한 올해 상반기에 중국을 다녀왔고 음악 교육 사역을 하고 온 터라 도움을 줄 것이 많겠다는 생각에 반가웠다. 그러나 한편으로 걱정이 앞선 것은 학생이 신체장애를 갖고 있어서 거동이 불편한 점과 타지의 생활이 생각만큼 쉽지 않다는 점에서, 또 이 사역이 신뢰할 만한 제의이며 미처 확인하지 못한 점들에서 불찰이 생기지는 않을지 좀 더 잘 알아보고 움직일 것을 당부했다. 학생은 이미 순수한 마음에 열정이 앞서 있었고 이를 위해 자신이 준비해야 할 사항은 어떤 것이 있는지 다 알지 못했던 것이다.

하지만 학생의 순수한 마음을 누구보다 잘 알고 있었기에 격려를

아끼지 않았다. 마음껏 축하해 주었고 하나님의 선하신 인도하심을 바랐다. 문득 내가 존경하는 목사님께서 중국에서 큰 부흥이 일어날 때 한국의 크리스천들이 많은 도움을 줄 것이고 이를 위해 중국으로 떠날 한국의 크리스천들은 자신의 이름을 위해서가 아닌 하나님의 나라와 영광을 위해서 갈 것이라는 기도가 떠올랐다. 이 사역이 자신을 위해 쌓을 재물을 주지 않고 폼이 나는 스펙도 될 수 없지만 하나님만 바라보고 길을 가겠다고 결심하는 학생의 모습을 보며 하나님의 나라는 잘난 우리의 힘으로 이루는 것이 아닌 오직 순종을 통해서만 이뤄짐을 다시 기억하게 되었다. 어디를 가도 위험하지 않은 곳이 없는데 하나님이 지켜주셔야 안전하다고 다부지게 말하는 학생을 보며 나이가 먹을수록 믿음도 성숙해가는 모습이 보여 응원을 아끼지 않았다.

최근 중국의 총리인 시진핑(習近平, Xi Jinping)이 중국 교회가 감당할 수 없을 만큼 커져가니 나라 차원의 규제와 제약을 따라 교회 간판을 부수고 국가적으로 인정했던 삼자교회도 없앴다는 말에 문이 열렸던 중국 선교사역이 또 어려움에 직면하게 되었다는 소식을 접했다.[64] 두려워만 한다면 선교사역이 얼음일 것만 같지만 낮은 곳을 향해서, 낮은 자리를 향한 조용한 선교사역은 쉬지 못한다. 왜냐하면 하나님께서 쉬지 않으시기 때문이다. 어떤 이들은 이러한 과격분자의 행동이 사회 여론에 기독교 비판을 양성해 내고 세상과 단절하게 만든다고 하겠지만 때를 가리지 않고 뿌리는 씨가 있고(딤후 4:2) 시절을 따라 열매는 맺어지는 법이다(시 1:3). 지금은 계속 씨를 뿌릴 때다. 비록 열매가 보이지 않더라도 말이다.

학생과는 중국에 단기선교로 3개월을 먼저 다녀온 후 장기사역을 준비할 것을 이야기했다. 주께서 계획하시고 부르셨다면 이루실 것이다. 지극히 작은 우리의 삶을 통해서 말이다.

---

64) http://www.christiantoday.co.kr/view.htm?id=272874

찬양사역자에게 성경이란?

> 모든 성경은 하나님의 감동으로 된 것으로 교훈과 책망과 바르게 함과 의로 교육하기에 유익하니 이는 하나님의 사람으로 온전하게 하며 모든 선한 일을 행할 능력을 갖추게 하려 함이라(딤후 3:16-17).

찬양사역을 하는 사람들에게 왜 성경이 중요한가? 그러면 성경은 어디까지 알아야 할까? 이런 고민을 해본 적이 있는가? 아니면 성경은 어느 정도만 알면 찬양사역을 하는 데 아무 무리가 없다고 보는가?

어렸을 때부터 찬양사역을 꿈꿔 오면서 어디에서 찬양집회가 있다고 할 때마다 기회가 닿으면 그곳에 가서 찬양사역자들이 집회하는 것을 보았다. 그리고 사역자들은 이미 준비해 놓은 반주음악에 맞춰 노래를 부르고 그다음에 짜놓은 멘트를 하는 것으로 집회를 이끌어갔다. CCM 아티스트들마다 자신의 앨범에 수록되거나 미발표되었지만 곧 출시할 노래들을 부르면서 노래에 얽혀 있는 말씀, 예화, 간증 등을 풀어놨던 기억이 난다. 처음에는 역시 가수답게 노래를 잘 부르는 멋진 목소리에 매료가 되었었고 그 목소리가 듣고 싶어서 집회를 찾아가곤 했지만 지나고 보면 집회 동안 나눈 갖가지 이야기들이 중학생 시절의 나로 하여금 크리스천 신앙인으로 굳게 자리를 잡게 하고 믿음을 갖게 하는 데 일조했다는 확신이 있다.

분명히 CCM 아티스트들의 음악과 메시지에서 비친 그들의 신앙은 내게도 뜨거운 믿음을 갖게 했다. 내 주변에 아직은 흔들리는 믿음으로 교회를 놀러오기를 자주 하던 친구들이 신앙을 나눌 수 있는 사람의 전부라고 여겼을 때, 또 내가 출석하는 교회에서만 믿음 생활을 다 하는 것이 신앙의 전부라고 여길 수 있었을 때, 크리스천 아티스트들

의 음악을 챙겨서 듣고 때론 집회에 가서 라이브를 경험하고 그들의 간증 섞인 메시지를 듣는 건 더 넓은 신앙의 깊이와 세계로 나를 이끌어 갔다.

어디에선가 이런 이야기를 들었다. 요즘 CCM이 예전과 같지 않은 것은 시장이 좁아서만이 아니라 그들에게서 은혜를 받고 전하는 모습을 찾기가 어렵기 때문이라는 것이다. CCM 시장이 어렵다고 하지만 초창기 찬양사역자들은 여전히 바쁘고 그들의 사역거리가 멈추지 않는다는 말은 그들이 전하는 메시지가 어떤 중요하고 차별적인 메시지를 전하는 힘이 있기 때문은 아닌지 생각해 본다. 물론 이것은 데이터 수치로 정확히 나온 것이 아니기에 무시할 수도 있는 말이지만 초창기 찬양사역자들이 전하고 있는 메시지가 그저 자신들의 음악적 만족과 유익을 채우기 위한 CCM이거나 성도들을 일방적인 방청객으로 전락시키지 않고 집회의 참여자로 깊이 이끄는 능력과 기술에 대해서는 차세대사역자들이 분석하고 배울 것이 분명 있지 않겠나 싶다. 무엇보다 그들은 음악도 좋아하지만 복음을 더 우선적으로 생각하는 것을 본다. 복음의 가장 핵심이 되는 메시지를 자신들의 사역과 음악활동에서 뒤로 배제하지 않고 가장 존귀하게 여겨서 자신이 준비한 틀에서 최고의 상태로 복음을 드러내는 기지를 발휘하는 것, 여기서 영락없이 신자들은 집회 속에서 자신이 만나고 듣고 싶었던 '복음 이야기'의 희망을 보는 것이다.

그래서 다시 질문한다. 우리에게 성경은 얼마나 어디까지가 필요한 것인가?

찬양은 찬양사역자의 전유물이 아니다!

주를 찬송함과 주께 영광 돌림이 종일토록 내 입에 가득하리이다(시 71:8).

레위인은 하나님 앞에 어떤 일을 했던 사람들일까? 구약시대를 보면 제사장과 레위인의 역할이 구별되었음을 알 수 있다(민 16:9-10). 레위인이 맡아서 한 일은 회막과 성막의 기구와 모든 일을 관리하고 돌보는 역할이었다. 제사장을 절대 대신해선 안되었지만 그들과 함께 백성들을 축복할 때 그 소리가 여호와 하나님께 올라갔다는 기록이 있다(대하 30:27). 또 예배에서는 여호와를 찬송하는 일을 맡았다(대하 20:19). 여호와 하나님은 제사장을 거룩하게 구별하여 직분을 맡기셨듯이(민 3:3) 레위인도 구별되어(민 8:14) 거룩해야 했다(대하 23:6). 즉 하나님의 일을 하는 제사장과 레위인은 모두 거룩하게 구별되어야 했다.

신약시대에서는 어떨까? 예수님이 오신 이후로 거룩과 구별되어야 함은 제사장과 레위인에게만 국한되지 않았다. 오히려 거룩과 구별됨은 베드로와 바울이 쓴 기록에 따라서 예수님을 믿고 새로 태어난 모든 하나님의 자녀들을 형제라 부르며 요구되고 있음을 볼 수 있다(히 2:11) 또 혈통으로 구별되던 레위인은 언급되지 않은 것으로 보아 신약시대에는 직분상 그 역할이 없음을 알 수 있다. 또 제사장에 대한 정의가 새로워짐을 기록을 통해 볼 수 있다(벧전 2:9, 2:5) 사실, 이것은 예수님이 십자가에 달리시면서 성소의 휘장 한가운데가 찢어짐으로 (눅 23:45) 예수 그리스도를 구주로 믿는 모든 형제들이 예수의 피를 힘입어 성소로 들어갈 담력을 얻게 되었기 때문이다(히 10:19). 즉 대제사

장이 곧 예수님이시며, 예수님이 우리의 모든 죄를 단번에 사하심으로 이제는 길과 진리 되시는 주를 통해서만 하나님께 나아갈 수 있음을 말한다.

그렇다면 찬양은 어떨까? 구약시대에 레위인이 지켜오던 찬양은 그들만의 전유물이 아니라 예수를 믿는 모든 형제들이 시와 찬미와 신령한 노래로 서로 화답하며 불렀다(엡 5:19). 예수님의 십자가 사건으로 인해 이 산에서도, 예루살렘에서도 예배하는 것이 아닌(요 4:20-21), 여호와의 구원이 이스라엘에게만이 아닌 땅 끝의 이방인에게까지 이르러(롬 1:16, 11:25) 영과 진리로 주를 예배하고 모든 열방들이 주를 찬송케 하신 것이다(롬 15:11). 찬양 받으실 분은 오직 하나님이시며 찬양을 불러야 할 자들은 주를 따르는 신자들이며 회중들이다. 때로 우리는 찬양을 훈련받은 자만이 할 수 있다거나, 고급 기술을 갖춰야만 할 수 있는 전문적인 영역으로 만들지는 않는가 자문해야겠다. 그들을 구경꾼으로 전락시킨 것은 그들의 잘못이 아니라 기획하고 이끌어 간 자들의 과오가 더 크다. 이제 어떻게 찬송을 다시 회중에게 돌려줄 것인지를 고민하는 것이 시급하다. 그렇지 않으면 모든 형제들에게 권면하고 가르쳐야 할 바른 진리에서 벗어나게 하는 일이 되기 때문이다.

또한 찬양이 오직 '주를 믿는 신자'들의 것인 이유는 우리 안에 동일하게 부어주신 하나님의 창조성 때문이다. 하나님은 진정 우리가 주님이 주신 창조성으로 하나님을 높이길 원하신다. 이 창조성은 전문가들만의 것이 아니라 모든 이에게 주신 상상력이다. 이 시대의 찬양사역자들이 할 일은 가장 낮은 곳에 있는 호흡을 가진 생명에서 시작하여 세상의 왕들에 이르기까지 하나님이 영광과 찬송을 받으시게 함이다. 나는 자크엘룰이 쓴《세계적으로 사고하고 지역적으로 행동하라》는 책 제목을 따라서 우리의 세계적인 사고가 우리를 부르신 자리에서, 또 부르실 자리에서 지역적으로 행동되길 기도한다.

찬양 가사의 적절한 표현 찾아가기

나의 반석이시요 나의 구속자이신 여호와여 내 입의 말과 마음의 묵상이 주님 앞에 열납되기를 원하나이다(시 19:14).

당신은 '영광'이라는 단어의 의미를 생각해 보았는가? 영광은 개역개정 성경에서 419번 사용되었을 만큼 크리스천에게는 중요한 단어이면서 익숙한 단어다. 그래서 그 의미를 정확하게 알기를 놓쳐왔는지도 모른다.[65] 경험담으로 내가 곡을 쓰고 가사를 붙이면서 '영광의 자유'라는 단어를 사용한 적이 있는데, 입가에 리듬과 가사가 맴돌아 붙였지만 정확한 의미를 생각하니 아니다 싶어서 가사를 바꾼 곡이 있다. 이유는 영광이라는 단어가 영적 자유를 일컫는 말에 올바른 쓰임이 될 수 있는지의 여부와 '~의' 용법을 습관적으로 사용한 것은 아닌지 자문하게 된 것이다. 글쓰기 전략에서는 '~의' 사용이 소유나 종속의 의미로 사용된다고 말한다.[66] 즉 '순애의 성경책'처럼 소유나 '용서의 의미'와 같이 종속되는 언어로 쓰일 수 있다.

사실 이보다 먼저 영광이란 의미를 파악하는 것이 우선이다. 크리스천에게 영광이라는 단어가 사용될 땐 '하나님의 임재'를 나타내는 말로서 하나님이 아닌 다른 무언가를 꾸며주거나 표현해 내는 데 적절한 사용이 아니다. 만약 '영광의 자유'라는 가사를 그대로 사용했다면 예수님을 만나고 누리게 된 영적 자유가 이루 말할 수 없을 만큼 귀하

65) 사전적인 의미는 '빛나고 아름다운 영예'다. 라이프 성경에는 인간이 감당할 수 없는 초월한 빛. 하나님의 임재나 긍휼, 완전성을 찬양하며 높이 드러내는 행위 등을 나타내며, 사람이나 사물과 관련해서는 '아름다움', '뛰어남', '명성' 등의 의미로 사용된다고 기록됨. [네이버 지식백과] 영광 [榮光, glory] (《라이프성경사전》, 2006.08.15, 생명의말씀사)
66) http://terms.naver.com/entry.nhn?docId=1711867&cid=42001&categoryId=42001

고 좋은 것이지만 하나님 그분 자신보다 좋은 것은 아니기 때문에 적절한 표현은 아니며, 또 문법적으로 볼 때 영광이 자유에 종속되므로 하나님 자신보다 그분이 주신 선물인 자유를 더 찬양하게 될 수 있음에 모호한 표현을 쓰지 않는 것이 좋겠다. 두 번째 이유로 내가 '영광의 자유'를 '영광스런 자유'라는 의미로 사용하려 했다면 본래의 의미를 충분히 나타낼 수 있는 조사를 사용하는 것이 적절하겠다. 하지만 그러한 뜻은 아니기에 '자유와 해방'이라는 새 가사로 대체했다.

교회 안에서 많이 사용하지만 정확한 의미를 모르고 사용하는 단어들이 참 많다. 종교적이나 습관적인 표현들에 의해 은밀하게 주객이 전도되어 침투된, 지양해야 할 국어 용법들이다. 만약 우리가 하나님 자신보다 그분이 주신 선물을 더 찬양하게 된다면 잘못된 표현들이 주는 오해는 아닌지 살펴야 하겠다. 다른 예로 우리가 동일한 의미로 사용하는 소망과 소원이란 단어도 조금씩 쓰임이 다르다.[67] 부흥이란 단어는 어떤가?[68] 또 축복과 복의 차이를 아는가? 축복은 사람이 사람에게 빌어주는 복을 말하지만 복은 하나님이 내려주시는 것이므로 누군가를 위해 기도할 땐 하나님께 '복을 내려 주세요' 라고 기도하는 것이 옳은 표현이다. 하나님을 찬양하고 예배하는 언어들의 적절한 표현과 사용을 통해 가치 있는 것들에 혼선이 발생되지 않기를 바란다.

---

67) 소망(所望)은 어떤 일을 바라는 것과 소망(素望) 평소에 늘 바라는 일이란 뜻이 있고 소원(所願)은 바라고 원하는 일과 소원(素願)은 본디부터 늘 원하는 마음이란 의미로 쓰인다.
68) 쇠퇴하던 것이 다시 일어남

찬양의 말씀 속으로

> 내가 하나님을 의지하여 그의 말씀을 찬송하며 여호와를 의지하여 그의 말씀을 찬송하리이다(시 56:10).

우리는 찬송이 곡조가 있는 기도라고 하여 의심 없이 찬송과 기도의 관계를 긴밀하게 연결하고 있지만 찬송과 말씀의 관계는 어떠한가? 말씀과 찬송이 분리되어 있다고 이야기하지만 말씀을 전하는 자, 그리고 찬송을 부르는 자에 대한 역할 구분이 있는 것이지 말씀과 찬송은 이원화되어 있지 않다. 우리는 말씀이 육신이 되셔서(요 1:14) 우리 중에 거하셨던 것과 그가 또한 하나님을 찬송하는 가장 뛰어난 역할 모델이 되어 주셨다는 점에서 더욱 이것을 확신할 수 있다.

우리는 찬송을 부르면서 말씀을 듣고 배울 수 있게 되며 '아멘'이라고 말할 수 있음을 경험하고 있다. 우리가 찬양을 하면서 손을 올리기도 하고 발로 뛰면서 찬양하는 것 외에도 우리의 고개를 끄덕이기도 하며 '아멘'이라고 크게 외치는 등, 가슴 깊이 새겨질 때 '아멘'이라고 반응하는 것들은 이것에 대해 확신을 준다. 또한 우리는 말씀을 들으면서 또 보면서 우리에게 행하신 하나님의 놀라우신 기적과 섭리 앞에 하나님께 영광을 올려드리는 것을 경험한다. 이것은 오늘을 사는 우리의 이야기만이 아니라 성경 안에서도 수없이 등장하는 이야기다(눅 18:43). 다윗은 "여호와를 의지하여 그의 말씀을 찬송하리이다"라고 고백하고 있다(막 14;26). 다윗에게도 말씀과 찬송이 분리되어 있지 않았음을 본다.

우리는 사역자들이 기능적 역할을 위해 나눠놓은 말씀과 찬송의 구

분으로 인해 찬송의 어떠함에 대해서 오래도록 다른 영역에서 그 의미를 발견하려고 노력해 왔다. 그래서 찬송하는 자들이 정해져 있다면 자신은 그 역할에서 제외된 사역자, 다른 기능을 수행하는 자로 선을 긋는다. 하지만 이것은 교회의 온전한 모습이 아니다. 말씀 안에서 찬송하고 찬송하면서 말씀을 기억하고 깨닫기 때문에 말씀과 찬송을 전하는 자, 부르는 자가 따로 있다고 말할 수 없는 것이다.

기능적 역할을 나눠놓은 덕분에 찬송을 인도하는 자가 있으면 성도들은 구경하거나 그저 인도함에 따라가는 자들로 전락하기도 하였다. 모세의 인도함을 받은 백성들이 있고 또 모세가 존재하는 것이 성경에서도 찾아볼 수 있는 구조이지만 백성들이 하나님을 모세와 같이 스스로 찾고 경배하고 의지하는 대상으로 삼았다는 말씀은 찾기 어렵다. 우리는 여호수아와 갈렙처럼 하나님과 개인적인 관계의 친밀함을 갖고 주님을 경배하고 찬양하는 주체로서의 모습을 찾아줄 수 있도록 노력해야 한다.

그래서 이전에는 우리가 찬송과 경배에 대해서 연구하면서 예전적인 형식과 구조적인 차원의 해체적 구성 또는 개혁의 차원에서 주로 이야기를 나눴다면 앞으로는 찬양과 말씀의 관계, 말씀 속에서 찬양하고 찬양으로 말씀하는 구조의 차원으로 연구가 진행되어야 함을 깨닫는다. 왜냐하면 찬송이란 것이 본래 말씀이 낳은 것이기 때문이고 말씀에서 시작된 것이기 때문이다. 찬송의 집은 형식과 틀이라는 구조에 있지 않고 말씀에 있다.

말씀 속에서 찬송을 발견하라. 말씀 안에 녹아져 있는 찬송의 언어를 찾고 회복하라. 이것은 찬송 신학의 정립에 있어서 또 다른 건강한 제안의 시작이 될 수 있다.

찬양의 불변법칙

> 나는 주다. 이것이 나의 이름이다. 나는, 내가 받을 영광을 절대로 다른 사람에게 넘겨 주지 않고, 내가 받을 찬양을 절대로 우상에게 양보하지 않겠다. 보아라, 전에 예언한 일들이 다 이루어졌다. 이제 내가 새로 일어날 일들을 예언한다. 그 일들이 일어나기 전에, 내가 너희에게 일러준다(사 42:8-9, 표준새번역).

우리가 찬양 신학에서 빼놓지 않아야 할 것이 있는데 그것은 곧 찬양의 불변법칙이다. 절대 흔들리지 말아야 할 것, 천하태평인 시대를 맞이하거나 아무리 세상이 흉흉하다고 해도, 또 나의 삶이 부족함 없이 풍족할 때나 꿈을 이루기 위한 재정조차 없는 빈약할 때도 이것은 변하지 않는다. 이것은 하나님께서 온 세상의 주인이시라는 것과 주께서 받으실 찬양을 절대로 우상에게 양보하지 않으신다는 법칙이다. 우리는 한계적인 우리의 눈, 육적인 눈과 영적인 눈을 모두 포함하여 거울을 보는 것과 같이 희미하게 주님을 보고 있다는 사실을 기억해야 한다. 그래서 우리의 판단으로는 하나님께서 세상 역사 밖에 계시는 것 같고 우리 삶에 악한 권세가 영향을 주거나 우리 삶이 밀린다고 생각하며 하나님께서 침묵하시거나 힘이 약해지신 것은 아닐까 염려하지만 주는 태초 전부터 지금까지 그리고 앞으로도 절대로 당신께 드릴 찬양을 절대로 우상에게 양보하신 적이 없으시다. 이 말은 찬양을 빼앗기지 않는다는 말씀이다.

주께서는 악한 권세가 하늘에 계신 자를 향해 주가 어디 계시냐며 자신들이 옳은 대로 행동하고 주를 능멸할 때에 뭐라고 대답하시는가? 시편 2편 4절에 "하늘에 계신 자가 웃으심이여, 저들을 비웃으시리로다"라고 하였다. 그러므로 우리가 찬양할 때에 기억할 한 가지는 두려

워하며 큰 염려와 근심 속에서 찬양할 이유가 없다는 것이다. 근심 속에서 주를 부른다는 것과 하나님의 힘이 약해진 것은 아닌지 근심하며 찬송하는 것은 별개다. 우리는 여전히 우리 삶에 있는 문제들에 대한 답을 알지 못해서 하나님께 부르짖는 기도로 수척해진 모습으로 나갈 때가 있지만 결코 하나님께서 주 당신을 위한 찬양에서 제외된 적이 없으시고 여전히 찬송 받기에 합당하신 주님이시라는 사실에 흔들리지 말아야 한다. 우리는 하나님께서 찬송을 빼앗기지 않으신다는 사실을 기억해야 하는 것이다. 그리고 그분께 드릴 마땅한 찬송을 드리고 있음에 기뻐해야 하는 것이다.

우리가 주 예수를 잘 아는 것이, 우리 하나님을 사랑하는 것이, 성령님을 의지하고 주와 동행하며 사는 것이 주님을 찬송하는 일에, 그분이 흠이 없다는 사실에 어떤 중요한 영향을 미치는가? 우리의 찬송을 받으시는 주는 누구이신가? 참 하나님과 그의 아들 예수를 아는 것(요 17:3), 하나님을 아는 것을 주가 원하신다고 호세아에서도 말하고 있다(호 6:6).

우리는 삼위일체가 되시는 하나님을 찬송한다. 우리는 우리를 도우시는 성령이 거룩한 분이시라는 것과 예수님의 신성과 인성을 모두 믿는다. 그 예수님은 성경에서 말하는 그리스도의 탄생에서 다른 것을 덧붙이거나 제거하는 것을 거부하는 것이다. 우리는 십자가에서 우리의 죄를 사하시고 구원하신 예수님의 보배로운 피를 믿는다. 이것 말고 주께 나아갈 다른 방도는 없다. 주 예수의 보배로운 피는 부족하거나 그 무엇에도 미달되지 않는다. 우리는 예수님이 부활하신 것과 같이 우리 또한 주와 같은 형상으로 부활할 것을 믿는다.

찬양하는 것은 선택이 아니라 필수다

호흡이 있는 자마다 여호와를 찬양할지어다 할렐루야!(시 150:6).

요즈음 상대방을 설득하는 광고 문구에서 쉽게 찾아볼 수 있는 것들 중 하나가 '선택이 아닌 필수'라는 말이다. 이를 통해 사람들로 하여금 자신이 부족한 상태라는 것을 느끼게 하고 상품을 소비하도록 자극을 준다. 과소비를 부추기는 위와 같은 광고에 귀를 기울이면 안 되겠지만, 문득 시편 150편 말씀에 '호흡이 있는 자마다 여호와를 찬양하라'는 명령구가 찬양이 호흡이 있는 모든 만물을 향하여 선택이 아닌 필수라는 말로 가르치고 있는 것으로 해석이 되었다. 이처럼 따져보면 우리가 하나님을 찬양하지 않을 때, 우리의 영은 부족한 상태란 말이 된다. 무엇에 부족한가?

먼저는 하나님을 알지 못해서 찬양하지 못하는 자들의 영적인 현실이 곧 결핍의 상태다. 하나님과 끊어진 관계이기 때문에 영이 죽어 있어 하나님을 찬양할 수도 없다. 어떤 이들은 세상 사람들이 가끔 하늘을 보며 감사하다고 말하는 것을 보면 하나님을 찬양한다고 말할 수 있겠지만 시편 150편의 하나님은 야훼의 하나님으로서 곧 여호와를 일컫는다. 이는 이스라엘의 하나님으로 성경에서 지시하는 존재를 일컫고 있으므로 '알지 못하는 신'을 향해 감사하는 사람의 행위가 곧 분명한 하나님, 야훼 하나님이라고 보기에는 석연치 않다.

둘째로, 믿는 자들 중에서도 찬양에는 관심이 없는 이들이 있다. 실제로 나는 찬양에 관심이 없는 이들을 만나봤는데, 그들이 찬양을 좋

아하지 않는 이유는 자신이 노래를 못하거나, 음악을 하지 못한다는 생각 때문에 기피하게 되면서 자연스레 찬양도 멀리하는 경우다. 그들의 오해는 찬양한다는 말을 들을 때 곧 음악과 결부지어 생각하기 때문에 늪에 빠지기 쉽다. 하지만 찬양의 본래 뜻을 안다면 그들의 마음은 누그러지고 자신에게 주어진 모든 상황에서 하나님을 찬양하는 눈이 열리게 된다. 또 찬양보다 성경공부에만 중점을 실어서 말씀에만 능력이 있고 찬양은 오락의 기능으로만 보는 이들이 찬양을 필수가 아닌 선택형으로 보게 한다. 하지만 에베소서 1장 14절에는 성령께서 그 분의 영광을 찬양하도록 하시며,[69] 누가복음 10장 21절을 보면 예수님께서 성령으로 기쁨이 충만하여 하나님 아버지를 찬송하였다고 했다.[70] 즉 성령은 우리 안에 내적 증거로서 반드시 주를 찬송하게 하시며 이 말은 곧 찬양이 믿는 자들의 선택이 아니요 주를 믿는 자들의 고백으로서의 심장, 중심부가 된다는 뜻이다.[71]

그렇다면 우리가 어떻게 하나님을 찬양할까? 모두 하던 일을 멈추고 악기를 들고 노래 레슨을 받으며 하나같이 마이크를 잡으면 될까? 그것만이 찬양일까? 찬양은 하나님을 높이는 모든 행위를 일컫는다. 하나님을 예배하는 엎드림의 마음으로 당신이 서 있는 자리에서 지금 하고 있는 행위를 주를 위해서 할 때 그곳이 주와 동행하는 자리가 되고 하나님을 높이는 곳이 된다.

69) "이는 우리 기업의 보증이 되사 그 얻으신 것을 속량하시고 그의 영광을 찬송하게 하려 하심이라."

70) "그때에 예수께서 성령으로 기뻐하시며 이르시되 천지의 주재이신 아버지여 이것을 지혜롭고 슬기있는 자들에게는 숨기시고 어린아이들에게는 나타내심을 감사하나이다 옳소이다 이렇게 된 것이 아버지의 뜻이니이다."

71) 내가 성령과 찬송에 대한 연구를 한 위대한 신학자들의 글을 찾으려고 노력했지만 쉽게 찾을 수 없었던 것은 이전의 대부분의 연구들이 성령의 조명 아래 자증적인 말씀의 완전성에 대한 신학이 공고히 진행되었고 그에 비해 성령과 찬송의 관계는 음악이라는 예술적 조명 아래 신학적 분야에서 다소 덜 중요시 여겨져 왔었음에 연구 또한 미비했음을 알게 되었다. 하지만 실로 말씀의 회복을 경험한 이전 시대의 사람들과 같이 우리 세대는 성령과 찬양의 관계, 찬송이 회복되는 때를 살고 있는 자들임을 깨닫게 된다. 말씀과 찬송이 회복될 때 이제 우리가 맞이하게 될 영광이 무엇이겠는가? 그것은 마라나타! 다시 오실 주님을 맞이하는 거룩한 준비가 가까워 옴을 보는 것이다.

축복의 때와 시기

> 아론과 그의 아들들에게 말하여 이르기를 너희는 이스라엘 자손을 위하여 이렇게 축복하여 이르되 여호와는 네게 복을 주시고 너를 지키시기를 원하며 여호와는 그의 얼굴을 네게 비추사 은혜 베푸시기를 원하며 여호와는 그 얼굴을 네게로 향하여 드사 평강 주시기를 원하노라 할지니라 하라(민 6:23-26).

축복송의 정의를 내리면 무엇이라고 답할까? 축복은 '사람이 사람에게 서로 복을 빌어줌'을 뜻하는 말로 축복송은 그러한 내용을 담은 노래를 말한다. 축복송의 성격은 우리의 마음을 부드럽게 하고 공동체의 결연을 단단하게 하며 서로 사랑을 표현하게 하고 잘되기를 빌어주기에 어디에서나 환영받는 곡이다. 축복송을 듣고 마음이 불편한 사람은 없을 것이다. 그만큼 편안하고 행복한 느낌과 마음을 선사해 준다. 당신이 제일 좋아하는 축복송은 무엇인가?

교회 안에도 이렇게 복을 빌어주는 축복송이 많이 있는데 축복송을 사용하는 것이 성경적일까? 하나님만 예배해야 하는 공동체의 모임에서 사람들이 서로 축복하는 것에 대해 어떻게 생각하는가? 우리는 솔로몬 왕이 성회로 모여 하나님을 예배하는 자리에서 백성에게 복을 빌어주는 장면을 찾을 수 있다(왕상 8:54-55). 솔로몬이 백성들을 축복할 때 빌었던 말을 살펴보면, 하나님을 잘 섬기고 따르는 복이 있는 백성이 되기를 바랐다. 즉 서로 비는 복이 우리의 삶에서 하나님을 하나님 되게 하도록 비는 복이라면 이것은 성경적이다.

그렇다면 비성경적으로 축복하는 경우가 있다는 말인가? 그렇다. 예레미야 6장 14절을 보면 가장 말단에 있는 사람부터 가장 높은 자리에 있는 사람들까지 모두 물질을 탐하고 심지어 제사장과 예언자들조

차 거짓된 일을 행하는 장면이 있는데 그들은 백성들의 상처를 싸매는 것이 아니라 "평안하다 평안하다"라는 말로 백성들의 눈과 귀를 속이기만 한다고 말한다. 그때는 지혜와 율법이 있다고 말하지만 백성들이 여호와의 요구도 모르고 서기관들의 거짓된 붓과 거짓말이 성했다고 기록한다(렘 8:7-8). 한 가지 오해하지 말 것은 하나님은 평강을 원하시고 그의 백성들에게 복을 주시고 번영하기를 원하신다는 점이다(시 128편). 하지만 평안을 외칠 때가 아닌 때에 평안하다고 말하는 것, 그것이 비성경적인 축복이다. 그 어떤 것도 하나님보다 우위에 두는 격, 입으로는 고백하지 않지만 마음으로 하나님보다 더 많이 사랑하는 것이 있고 그것을 얻기 위한 탐욕이 대신한다면 그때에 빌어주는 복은 하나님에게서 온 하늘의 것이 아니다.

여호와께서 모세에게 제사장인 아론과 그의 아들들이 이스라엘 백성들을 향해 어떻게 축복을 빌어줘야 하는지 가르쳐 주셨는데 그것이 위의 본문이다. 복의 핵심이 어디에 있는지를 주목하여 보라. 여호와, 그분의 존재가 그 중심에 있다. 복, 안전, 은혜, 평강이라는 우리가 얻고 싶은 모든 복의 근원이 하나님께 있으니 이 모든 것을 주시는 하나님의 존재가 나를 기뻐하시고 사랑하시기를 바라고 소망하라고 전하고 있다. 그저 많은 것을 갖는 것과 하나님이 환한 얼굴로 나를 대하시며 때에 따라 부족함 없이 채워주시는 손길을 함께 경험하는 것은 분명 다르다. 우리 공동체 서로 이런 축복송을 불러주길 소망한다.

맺는말

성경 속에서 보여주고 있는 다양한 찬송 이야기들에 주목하면서 하나님을 찬송하는 것이 과연 어떤 것인지 그 가치와 의미를 재발견하는 시간이 되었다면, 그래서 독자 분들에게 찬송에 대한 더 심도 있는 묵상과 연구를 위한 시작과 발판으로써, 또한 찬송에 대한 다양한 나눔과 이야깃거리가 필요한 지체들에게 한 모금의 갈증을 풀어줄 해갈로서 작은 역할을 감당했길 진심으로 기도한다.

《찬양의 수를 놓다 2》에서는 찬송과 관련한 다섯 가지의 주제를 다루게 된다. 오늘날의 넓은 교회 음악으로서 한 축을 담당하고 있는 현대 크리스천 음악에 대해 말씀에 비춰 본 에세이와 찬송을 받으시는 주체가 되시는 성 삼위의 하나님이신 성부 성자 성령, 그리고 그 모습을 닮아 찬양사역을 할 때 갖추어야 할 성경적 자세와 제자도, 복음적으로 부르는 찬양의 메시지와 다양한 형식, 마지막으로 다가올 하나님 나라에서 부르게 될 영광스런 찬송에 대해서 알아본다.

무엇보다 책을 끝까지 마칠 수 있도록 지칠 때마다 힘을 주셨고 격려하시며 이끄시고 도우신 하나님 아버지께 모든 감사와 찬송을 올려드린다. 또한 기독교 문서사역에 사명을 다하시며, 또 이 책이 나올 수 있도록 도움을 주신 이형규 장로님과 쿰란출판사 모든 직원 분들께도 수고와 감사의 마음을 전한다. 믿음으로 아름답게 세워져 가시는 사랑하

는 부모님, 기도와 격려를 아끼지 않으시는 어머님과 아버님, 사랑하는 언니들과 아주버님과 형님, 늘 큰소리로 작은엄마라 부르며 품에 쏙 안기는 귀엽고 사랑스러운 하연이와 하람이, 찬양사역을 위해 늘 기도해주시며 격려해주시는 믿음 안에서 하나 된 모든 형제자매님들께 감사드린다. 또한 주님 앞에 설 때까지 하나님의 나라와 그 뜻을 위해서 함께 기도하고 세워져 갈 사랑하는 나의 남편 김현우님과 사랑하는 평안이에게 깊은 사랑과 감사의 마음을 전한다.

찬양에 수를 놓다 1

1판 1쇄 인쇄 _ 2015년 11월 15일
1판 1쇄 발행 _ 2015년 11월 20일

지은이 _ 이새나
펴낸이 _ 이형규
펴낸곳 _ 쿰란출판사

주소 _ 서울특별시 종로구 이화장길 6
편집부 _ 745-1007, 745-1301~2, 747-1212, 743-1300
영업부 _ 747-1004, FAX 745-8490
본사평생전화번호 _ 0502-756-1004
홈페이지 _ http://www.qumran.co.kr
E-mail _ qrbooks@gmail.com /qrbooks@daum.net
한글인터넷주소 _ 쿰란, 쿰란출판사
등록 _ 제1-670호(1988.2.27)
책임교열 _ 김영미, 정연숙

ISBN 978-89-6562-816-3 04230
978-89-6562-815-6(세트)

책값은 뒤표지에 있습니다.